"十四五"职业教育国家规划教材

（第2版）

铁　路
线路及站场

夏　栋　谢淑润　主　编

汪成林　杜卫芳　副主编

汪春林　主　审

人民交通出版社股份有限公司

北　京

内 容 提 要

本书为"十四五"职业教育国家规划教材、职业教育铁道运输类专业教材。全书共 8 个项目 18 个学习任务,内容涵盖普速/高速铁路线路的组成及各组成部分的技术要求,车站设备的基础知识、布置要求及特点,各类车站的主要作业等。主要内容包括:铁路线路结构、线路平面和纵断面、站场基础知识、中间站、区段站、编组站、客运站与货运站、铁路枢纽。

本书为职业院校铁路类专业相关院校教材,亦作为铁路行业人员培训教材,还可供相关行业人员参考。

* 本书配有教学课件,读者加入职教铁路教学研讨群(教师专用 QQ 群号:211163250)获取。

图书在版编目(CIP)数据

铁路线路及站场/夏栋,谢淑润主编. —2 版. —
北京:人民交通出版社股份有限公司,2021. 11
ISBN 978-7-114-17660-9

Ⅰ. ①铁… Ⅱ. ①夏…②谢… Ⅲ. ①铁路线路—职业教育—教材②铁路车站—职业教育—教材 Ⅳ. ①U21
②U291

中国版本图书馆 CIP 数据核字(2021)第 211486 号

"十四五"职业教育国家规划教材

书 名:	**铁路线路及站场**(第 2 版)
著 作 者:	夏 栋 谢淑润
责任编辑:	袁 方 李 晴
责任校对:	孙国靖 魏佳宁
责任印制:	刘高彤
出版发行:	人民交通出版社股份有限公司
地 址:	(100011)北京市朝阳区安定门外外馆斜街 3 号
网 址:	http://www.ccpcl.com.cn
销售电话:	(010)59757973
总 经 销:	人民交通出版社股份有限公司发行部
经 销:	各地新华书店
印 刷:	北京武英文博科技有限公司
开 本:	787×1092 1/16
印 张:	16.75
字 数:	395 千
版 次:	2018 年 1 月 第 1 版
	2021 年 11 月 第 2 版
印 次:	2024 年 6 月 第 2 版 第 4 次印刷 总第 8 次印刷
书 号:	ISBN 978-7-114-17660-9
定 价:	48.00 元

- **课程特点**

铁路线路及站场是铁道交通运营管理、高速铁路客运服务、铁路物流管理等专业的基础课程之一,主要讲授普速/高速铁路的线路种类、结构及轨道主要技术要求、站场基础知识、车站设备布置要求及特点、各类车站主要作业等基本专业知识和技能,使学生掌握铁路车务岗位必备的基础知识,具备办理行车、调车、客运、货运等作业的基本素质,达到岗位职业标准的相关要求。

- **编写背景**

截至 2021 年末,全国铁路营业里程已达 15 万 km,其中高速铁路 4 万 km。2021 年出台的《国家综合立体交通网规划纲要》规划到 2035 年铁路网总规模将达到 20 万 km,其中高速铁路 7 万 km(含部分城际铁路),普速铁路 13 万 km(含部分市域铁路)。路网规模的扩大使国家对高素质运营管理人才的需求进一步加大,也为铁路职业教育提供了一个快速发展的契机。

为适应我国铁路运输业的快速发展,贯彻落实《国家职业教育改革实施方案》,深化职业教育教学改革,依据高等职业教育铁道交通运营管理专业教学标准,结合铁路运输一线的新技术、新装备的运用,对接铁路行业标准和规范,在认真听取有关部门、行业组织、行业职业教育教学指导委员会意见,总结铁道交通运营管理专业教育教学成果和课程教学改革经验的基础上,通过校企双元合作,编者按照新形态教材的范式修订了本教材。

- **编写理念**

教材紧跟铁路运输行业发展,结合现场实际,深化校企合作,注重新技术、新设备、新标准的引入,依据高等职业教育铁道交通运营管理专业教学标准,以高素质技术技能人才培养为出发点,在内容上淡化站场设计,侧重对普速/高速铁路线路和站场设备的运用进行系统全面的介绍。适应职业教育教学改革,打破传统教材编写形式,以任务为载体,采用项目式编写体例。每个任务包括知识要点、重点掌握、基础知识、技能训练、拓展知识、复习思考等部分,配套编制教学资源素材,为信息化技术手段应用奠定基础,助推新形态一体化教材升级。落实立德树人根本任务,挖掘思政元素,融入社会主义核心价值观,打造教书育人于一体的新型教材载体。

- **特色创新**

一是体现职教特色,落实立德树人。教材内容符合专业教学标准要求,具备职业教育的普适性、针对性和实践性,遵循技术技能人才成长规律,注重知识传授与技术技能培养并举,融入专业精神、职业精神和工匠精神。

二是坚持校企合作,对接岗位需求。校企合作,共同参与,分析岗位工作任务及技能要求,紧跟产业发展趋势,对接最新职业标准、行业标准和岗位规范,紧贴岗位实际工作过程,调整课程结构,更新课程内容。

三是切合教学改革，建设立体教材。打破传统教材编写形式，以任务为载体，采用项目式编写体例，配套编制教学资源素材，助推教学改革创新和新形态一体化教材升级。

四是注重巩固训练，助推能力提升。教材每个任务后配有丰富的习题和关键技能训练项目，帮助读者更好地掌握所学知识，不断提升技术技能水平。

五是编排科学合理，增强学习兴趣。教材设计形式新颖，采用大量图例，文字通顺流畅、简洁易懂，图文并茂，图、文、表编排规范、科学、合理，以提升阅读体验，增强学生学习兴趣。

- **读者对象**

全书设有8个教学项目共18个学习任务，内容涵盖普速/高速铁路线路的组成及各组成部分的技术要求，车站设备的基础知识、布置要求及特点，各类车站的主要作业等。内容选材适当，体现职业教育特色，突出先进性、应用性和实践性，可读性强。本教材为铁道交通运营管理等专业的必修课教材，也可作为铁路运营管理工作人员的培训教材及其他相关专业教材或教学参考书。

- **编写分工**

本教材由武汉铁路职业技术学院夏栋、谢淑润担任主编，武汉铁路职业技术学院汪成林、杜卫芳担任副主编，中国铁路武汉局集团公司汉西车务段汪春林担任主审，武汉铁路职业技术学院毛鹤、陶雪艳、李洁，中国铁路武汉局集团公司武昌车站李润吾参与编写。具体编写分工如下：项目1铁路线路结构由夏栋编写，项目2线路平面和纵断面由李洁编写，项目3站场基础知识由杜卫芳编写，项目4中间站由陶雪艳编写，项目5区段站由谢淑润编写，项目6编组站由毛鹤编写，项目7客运站与货运站由李润吾编写，项目8铁路枢纽由汪成林编写。全书由夏栋、谢淑润负责框架设计及统稿工作。

- **配套资源**

本教材建有配套数字教学资源，包括课程标准、多媒体课件、电子教案、教学素材、教学示范、案例分析、任务工单、习题库等，可供教师教学和学生学习参考使用。

- **致谢**

在编写过程中，中国铁路武汉局集团有限公司、中国铁路广州局集团有限公司等企业相关处室、站段及其技术人员和湖南高速铁路职业技术学院、济南工程职业技术学院等兄弟院校教师给予了鼎力支持和帮助，并提出了中肯的意见和建议，特此表示由衷的感谢。书中参考引用了部分铁路行业标准、铁路运输规章及从事铁路运输管理相关研究的专家、学者的著作和其他成果，在书末列出了主要参考文献，在此一并表示感谢。

鉴于编者水平、经验有限，书中疏漏和不当之处在所难免，恳请各位专家、读者批评指正，以便修订和完善。

编　者
2021 年 8 月

CONTENTS 目 录

项目 1

铁路线路结构

秋季整修为重载铁路线穿上"安全铠甲"

唐包重载铁路线是中国国家铁路集团有限公司和北京局集团有限公司贯彻落实党中央"持续实施大气污染防治行动,打赢蓝天保卫战"工作部署的具体项目。唐包重载铁路通车运营后,保障这条万吨重载线的运输畅通尤为重要。

2021 年 8 月,秋风起、天转凉,经历暑期高温和主汛期多场强降雨的双重考验后,唐包重载铁路线线路设备安全隐患也随之增加,对运输安全构成一定威胁。为确保这条重载铁路线的绝对安全,中国铁路北京局集团有限公司秦皇岛工务段唐山西线路车间,落实段关于线路设备秋检秋鉴工作的安排部署,坚持"修鉴结合"原则,制订推进计划,对线路逐公里、对道岔逐组进行检查,做到一米不漏、一处不漏。在此基础上,加大病害整修力度,全面夯实了重载铁路线安全基础。

唐山西线路车间对秋季线路病害大整修工作高度重视,成立了秋季线路病害整修领导小组,由各班组长带队,采取添乘与徒步走区间相结合的方式,对所辖设备逐公里线路、逐组道岔、逐条曲线进行全面检查。按照边检查、边整修的原则,对各组检查发现的问题进行归类和建档立案,将动态添乘的晃车处所,徒步走区间发现的道岔、各种零配件、路基、道床等作为重中之重开展检查。对于检查发现的问题,要求明确分工、责任到人,逐个解决销号。对于严重问题,本着隐患不过夜的原则,确保问题有检查、有整治、有验收、有考核。

秋季整修为重载铁路线穿上了"安全铠甲",为确保唐包重载铁路线的安全运输提供了坚实保障。

我国幅员辽阔,地形地质地貌复杂多样,自然气候多不相同,修建一条铁路的长度通常达上千公里,且会经过城镇、乡村、河流、山川等不同障碍物,为降低影响或改善线路条件,通常选择修建桥梁、隧道、涵洞、明渠等建筑物,同时构筑不同类型的线路基础,以保持线路的稳定。另外,作为直接与机车车辆接触的轨道,也是一个较为复杂的整体性工程结构,各构

件的技术标准和相互位置也直接影响铁路线路的良好状态。本项目介绍路基、桥隧建筑物、轨道的作用和组成,以及轨道平顺的技术标准。

学习目标

1. 知识目标

(1)了解路基及桥隧建筑物;

(2)掌握轨道各组成部分,理解轨道平顺的标准;

(3)了解高速铁路线路的有关知识;

(4)掌握道岔的类型、辙叉号数、道岔中心线表示法及其几何要素。

2. 技能目标

(1)能够正确绘制路堤、路堑横断面示意图;

(2)能够绘制普通单开道岔示意图;

(3)具有计算曲线外轨超高的能力。

3. 素质目标

(1)具有深厚的爱国情感和中华民族自豪感;

(2)具有诚信品质、敬业精神、责任意识、遵纪守法意识;

(3)具有节约资源和自觉保护环境的意识。

知识树

铁路线路结构
- 路基及桥隧建筑物认知
  - 路基构造
  - 桥梁的组成和分类
  - 隧道与涵洞
- 轨道结构认知
  - 钢轨
  - 轨枕
  - 联结零件
  - 道床
  - 防爬设备
  - 道岔
- 轨道平顺的技术标准认知
  - 直线地段的轨距和水平
  - 曲线地段的轨距加宽和外轨超高
  - 轨向
  - 高低
  - 轨底坡
  - 无缝线路

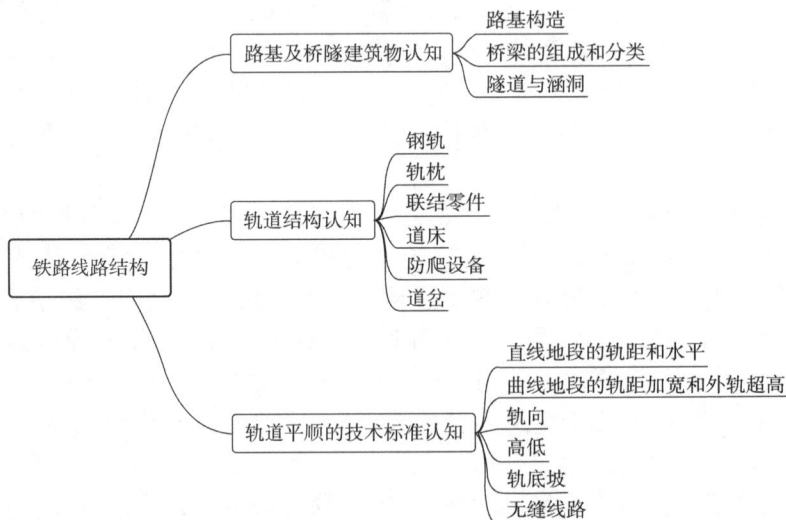

任务1.1 路基及桥隧建筑物认知

知识要点

路基横断面基本形式、组成,路基排水及防护加固;桥梁、隧道、涵洞的组成及分类。

重点掌握

路基的构造、桥梁和隧道的组成。

基础知识

铁路是使用机车牵引或使用装有动力装置的列车行驶于轨道上的交通线路。它是由路基、桥隧建筑物、轨道组成的一个整体工程结构,是机车车辆运行的基础,直接承受机车车辆轮对传来的压力。

路基是经开挖或填筑而形成的直接支承轨道结构的土工结构物。路基主要由路基本体、防护加固设施、排水设施组成。

轨道是用来引导机车车辆运行方向并直接承受车轮的巨大压力,使之传递、扩散到路基及桥隧建筑物上的整体工程结构。它由钢轨、轨枕、联结零件、道床、防爬设备和道岔等组成。

铁路线路在跨越江河、深谷、公路或另一条铁路线时,常修建桥梁;铁路线路在穿越山岭时,为避免开挖深路堑,常修建隧道。

一、路基构造

路基是轨道的基础,是铁路线路的重要组成部分。它直接承受上部轨道的重量和轨道传来的机车车辆及其载荷的压力。路基质量,对整个线路质量和行车安全有很大的影响。因此,路基必须填筑坚实,基床要强化处理,并经常保持干燥、稳定和完好状态,以保证铁路运输安全畅通。路基面的宽度应满足轨道铺设、附属构筑物设置及线路养护维修作业的需要。同时,路基两侧应留有足够宽度的铁路用地,保证路基稳定,满足维修检查通道、栅栏设置、绿色通道建设及防沙工程的要求。

路基主要由路基本体、防护加固设施、排水设施三部分组成。

(一)路基本体

路基上铺设轨道的部分叫作路基本体。随着地面的起伏,一条铁路线路的路基通常是经过开挖、填筑或半填半挖而成。

1.路基横断面基本形式

路基按其横断面分为路堤、路堑两种基本形式,如图 1-1-1、图 1-1-2 所示。

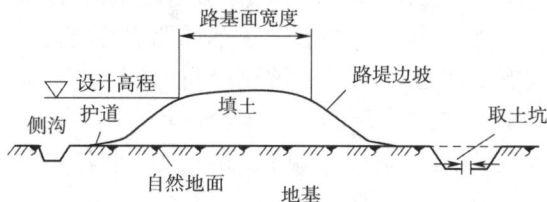

图 1-1-1　路堤组成示意图　　　　图 1-1-2　路堑组成示意图

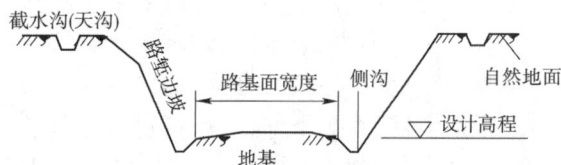

根据《铁路路基设计规范》(TB 10001—2016)规定:路基是指经开挖或填筑而形成的直接支承轨道结构的土工结构物;路堤是在地面上用土、石填筑的路基;路堑是指自地面向下开挖的路基。

路堤由路基顶面、边坡、护道和取土坑(纵向排水沟)等组成;路堑由路基顶面、侧沟、边坡、隔带、弃土堆、天沟(截水沟)等组成。

2. 路基本体的质量标准

路基本体各组成部分应符合《铁路技术管理规程》(TG/01—2014)(以下简称《技规》)的相关规定。

(1)路基面形状:路基面的形状根据土质情况分为有路拱和无路拱两种。路拱的作用是把降落在路基面上的雨水排走,以免其侵入路基,从而保证路基强度。对非渗水土路基的路基面应设路拱,单线路基的路拱横断面做成梯形;一次修成的双线路基,路拱的形状为三角形。如果是用岩石等渗水土填筑的路基,降落在路基面上的雨水会自行渗走,可不修路拱,路基面做成水平面即可。

(2)路基面宽度:路基面宽度等于道床底宽加两边的路肩宽度。路基面的宽度,应考虑远期发展的铁路等级、维修和机械化作业,并根据路拱断面、轨道类型、道床标准形式及尺寸、线间距、电缆槽、接触网支柱、路肩宽度等计算确定。

(3)路肩宽度:路基面上道床坡脚以外没有被道砟覆盖的部分称为路肩。设置路肩是为了加大路基断面,增加路基的稳定性,防止道砟散失,设置线路、信号标志,以及供养路铁路养护人员行走等。

路基面上道床坡脚至路基面边缘的水平距离称为路肩宽度。《技规》规定:

普速铁路有砟轨道路肩宽度:线路设计速度为 200km/h 区段的路肩宽度不应小于 1.0m;线路设计速度为 160km/h 及以下的铁路,位于路堤上的路肩宽度不应小于 0.8m,位于路堑上的路肩宽度不应小于 0.6m。牵出线的中心线至路肩边缘的宽度不得小于 3.5m。

高速铁路有砟轨道路肩宽度:线路设计速度为 200km/h 区段的路肩宽度不应小于 1.0m;250km/h 及以上区段双线不应小于 1.4m,单线不应小于 1.5m。无砟轨道路肩宽度:根据无砟轨道形式、电缆槽和接触网基础类型等确定。

(4)路肩高程:路基面上边缘点的高程,称为路肩高程。路基以路肩高程作为设计高程。路基最怕洪水淹没,冲走道床,也怕地下水上升到路基面,使路基松软下沉。所以,为了防止地面水或地下水对路基的侵害,路肩高程应高出当地的最高地下水位或最高地面积水水位。如果由于各种原因路肩高程达不到上述标准,则要采取降低水位措施。

(5)路堤边坡:用土石填筑的路堤,两边要有适当的坡度才能保持稳定,不向下坍滑。坡度的大小与路堤高度、填料性质有关,通常为 1:1.5 ~ 1:1.75(即边坡高度与边坡的水平投影之比)。路堤很高时,可以分段采用不同的坡度,上部较陡,下部较缓,以确保路堤稳定。

(6)路堑坡度:由于路堑边坡受雨水冲刷和地下水渗透比路堤边坡更严重,尤其对于地质不良的路堑或深路堑,边坡陡缓的合理选定关系到边坡的稳定和行车安全。因此,路堑边坡应根据工程、水文条件、边坡高度等因素综合确定。通常情况,对均质黏土、黏砂土采用 1:1 ~ 1:1.5 的坡度;中粗砂采用 1:1.5 ~ 1:1.75 的坡度。

(二)防护加固设施

路基坡面长期裸露在自然界中,受自然风化及雨水冲刷的破坏作用,会出现边坡剥落、局部凹陷、表土溜滑、坡脚被掏空崩塌等不同的坡面变形。

为保证路基的坚固稳实,对受自然因素作用易被破坏的边坡,可选用水泥砂浆、干砌或浆砌片石护坡,还可以采用铺草皮或植树、喷浆或喷锚等坡面防护措施。在不良地质或困难地段,为防止土坡坍塌、滑坡等,可以用挡土墙、抗滑桩等建筑物加固,使路基稳固可靠,确保运营畅通。路基坡面防护如图1-1-3所示。

a)浆砌片石护坡 b)铺草皮 c)挡土墙

图1-1-3 路基坡面防护示意图

(三)排水设施

路基是土石工程,最怕水的浸泡和冲刷。即使修建了坚固的防护设施,如不把积水及时排出,路基便会松软、下沉,甚至毁坏,危及行车安全,后果不堪设想。

侵害路基的水分包括地面水和地下水两种。因此,排水设施也分地面排水设施和地下排水设施,如图1-1-4所示。各种排水设施要互相配合,形成排水网,使排水畅通。

对路基有危害的地面水,应采取拦截引排等措施,及时将它们引泄到路基范围以外。常用的路基地面排水设施,路堤有纵向排水沟或取土坑,路堑有侧沟、截水沟等。

对路基有危害的地下水,应根据地下水类型、含水层深度等条件,采用渗沟、渗管等设施予以排除。

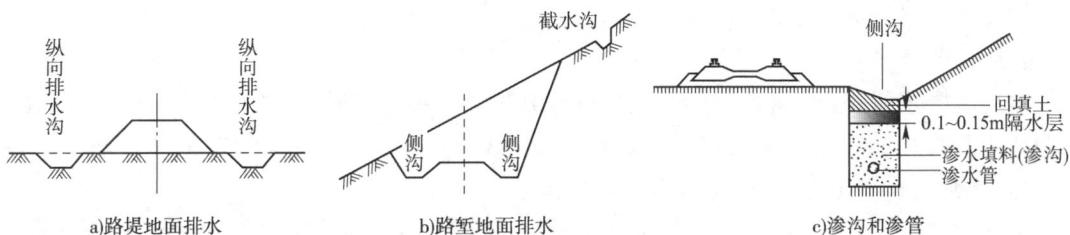

a)路堤地面排水 b)路堑地面排水 c)渗沟和渗管

图1-1-4 排水设施示意图

二、桥梁的组成和分类

桥梁是铁路线路跨越河流、池沼、低地、深谷、公路、市区(郊区)道路或另一条铁路线路时而修建的建筑物。

(一)桥梁的组成

桥梁主要由桥面、桥跨结构、墩台及基础三部分组成,此外,桥台锥体防护建筑也属于桥梁范围。桥梁各组成部分如图1-1-5所示。

1. 桥面

桥上的路面称为桥面,对铁路而言,就是桥梁上部用来铺设轨道和人行通道等的部分。铁路桥面一般有以下两种:

(1)有砟桥面:桥上钢轨铺设在与区间一样的碎石道床和轨枕上,一般圬工桥多采用这种桥面。

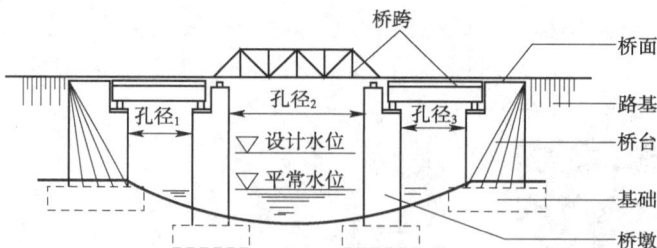

图 1-1-5 桥梁的组成

（2）无砟桥面：分为明桥面和无砟无枕桥面两种。

①明桥面：支承钢轨的桥枕直接铺在钢梁或木梁上，钢桥和木桥多采用这种桥面。位于城市居民区的桥梁和立交桥，一般不采用明桥面，应尽量采用有砟桥面结构，并设置防噪声措施。

②无砟无枕桥面：轨道直接铺设在圬工桥面上。

此外，桥梁应按规定设置作业通道。铁路桥梁作业通道的设置应符合《技规》的规定。

普速铁路直线桥梁自线路中心至作业通道栏杆内侧的净距：钢梁明桥面应不小于 2.45m，混凝土梁桥面应不小于 3.00m，线路允许速度 160km/h 以上桥梁桥面应不小于 3.25m。作业通道宽度应不小于 0.8m。

高速铁路直线桥梁自线路中心至作业通道栏杆内侧的净距：200km/h 以上铁路无砟轨道桥面应不小于 3.45m，有砟轨道桥面应不小于 3.75m。作业通道宽度应不小于 0.8m。

2. 桥跨结构

桥跨结构是桥梁承受荷载、跨越障碍的部分。

3. 墩台及基础

墩台是支承桥跨结构的建筑物，包括桥墩和桥台。设于桥梁中部的称为桥墩，设于桥梁两端并与路基相连的称为桥台。桥梁墩台上支承桥跨结构的构件称为支座，用于连接墩台与桥跨结构，分为固定支座和活动支座两种。

基础设置在桥墩和桥台的底部，支承墩台自身重量、桥跨重量、列车重量和冲击力等，并把这些力传到地基。

4. 桥台锥体

它是桥台翼墙(两旁侧墙)与路堤边坡之间的锥形填土。为防止水流冲刷，锥体表面一般以片石铺砌或混凝土块做成护面，保护桥台和桥头路基。

5. 桥梁相关术语

跨度：横跨在两墩台之上的部分叫桥跨，每一桥跨两端支座中心之间的距离，称为跨度。

孔径：桥梁两个墩台之间的空间叫桥孔，每个桥孔在设计水位处的水平距离叫孔径。单孔桥的孔径是沿着计算水位量出两桥台间的净宽度；多孔桥的孔径是各孔孔径的总和。桥梁孔径的大小，根据最大流量、通航条件及其他技术经济条件来决定。

净空：从设计水位到桥跨结构底部的高度以及相邻两桥墩台之间的限界空间，叫作桥下净空。桥梁的孔径和桥下净空应能满足国家的防洪标准，满足排洪、泥石流、漂浮物及船舶通航、筏运等要求。

桥梁全长：整个桥梁包括墩台在内的总长度，即两桥台边墙外墙(包括托盘及基础)间的距离。两边墙不相等时以短边计,曲线桥为中心线上墩台之间各段折线之和。

(二)桥梁的分类

铁路桥梁根据设计、施工和运营的需要,形式多样,种类繁多,可按下列不同方法分类。

1. 按桥梁长度分类

桥梁按长度分类见表1-1-1。

桥梁按长度分类

表1-1-1

类　　型	桥梁长度 L(m)	类　　型	桥梁长度 L(m)
小桥	$L \leqslant 20$	大桥	$100 < L \leqslant 500$
中桥	$20 < L \leqslant 100$	特大桥	$L > 500$

2. 按建筑材料分类

桥梁按桥身的建筑材料可分为钢桥、钢筋混凝土桥、混凝土桥、石桥、混合桥等。

3. 按桥跨结构分类

桥梁按桥跨结构可分为梁式桥(简支梁桥、连续梁桥、悬臂梁桥)、拱式桥、刚架桥、悬索桥、斜拉桥等。

(1)梁式桥:桥跨结构是通过仅能传递竖直反力和水平反力的支座支承在墩台上,如图1-1-6所示。

①简支梁桥:一孔一梁,一端为固定支座,另一端为活动支座,分别支承在墩台上。

②连续梁桥:二孔或多孔梁连接。

③悬臂梁桥:有锚孔及悬吊孔(即自由梁)。

(2)拱式桥:桥跨结构的主体呈拱形,用天然石料、混凝土、钢筋混凝土或钢材做成,如图1-1-7所示。

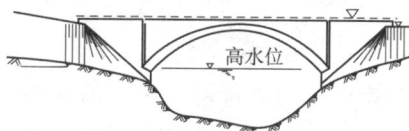

图1-1-6　梁式桥　　　　　　　　　　图1-1-7　拱式桥

(3)刚架桥:桥跨结构和墩台刚性连成一个整体的桥梁,如图1-1-8所示。它用钢筋混凝土或钢材制成,一般用钢筋混凝土较多。主要优点是跨中梁身的高度较小,因此多用于桥下净空受到限制的跨线桥,或用于跨谷桥。刚架桥支承结构尺寸较小,容易损坏,不宜用作跨越流水或激流的桥梁。

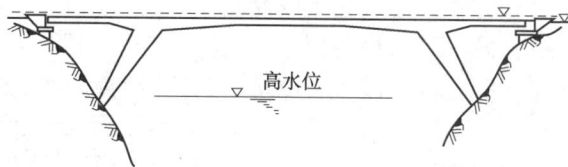

图1-1-8　刚架桥

(4)悬索桥:用桥塔支承锚于两岸(端)的缆索,缆索作为主要承重结构,桥面用吊索或吊杆挂在缆索上,如图1-1-9所示。

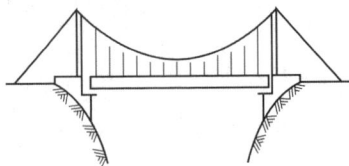
a)

b)

图 1-1-9　悬索桥

（5）斜拉桥：主要由梁、斜拉索和索塔组成，以斜拉索和主梁作为桥跨结构，如图1-1-10所示。

4. 按桥身能否活动分类

桥梁按桥身能否活动，可分为固定桥和开合桥。

（1）固定桥的桥跨结构不能开启。

（2）开合桥的桥跨结构可以开合，当它开启时，船只可以通航，铁路中断；当它闭合时，桥上交通恢复而河中航运停止（小船除外）。因其开启的方法不同又可分为横旋桥、竖旋桥和直升桥。直升开合桥如图1-1-11所示。

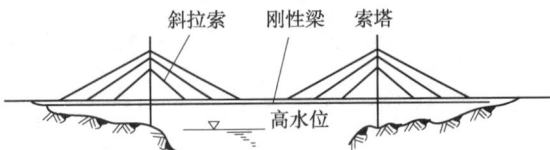

图 1-1-10　斜拉桥

图 1-1-11　直升开合桥

5. 按桥面位置分类

桥梁按桥面位置可分为上承式桥、下承式桥和中承式桥。

（1）上承式桥：桥面位于桥跨结构上面，如图1-1-5所示的两端桥跨结构。

（2）下承式桥：桥面位于桥跨结构下部，如图1-1-5所示的中部桥跨结构。武汉、南京长江大桥均为下承式铁路大桥。

（3）中承式桥：在桥跨全长中，一部分为上承式桥面，其余部分为下承式桥面。

6. 按跨越的障碍物分类

桥梁按跨越的障碍物可分为跨河桥、跨线桥、高架桥。

（1）跨河桥：跨过江河、湖泊的桥梁，它是铁路桥梁的主要类型。

（2）跨线桥：跨过公路或另一条铁路的桥梁，又称立交桥，如图1-1-12所示。

（3）高架桥：横过宽谷、深沟、低地以代替路堤，又称栈桥或旱桥，如图1-1-13所示。

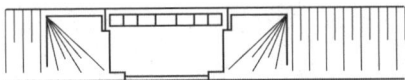

图 1-1-12　跨线桥

图 1-1-13　高架桥

从实际情况看,各种桥梁都有各自的特点及其适用范围。钢梁的自重轻、强度大、安装方便,适用建造大跨度桥梁。预应力钢筋混凝土梁具有造价低、节省钢材、坚固耐用、养护方便等优点,因而得到广泛采用。有关资料表明,在跨度20m以下的桥梁中,各国大量采用了预应力钢筋混凝土结构。石拱亦有造价低、经久耐用、养护费用省等优点,但它的使用范围比钢筋混凝土桥要小得多。

三、隧道与涵洞

(一)隧道

《铁路隧道词汇》(GB/T 16566—2018)指出,铁路隧道是指修建在地下或水下,铺设轨道供铁路机车车辆及可在轨道上行走的机具通行的建筑物。

在山区,铁路被高山所阻,为缩短迂回线长度或避免开挖深路堑,常在山体中挖筑一条隧道让铁路贯穿过去,以满足现代化铁路对线路顺直、平缓的要求,改善列车运行条件和保证行车安全。所以,铁路隧道是专供铁路运输使用的地下建筑物,主要用以克服高山等障碍物。此外,还有建筑在河床、海峡或湖底下面的水底隧道和城市地下隧道。

隧道和桥梁一样,是铁路线路的一个重要组成部分。修建一座隧道(特别是长大隧道)的造价很高,工期也长,但从长远观点来看,它在提高运行效率、节省运营费用方面是合理的。

1.隧道的分类

(1)隧道按长度可分为短隧道、中长隧道、长隧道和特长隧道,见表1-1-2。

隧道按长度分类

表1-1-2

类　型	隧道长度 L(m)	类　型	隧道长度 L(m)
短隧道	$L \leqslant 500$	长隧道	$3000 < L \leqslant 10000$
中长隧道	$500 < L \leqslant 3000$	特长隧道	$L > 10000$

(2)隧道按位置可分为傍山隧道、越岭隧道、地下铁道、明洞等。

①傍山隧道:多建筑在地势陡峭的峡谷地段,也叫河谷隧道,一般埋藏较浅。

②越岭隧道:多建筑在山峦起伏,地形陡峭,穿越分水岭的地段,一般埋藏较深。

③地下铁道:主要是在大城市中用来解决交通运输之用。

④明洞:在地质条件较差的地段,采用明挖修建而后回填覆盖保护层。

(3)隧道按埋藏深度可分为深埋隧道和浅埋隧道,其分类是根据隧道在地层下埋置的深浅来定的。

2.隧道的组成

隧道一般由洞身、衬砌、洞门、避人(车)洞等组成。

(1)洞身

洞身是隧道的主要组成部分,其长度由两端洞门的位置来决定。洞身是列车通过的通道,为保证行车安全,洞身必须按建筑限界标准修建。

(2)衬砌

衬砌的作用是承受地层的压力,防止坑道周围地层变形,防止岩石的风化和坍塌,维护

坑道轮廓不侵入建筑限界,以保证行车安全。目前,主要是采用整体灌注式衬砌,一般由拱圈、边墙、仰拱组成,如图 1-1-14 所示。

①拱圈位于坑道的顶部,呈半圆形,为承受地层压力的主要部分。

②边墙有垂直型和曲线型两种,位于坑道的两侧,承受来自拱圈和坑道侧面的土体压力。

③仰拱位于坑底,形状与一般拱圈相似,但弯曲方向与拱圈相反,其作用是帮助边墙抵抗土体的滑动,并抵抗底部土体隆起。

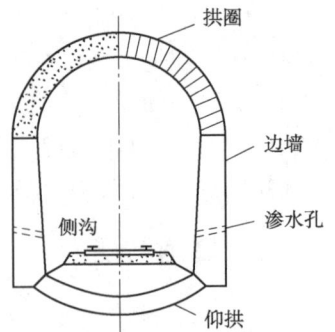

图 1-1-14　隧道内部衬砌示意图

(3)洞门

洞门是隧道进出口处建筑物,主要作用是保证洞口土体仰坡和边坡的稳定,并通过洞门位置的排水系统将仰坡流下的雨水引离隧道,防止水流冲刷洞门,如图 1-1-15 所示。

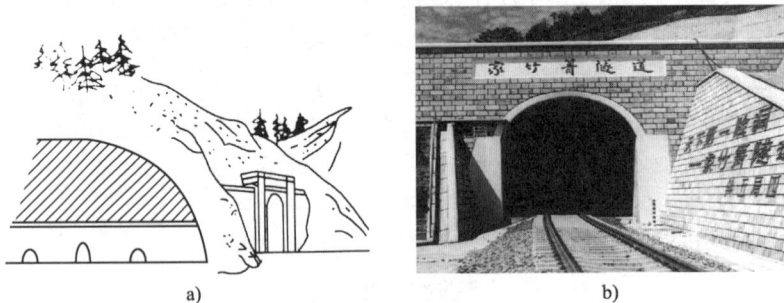

图 1-1-15　隧道洞门

(4)避人洞和避车洞

为使工作人员、行人及运料小车避让列车,在隧道的两侧互相交错修建了避人洞和避车洞。它们是隧道的附属建筑。一般避车洞每隔 300m 设一个,避人洞在相邻避车洞之间每 60m 设一个。

(二)涵洞

涵洞是一种修筑在路堤下部的填土中,主要用于跨越天然沟谷洼地,作为排洪通道的过水建筑物。涵洞还可用于跨越道路或人工渠道,作为立交或灌溉之用。涵洞靠近市区村镇时,应尽可能兼顾行人、牲畜及车辆的通行。

1.涵洞与桥梁的区别

涵洞与小桥的基本区别主要有以下三个方面:

(1)有无墩台。涵洞没有墩台,而桥梁是有墩台的。

(2)路堤是否连续。涵洞顶上有一定厚度的填土,涵洞处的路堤是连续的,而小桥则一般没有填土。

(3)孔径大小。涵洞的孔径较小,一般在 0.75 ~ 6m 之间,最大的孔径不超过 6m。当孔径在 6m 以上时,均称为桥。

拱桥与拱涵区分:跨度≤6m 且填土高度大于 1m 为拱涵,否则为拱桥。

2. 涵洞的组成

涵洞的主体工程由洞身、基础和出入口(端墙及翼墙)组成,如图1-1-16所示。涵洞的附属工程包括出入口处河床和路堤边坡的加固等。

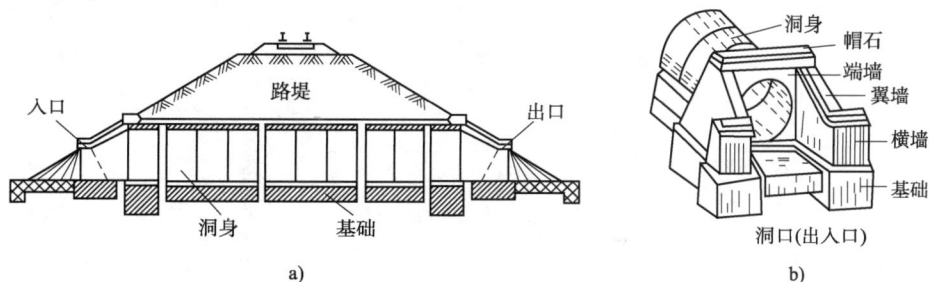

图1-1-16　涵洞

3. 涵洞的类型

涵洞按建筑材料的不同有石涵、混凝土涵、钢筋混凝土涵等;按洞身断面形状可分为圆涵、拱涵、盖板箱涵(箱涵)三种。

技能训练

【训练任务】画出铁路线路横断面示意图。完成训练任务1-1。

【操作步骤】

第一步:画出路基横断面图。

第二步:在路基横断面上画出道床横断面图。

第三步:在道床横断面上画轨枕纵断面图。

第四步:在轨枕纵断面图上画两钢轨横断面图。

拓展知识

路基横断面其他形式及路基病害

一、路基横断面其他形式

路基横断面是指垂直于线路中心线截取的断面,依其所处的地形条件不同,主要有6种形式。除路堤、路堑两种基本形式外,还有另外4种形式,如图1-1-17所示。

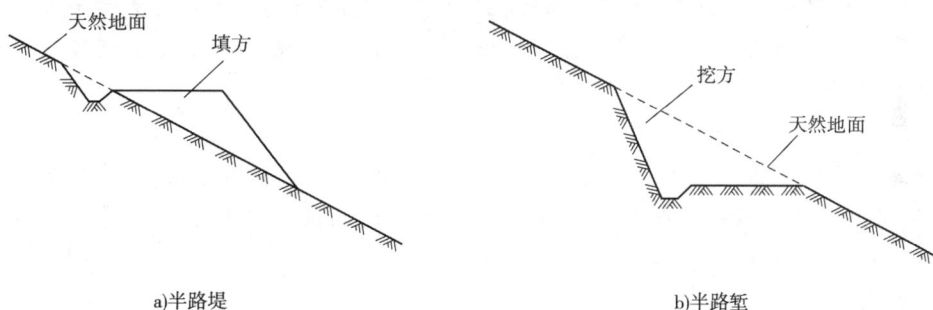

a)半路堤　　　　　　　　　　　b)半路堑

图　1-1-17

c)半路堤半路堑　　　　　　　　　　　　　d)不填不挖路基

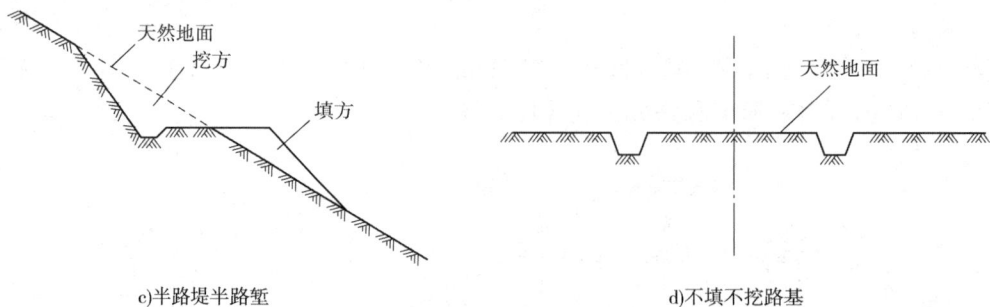

图 1-1-17　路基横断面形式

1. 半路堤

当天然地面横向倾斜,路基的一侧需在天然地面上填方修筑而成的路基[图 1-1-17a)]。

2. 半路堑

当天然地面横向倾斜,路基的一侧需在天然地面上挖方修筑而成的路基[图 1-1-17b)]。

3. 半路堤半路堑

当天然地面横向倾斜,路基的一侧需在天然地面上填方修筑,而另一侧需在天然地面上挖方修筑而成的路基[图 1-1-17c)]。

4. 不填不挖路基

当线路的路肩设计高程与经过清理后的天然地基相同,无须填方、挖方的路基[图 1-1-17d)]。

二、路基病害

路基在车辆荷载的作用和自然条件(如雨水、风沙等侵蚀)的影响下,不可避免地会引起路基土壤力学性质发生变化,形成路基病害。常见的路基病害有翻浆冒泥、路基冻胀、滑坡和边坡塌方。

1. 翻浆冒泥

土质路基顶面因道床污染及排水不良,在列车反复振动作用下形成泥浆向上翻冒现象,称翻浆冒泥。晴天干燥时,道床板结,造成道床的弹性下降;雨天潮湿时,道砟陷入路基面,造成轨道下沉和变形,引起轨面坑洼,导致列车运行的不平稳,甚至会危及行车安全。翻浆冒泥的整治办法是排除地表水,降低地下水位,彻底清筛道床,加铺砂垫床或更换路基顶面土壤等。

2. 路基冻胀

在严寒地区铁路线路上,由于路基排水不良和地下水侵蚀,在严寒季节发生的路基顶面不均匀隆起的现象称为路基冻胀。冻胀使轨道出现高低不平,将严重危及行车安全。路基冻胀的整治办法是排除地表水,降低地下水位,更换土质,改良土质或将炉渣覆盖在路基基床表层作保温材料。

3. 滑坡

在一定的地形地质条件下,由于地表水的大量侵入或地下水的作用,土体或岩体在重力的作用下,沿某一层面或软弱带作整体缓慢或急速滑动的现象叫作滑坡。滑坡的综合防治办法为拦截地面水,排除地表水和修建支挡建筑。

4. 边坡塌方

山区铁路的路基多为深堑高堤,地质构造复杂。在雨季,由于雨水侵蚀,洪水冲刷,土质路基变软,石质路基岩石发生风化,在列车荷载作用下,路基边坡发生坍塌叫作边坡塌方。在北方地区裂隙中的水冻结后,体积膨胀,也会导致边坡塌方。为防止边坡塌方,可在坡面种草或铺片石,必要时可在边坡坡脚处砌挡土墙。

复习思考

一、选择题

1. 铁路线路路堤的形成是因为(　　)。
    A. 设计高程高于自然地面高程
    B. 设计高程低于自然地面高程
    C. 设计高程与自然地面高程在同一水平面上
    D. 设计高程部分高于自然地面高程,部分低于自然地面高程

2. 当线路设计高程低于天然地面时,须修建(　　)路基。
    A. 路堤式　　　　　B. 路堑式　　　　　C. 不填不挖式　　　　　D. 半路堤式

3. (　　)不是路堤的组成部分。
    A. 路基面　　　　　B. 路堤边坡　　　　　C. 护道　　　　　D. 弃土堆

4. 桥梁中,每个桥跨两端支座中心之间的距离,叫作(　　)。
    A. 桥跨　　　　　B. 跨度　　　　　C. 桥长　　　　　D. 净空

5. 铁路桥梁按长度分类,若桥长是180m,则该桥是(　　)。
    A. 小桥　　　　　B. 中桥　　　　　C. 大桥　　　　　D. 特大桥

二、填空题

1. 铁路线路主要由_____、_____和_____组成。
2. _____和_____是路基最常见的两种基本形式。
3. 路堑主要由路基顶面、_____、_____隔带、弃土堆、截水沟(天沟)组成。
4. 桥梁主要由_____、_____、_____三个部分组成。
5. 隧道一般是由_____、_____、_____避人(车)洞等组成。

三、简答题

1. 何谓路基?路基的作用是什么?路基由哪几部分组成?
2. 何谓路堤?何谓路堑?试绘出路堤、路堑横断面示意图,并标明各组成部分名称。
3. 桥梁如何分类?
4. 隧道的作用是什么?
5. 涵洞的作用是什么?涵洞与小桥有何区别?

任务 1.2　轨道结构认知

知识要点

轨道的组成,各组成部分的作用及技术状态要求;道岔的构造及类型,道岔辙叉号数,道

岔用中心线表示。

重点掌握

轨道的组成,道岔类型,单开道岔的构造,辙叉号数,道岔用中心线表示。

一线微观

"线路上的病害就像掉进眼睛里的砂子"

20 世纪 90 年代初,汪伯华参与了南昆铁路的修建。1998 年,线路建成后,他成了南昆铁路的养护者。南昆铁路所经地区地形复杂,线路病害易发。为确保线路质量达标,保障列车运行安全,汪伯华一直坚持高标准作业。

按照单位要求,每整治完一段线路,验收时必须做到"3 米 1 量",汪伯华则将标准提高到"1 米 1 量",这意味着每整治 1 公里线路,至少要弯腰 1000 次。他还给自己增加了"20 米 1 测"要求,即上道每走 20 米就俯身跪地目测 1 次线路变化。

"我心中最快乐的事,就是在技术上高人一筹。"汪伯华说,"线路上的病害就像掉进眼睛里的砂子,不处理掉就浑身不舒服。"刚开始,很多人认为汪伯华是多此一举。但久而久之,大家看到高标准带来的安全与效益后,就都理解了。

"观天断雨量、观线知轨距、听音辨病害",外行人听起来可能会觉得十分神奇,但对多年从事线路维修养护工作的汪伯华来说,这些都是日积月累的"手熟尔"。汪伯华相信本领是练出来的,工作是干出来的。在他看来,不管困难有多大、线路质量有多差,只要坚持科学作业,严格执行作业标准,苦干实干,就没有养不好的线路。

汪伯华不仅自身优秀,在担任工长的十多年里,他先后到兴义、冗百、永乐等 6 个"病入膏肓"的落后工区任职,时间多则半年,少则三个月,他总能带领班组成为先进班组。

"南昆线是艰苦的地方,也是成长的摇篮。"汪伯华对记者说,"付出总会有回报,这些年在南昆线上艰苦奋斗,默默付出,造就了今天的我。"

基础知识

铁道线路路基上部由钢轨、轨枕、联结零件、道床、道岔及防爬设备组成的整体工程结构,称为轨道。

轨道铺设在路基之上,是列车运行的基础,它引导机车车辆的运行方向,直接承受机车车辆通过车轮传来的巨大压力。其构成如图 1-2-1 所示。

轨道是个整体性工程结构,经常处于列车运行的动力作用下,所以它的各组成部分均应具有足够的强度和稳定性,以便保证列车按照规定的最高速度安全、平稳和不间断地运行。

列车的压力通过车轮首先作用在钢轨面上,然后依次传递到轨枕、道床和路基(或桥隧建筑物)上。这个压力越往下传越扩散,即承受压力的面积越大,而产生的压强越小。轨道的这种结构,由于传力合理,再加上造价低,便于维修养护,所以从有铁路以来没有根本的改变。

目前铁路使用的轨道结构主要是有砟轨道结构和无砟轨道结构两种。有砟轨道结构是传统的轨道结构。无砟轨道结构是铁路技术水平不断进步的产物,能满足高速铁路的建设需要,相对于有砟轨道结构,其在平顺性和列车高速运行性能、少维修以及全寿命周期费用等方面具有较大优势。

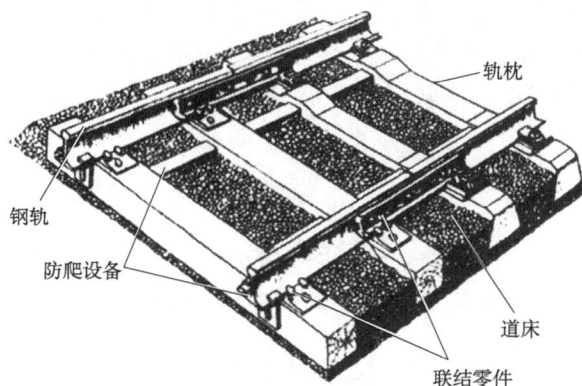

图 1-2-1　轨道的基本组成

一、钢轨

1. 钢轨的作用

钢轨的作用是直接承受车轮压力、冲击和震动并将其传递到轨枕上,引导车轮运行的方向,在电气化铁道或自动闭塞区段,钢轨还兼作轨道电路。它不仅应具有足够的强度、稳定性和耐磨性,还要有韧性。

2. 钢轨的横断面形状

我国采用的是稳定性较好的宽底式钢轨,它的断面形状采用工字形,由轨头、轨腰和轨底三个部分组成,如图 1-2-2 所示。

钢轨头部呈弧形以适合轮轨的接触,为了耐磨和抵抗压溃,应具有足够的面积和厚度。钢轨的腰部应有足够的高度,以提高钢轨抵抗挠曲的能力。钢轨底部应有足够的厚度和宽度,以保证其稳定性。

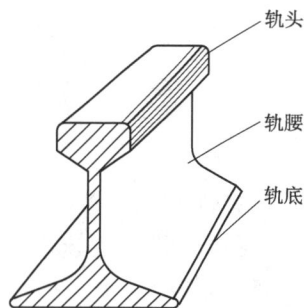

图 1-2-2　钢轨横断面形状

3. 钢轨的类型

钢轨的类型或强度是用每米长度的质量千克数来表示的,我国现行的标准钢轨类型有 75kg/m、60kg/m、50kg/m、43kg/m 等。

实践表明,铁路行车速度将会越来越快,从经济、技术和安全的角度考虑,采用重型钢轨是有利的,也是轨道现代化发展的方向。新建、改建铁路正线采用 60kg/m 钢轨,重载铁路正线宜采用 60kg/m 及以上类型钢轨。

4. 钢轨的长度

钢轨的长度越长越好,这样可以减少接头的数量,从而节省接头零件和线路的维修费用,提高铁路运输的安全性和旅客的舒适性。但是一根钢轨的轧制长度总是有限的,它受加工和运输等条件限制。我国钢轨的标准长度主要有 12.5m、25m、50m、75m 和 100m 五种。普通有缝线路轨道正线、到发线一般采用 25m 标准长度的钢轨,其余站线可采用 12.5m 标

准长度的钢轨。此外,还有用作曲线内轨用的标准缩短轨若干种。缩短轨主要有比 12.5m 钢轨短 40mm、80mm、120mm 的三种和比 25m 钢轨短 40mm、80mm、160mm 的三种。

普通线路上铺设的钢轨一般为标准长度的钢轨,且具有热胀冷缩的性能。为适应钢轨伸缩,铺轨时在钢轨接头处预留适当的缝隙,称为轨缝。钢轨接头的预留轨缝应根据钢轨长度、当地历史最高及最低轨温、更换钢轨或调整轨缝时的轨温经计算确定。一般情况下钢轨接头轨缝设为 8mm,钢轨绝缘接头轨缝不得小于 6mm。

二、轨枕

1. 轨枕的作用

轨枕是钢轨的支座。它除承受钢轨传来的压力并将其传给道床以外,还起着保持钢轨位置和轨距的作用。因此,轨枕应具有一定的坚固性、弹性和耐久性,并且造价低廉,制作简单,铺设养护方便容易。

2. 轨枕的类型

按照制作材料的不同,轨枕有混凝土枕和木枕两种,如图 1-2-3 所示。木枕弹性好,形状简单,制造容易,重量轻,铺设、更换方便。它的主要缺点就是要消耗大量的木材,而且使用寿命较短,经过防腐处理的木枕一般可用 15 年左右。混凝土枕使用寿命长,稳定性好、养护工作量小,加上材料来源广泛,所以得到广泛的应用,这不仅可以节省大量木材,而且有利于提高轨道的强度和稳定性。

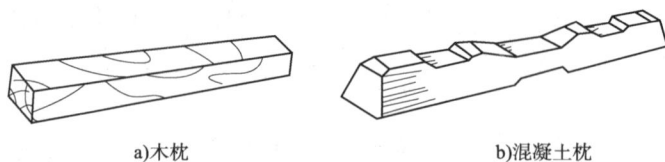

a)木枕   b)混凝土枕

图 1-2-3 轨枕

3. 轨枕的长度

我国铁路普通轨枕的一般长度是 2.5m,道岔用的岔枕和钢桥上用的桥枕,其长度有 2.6 ~ 4.85m 等多种。

4. 轨枕的配置

线路上铺设轨枕的类型及配置数量,因运量、最高行车速度等运营条件的不同而不同。线路的强度越大,轨枕布置得越密,一般每公里在 1440 ~ 1840 根。

由于轨枕在道床上不能连续地支承钢轨,使道床的局部受力较大,轨道沉陷也较多,因而维修费用也较大。为了适应运量增大和行车速度提高的需要,现在采用一种宽混凝土轨枕,它比普通钢筋混凝土枕薄、宽,而且在轨道上是连续铺设的,所以轨道的沉陷较小,只要初期调整好了,就不易发生坑洼不平的现象,道床也不易污染,日常维修工作量较小。由于它的底部和道床接触面积大,上部和轨底接触面积大,因而改善了钢轨受力条件,有利于高速行车。

三、联结零件

联结零件包括接头联结零件和中间联结零件两大类。

（一）接头联结零件

两根钢轨的末端,用接头联结零件连接,即先用两块鱼尾板夹住钢轨,然后用螺栓拧紧,如图1-2-4所示。

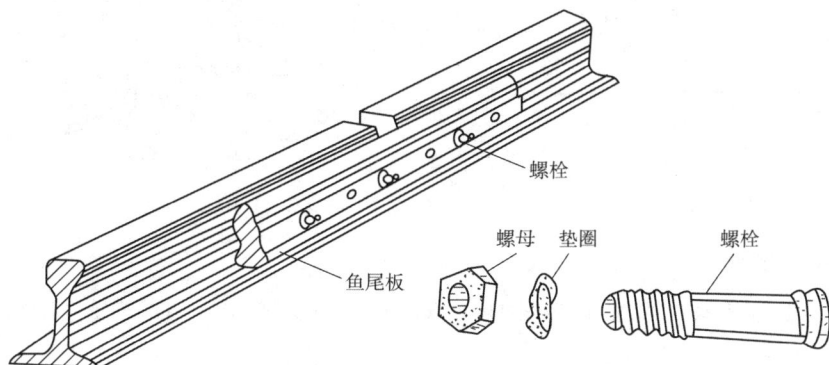

图1-2-4 接头联结零件

钢轨接头处是轨道上的薄弱环节,由于轨缝的存在,车辆通过时将产生冲击,增加行车的阻力和线路维修量。

目前,广泛采用的钢轨接头形式是悬接而又对接,如图1-2-5、图1-2-6所示。悬接是指钢轨的接头正好处在两根轨枕之间,这种形式弹性较好;对接是指轨道上两股钢轨的接头恰好彼此相对,这样就可以避免错接时车辆通过时的左右摇摆。

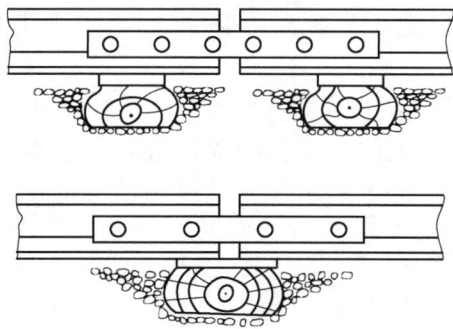

图1-2-5 悬接、垫接示意图

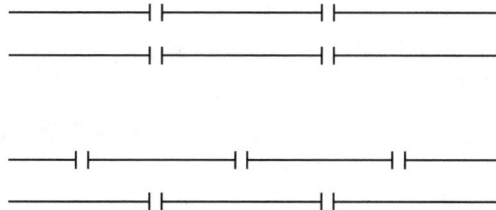

图1-2-6 对接、错接示意图

根据所处位置不同,钢轨接头分为导电接头和绝缘接头两种。

1. 导电接头

导电接头设于自动闭塞区段及电力牵引区段的钢轨接头处,用来传导信号电流或作为牵引电流回路。钢轨接头处的轨间导电装置为两根直径5mm左右的镀锌铁丝。铁丝两端插入截头锥形的镀铅插销中,插销则插入轨腰上的圆孔中,如图1-2-7所示。

2. 绝缘接头

绝缘接头设于自动闭塞分区两端的钢轨接头处,用来保证轨道电流不能从这一闭塞分区传到另一闭塞分区。在夹板与螺栓间、钢轨螺栓孔四周及两轨接缝处,均用绝缘材料隔断电流,如图1-2-8所示。

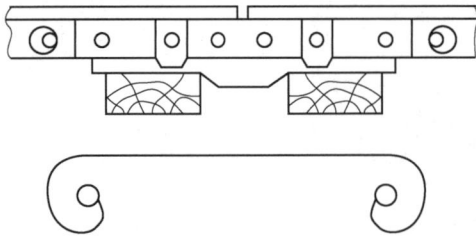

图 1-2-7　钢轨导电接头

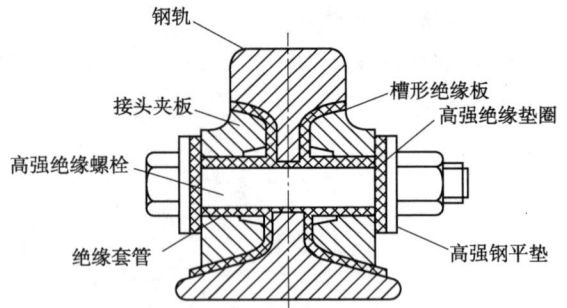

图 1-2-8　钢轨绝缘接头

(二)中间联结零件

中间联结零件又称轨枕扣件,其作用将钢轨固定在轨枕上,并保持其稳固位置,防止钢轨作相对于轨枕的纵、横向移动。

中间联结零件分为钢筋混凝土轨枕用中间联结零件和木枕用中间联结零件两种。

1.钢筋混凝土轨枕用中间联结零件

我国钢筋混凝土轨枕用中间联结零件,按其结构可分为 ω 形弹条扣件、扣板式扣件、弹片式扣件三种;按扣件本身弹性可分为刚性扣件和弹性扣件;按混凝土轨枕有无挡肩分为有挡肩扣件和无挡肩扣件两种。此外,还有专门用于轨距和水平调整量较大的调高扣件,以及用于板式轨道或整体道床等新型轨下基础的特殊扣件,形式也随着轨下基础的形式不同而不同。

扣板式扣件、弹片式扣件主要用于过去的旧型混凝土枕,现只在少数支线和专用线上还在用,正线已淘汰。

ω 形弹条扣件主要由 ω 形弹条、螺纹道钉、轨距挡板、挡板座及弹性垫板等组成,分为Ⅰ、Ⅱ、Ⅲ型扣件三种。Ⅰ、Ⅱ型弹条是有挡肩、有螺栓扣件,Ⅲ型弹条是无挡肩、无螺栓扣件,一般用于有砟高速轨道结构。Ⅰ型弹条扣件如图 1-2-9 所示。

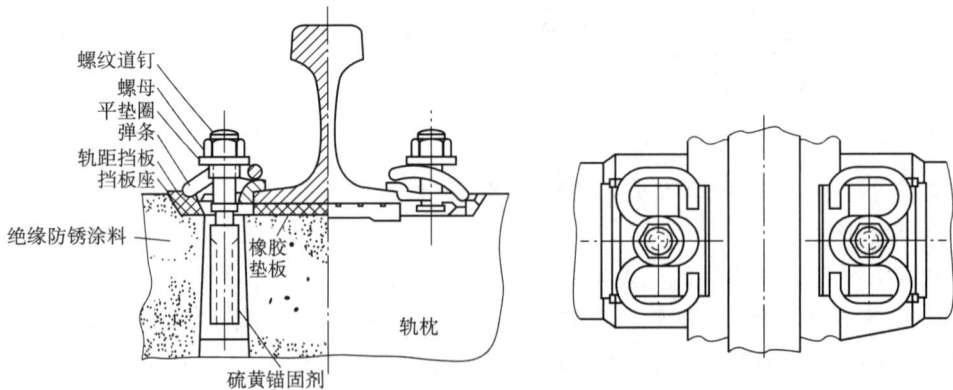

图 1-2-9　弹条Ⅰ型扣件

2.木枕用中间联结零件

木枕用的中间联结零件包括道钉和垫板。其连接方式是先用道钉将垫板与枕木扣紧,再另用道钉将钢轨、垫板与木枕一同钉联在一起,如图1-2-10所示。垫板在钢轨和木枕之间,将从钢轨传来的压力分布到较大的木枕面上,以免木枕很快损坏;同时,由于垫板顶面有1:40的斜坡,钢轨安设在垫板上就可以有合适的内倾度,使钢轨顶面与车轮接触良好,轨顶磨耗均匀,钢轨能垂直受力,防止压塌轨头边缘,延长钢轨使用寿命,并在列车运行时有利于防止和减轻轮对在轨道中的蛇行运动。

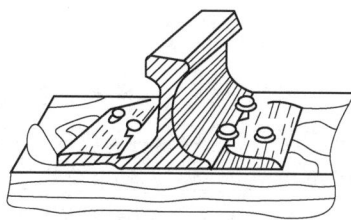

图1-2-10 木枕扣件

四、道床

道床就是铺设在路基面上的道砟层。它承受从钢轨传来的压力,并把它传给路基;同时,它还有缓和轮对对钢轨的冲击,排除轨道中的雨水,阻止轨枕滑移,校正线路平面和纵断面等作用。因此,道砟材料应当坚硬、稳定、有弹性,并有利于排水。碎石是最好的道砟材料,在碎石缺乏地段,卵石、粗砂和中砂等也可以用作道砟材料。

道床的断面尺寸根据铁路的运营条件而定,线路的强度越大,道床也应该越厚。道床厚度是指直线或曲线内轨轨枕底下的道砟处于压紧状态下的厚度。

如果将碎石道床灌注水泥浆,使它成为一个整体来支承钢轨,或用混凝土、钢筋混凝土直接在路基面上筑成轨道基础来支承钢轨,这就是整体道床。整体道床是一种刚性轨下基础,线路的强度高、维修工作量小,适用于高速行车。

五、防爬设备

列车运行时,常常产生作用在钢轨上的纵向力,使钢轨做纵向移动,有时甚至带动轨枕一起移动。这种现象叫作轨道爬行。列车速度越高、轴重越大,爬行就越严重。爬行一般发生在复线铁路的区间正线、单线铁路的重车方向、长大坡道上和进站时的制动范围内。

轨道爬行往往引起接缝不均、轨枕歪斜的现象,对线路的破坏性很大,甚至造成胀轨跑道,危及行车安全。因此,必须采取有效措施来防止爬行。

目前,采用的方法是除了加强轨道其他有关组成部分以外,还采取防爬器和防爬支撑来防止轨道爬行。我国广泛采用的穿销式防爬器,由带挡板的轨卡及穿销组成,如图1-2-11所示。这种防爬器每个可以承受30kN的爬行力。为充分发挥防爬器的作用,通常在轨枕之间还安装防爬支撑,把3~5根轨枕联系起来共同抵抗钢轨爬行,如图1-2-12所示。

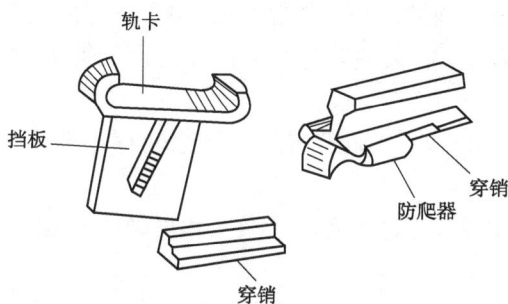

图1-2-11 穿销式防爬器

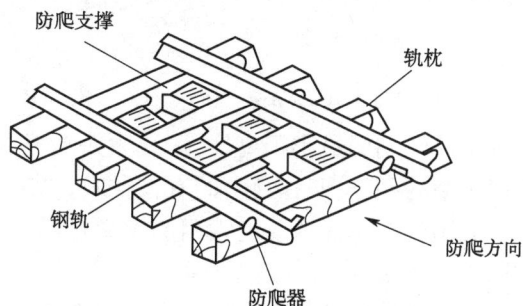

图1-2-12 防爬设备组装

六、道岔

道岔是铁路线路相连接或交叉设备的总称,可使机车车辆由一条线路转往或越过另一条线路,通常设在车站内,是铁路轨道的一个重要组成部分。道岔结构复杂,零件较多,通过机车车辆频繁,技术标准要求高,是轨道设备的薄弱环节。

为了满足各种情况下的行车要求,我国铁路采用的道岔结构形式有多种,一般常用的有单开道岔、对称道岔、三开道岔、菱形交叉、交分道岔等,其中数量最多的是单开道岔。

(一)单开道岔

单开道岔是最常见、最简单的线路连接设备。这种道岔数量最多,占全部道岔数的90%以上,它由转辙器部分、连接部分、辙叉及护轨部分组成,如图1-2-13所示。

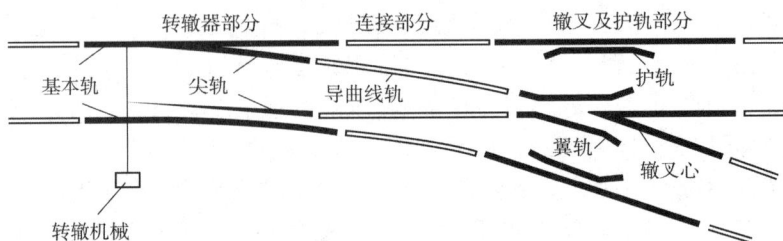

图1-2-13 单开道岔

1. 转辙器部分

转辙器部分由两根尖轨、两根基本轨、跟端结构、联结零件和转辙机械组成。尖轨是转辙器的主要部件,通过连接杆与转辙机械相联,操作转辙机械可以改变尖轨的位置,确定道岔的开通方向。单开道岔的主线为直线,面向尖轨,侧线由主线向左、向右岔出,分为左开、右开两种形式。

2. 辙叉及护轨部分

辙叉及护轨部分由辙叉、护轨及联结零件等组成。

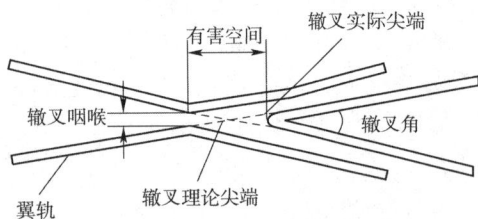

图1-2-14 辙叉示意图

(1)辙叉

辙叉设于道岔中两条线路相交处,由翼轨、心轨和联结零件等组成,如图1-2-14所示。

辙叉心轨两工作边所夹的角 α,称为辙叉角,其交点称为辙叉理论尖端。由于制造工艺的缘故,实际上的辙叉尖端有 $6 \sim 8\text{mm}$ 的顶面宽度,叫作辙叉实际尖端。

两翼轨间的最小距离处,称为辙叉咽喉。从辙叉咽喉至辙叉实际尖端之间存在着一段轨线中断的间隙,叫作道岔的有害空间。

我国目前单开道岔上常用的辙叉有锰钢整铸式辙叉、钢轨组合式辙叉和可动心轨辙叉,如图1-2-15所示。

可动心轨辙叉从根本上消灭有害空间,使单开道岔的过岔速度得到提高,适应列车高速运行的要求。

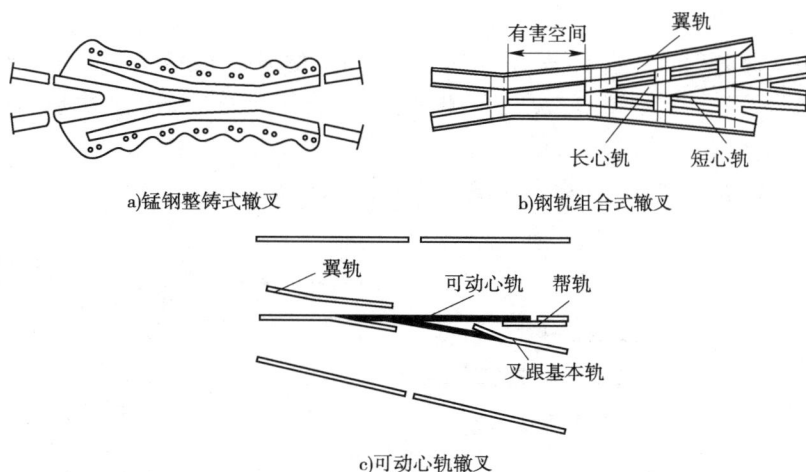

a)锰钢整铸式辙叉   b)钢轨组合式辙叉

c)可动心轨辙叉

图 1-2-15 辙叉类型

（2）护轨

由于有害空间的存在,当机车车辆通过道岔的有害空间时,轮缘有走错轮缘槽而引起脱轨的危险。为保证安全通行,通常在辙叉两侧相对应位置的基本轨内侧设置护轨,对车轮的运行方向实行强制性引导。

护轨必须与辙叉配合使用,其作用是保护辙叉尖端不被轮缘冲伤,控制车轮的运行方向,使之正常通过有害空间。

护轨是用普通钢轨经过刨切弯折而成的,并用间隔铁、螺栓等零件与基本轨连接,护轨内侧安设轨撑。

3. 连接部分

连接部分包括两根直轨和两根曲线轨。它把转辙器部分和辙叉及护轨部分连接起来,使之成为一组完整的道岔。由于导曲线部分不设缓和曲线和外轨超高,列车突然通过道岔时,如果速度过高,突然产生的离心力就很大,特别是当侧向通过时,车轮对尖轨、护轨和翼轨都有冲击,速度过大时冲击力就很大,这样不仅会造成很大程度的摇晃,使旅客感到不适,而且威胁行车安全,因此列车的过岔速度不得不受到很大限制。

4. 单开道岔的表示

单开道岔在图上用线路中心线表示法表示时,如图 1-2-16 所示。

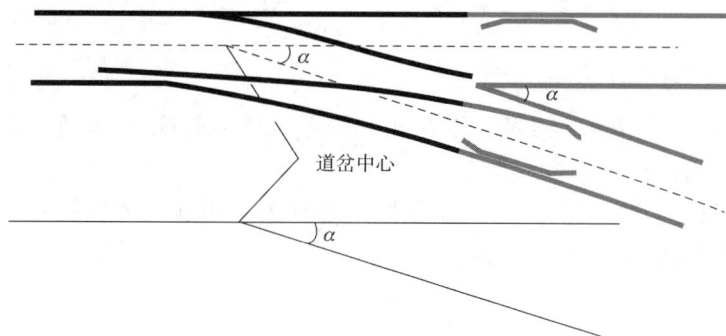

图 1-2-16 用线路中心线表示的单开道岔

(二) 对称道岔

对称道岔又称对称双开道岔,整个道岔对称于主线的中线或辙叉角的中分线,列车通过时无直向及侧向之分。它是单开道岔的一种特殊形式,其结构与单开道岔基本相同,只是连接部分没有直轨,只有导曲线轨,如图1-2-17所示。

用线路中心线表示法表示对称道岔时,如图1-2-18所示。

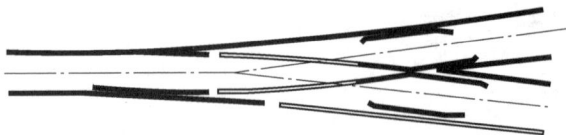

图1-2-17　对称道岔

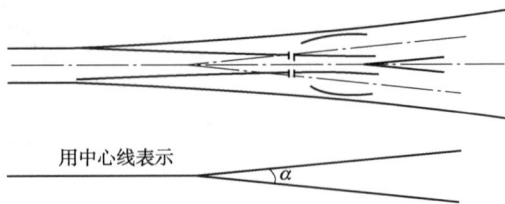

用中心线表示

图1-2-18　用中心线表示的对称道岔

(三) 三开道岔

三开道岔如图1-2-19所示,是将一个道岔纳入另一个道岔内构成的。

三开道岔的转辙器部分有两对尖轨(一长一短为一对),每对由一组转辙机控制其位置。辙叉及护轨部分有三副辙叉、四根护轨。连接部分有两根直轨、两对导曲线轨。

这种道岔的优点是长度较短,缺点是尖轨削弱较多,转辙器使用寿命短,同时两普通辙叉在主线内侧无法设置护轨,机车车辆沿主线无法高速运行。

用线路中心线表示法表示三开道岔时,如图1-2-19所示。

(四) 菱形交叉

一条线路与另一条线路在同一平面上相交,使机车车辆能跨越线路运行,交叉角小于90°的连接设备称为菱形交叉,如图1-2-20所示。

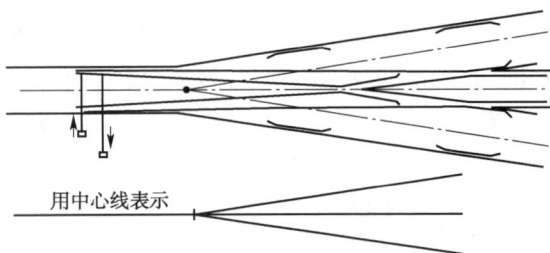

用中心线表示

图1-2-19　三开道岔及其用中心线表示

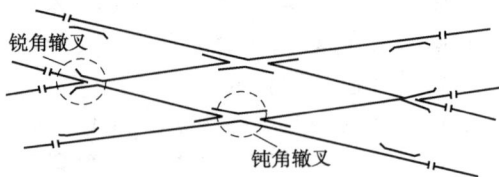

锐角辙叉

钝角辙叉

图1-2-20　菱形交叉

菱形交叉由两个锐角辙叉和两个钝角辙叉组成,但没有转辙器,机车车辆只能在原来的线路上通过交叉后继续前进,而不能转线。

菱形交叉一般不单独使用,可与四副相同的单开道岔组成交叉渡线,如图1-2-21所示;也可以和四条曲钢轨组成复式交分道岔。

(五) 交分道岔

交分道岔分为单式和复式两种。在菱形交叉的一侧增添两副转辙器部分和一对连接曲线,即构成单式交分道岔;在菱形交叉的两侧各增添两副转辙器部分和一对连接曲线,则构成复式交分道岔,如图 1-2-22 所示。

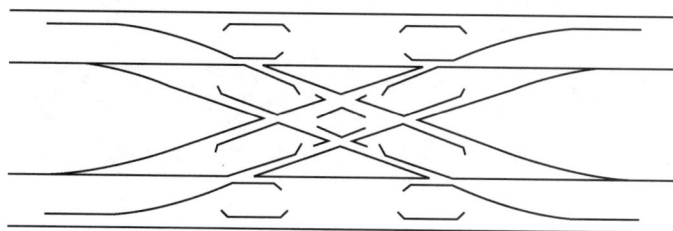

图 1-2-21　交叉渡线

复式交分道岔相当于两组对向布置的单开道岔,可以开通四个方向八条通路。

普通交分道岔的四组辙叉都是固定型的,在两钝角辙叉处存在着没有护轨的有害空间,如果辙叉号码较大,则机车车辆通过该处时有脱轨的可能。

活动心轨交分道岔由于采用了活动心轨钝角辙叉,因此从根本上消除了钝角辙叉在直通方向上的有害空间。

用线路中心线表示法表示复式交分道岔时,如图 1-2-22 所示。

(六) 道岔的辙叉号数

道岔的辙叉号数也称道岔号数,我国规定以道岔辙叉角的余切(即辙叉的跟端长和跟端支距的比值)来确定,如图 1-2-23 所示。

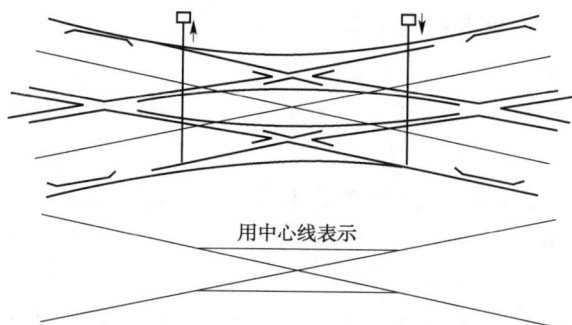

图 1-2-22　交分道岔及其用中心线表示

图 1-2-23　道岔号数计算示意图

$$N = \cot\alpha = \frac{FE}{AE} \qquad\qquad (1\text{-}2\text{-}1)$$

式中:N——道岔号数;

　　FE——辙叉跟端长;

　　AE——辙叉跟端支距。

由此可见,道岔号数 N 与辙叉角 α 成反比关系。N 越大,α 角越小,导曲线半径也越大,机车车辆通过道岔时越平稳,允许的过岔速度也越高。所以,逐步采用强度更高的大号码道岔对于行车是有利的。

目前,我国铁路的主要线路上通常使用的单开道岔有 8 号、9 号、12 号、18 号、30 号、38

号道岔,对称道岔有6号、9号,三开道岔有7号,交分道岔有12号、9号。

《技规》规定允许的侧向通过速度与道岔号数的关系为:速度超过80km/h的单开道岔,不得小于30号;速度超过50km/h的单开道岔,不得小于18号;速度不超过50km/h的单开道岔,不得小于12号。

技能训练

【训练任务】用线路中心线表示法画出9号普通左开道岔示意图。完成训练任务1-2。

【操作步骤】

第一步:画一条水平直线作为直线线路中心线。

第二步:在直线中心线上确定直线、侧线线路中心线的交点位置 O,即岔心。

第三步:从交点沿直线中心线画等于辙叉号数的9个等分线段。

第四步:在最后一个等分线段末端画一等分线段,使其垂直于直线线路中心线。

第五步:将垂直线段的终点与道岔中心连接,如图1-2-24所示。

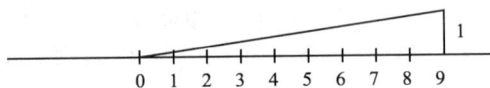

图1-2-24　9号普通左开道岔线路中心线表示法

拓展知识

禁止使用的道岔

道岔结构比较复杂,零件较多,在列车荷载作用下,若维修保养不及时,极易发生病害。为保证列车运行安全,当发现不正常情况时,应立即采取措施消除。

按《技规》的规定,道岔应保持良好状态,有下列缺点之一禁止使用:

(1)内锁闭道岔尖端互相脱离,分动外锁闭道岔两尖端与连接装置、心轨接头铁与拉板相互分离或外锁闭装置失效。

内锁闭道岔的两尖轨用转辙杆和连接杆连接在一起,转辙器动作时,两尖轨应同时动作,且一侧尖轨与基本轨密贴,另一侧尖轨与基本轨分开,并保持一定距离使车轮顺利进地入直股或侧股。

如果连接杆折损或与裂纹、连接杆螺栓松动,将会造成两尖轨相互脱离,扳动时一根尖轨移动,而另一尖轨不动或移动距离未达到要求,如图1-2-25所示。此时道岔成"四开"状态,列车通过将会脱轨,不能保证行车安全。

(2)尖轨尖端与基本轨静止状态不密贴。尖轨与基本轨间有缝隙,则属于不密贴,如图1-2-26所示。此时,迎尖过岔的车轮轮缘有轧伤尖轨或挤开尖轨使道岔成"四开"状态,导致脱轨。

造成尖轨与基本轨不密贴的主要原因有尖轨拉杆尺寸和尖轨轨距不符合标准;尖轨靠基本轨内侧有飞边;转辙机安装不正确尖轨活动距离不够;尖轨与基本轨之间有杂物卡住或冬季有冻块塞住等。

(3)尖轨被轧伤轮缘有爬上尖轨的危险。因尖轨轧伤后,尖轨顶面过低或尖轨成锯齿状,如图1-2-27所示。此时,迎尖过岔的车轮轮缘有爬上尖轨造成列车脱线的危险。

（4）尖轨顶面宽50mm及其以上的断面处，尖轨顶面低于基本轨2mm及其以上。

因为迎尖过岔的车轮，从基本轨被尖端逐渐引离，至尖轨顶面宽50mm处，车轮将全部落于尖轨，此地若尖轨较基本轨过低，如图1-2-28所示，车轮就会突然降落，使车体激烈振动。顺尖过岔的车轮有可能爬不上基本轨，挤压基本轨，甚至将基本轨挤翻造成列车脱线。

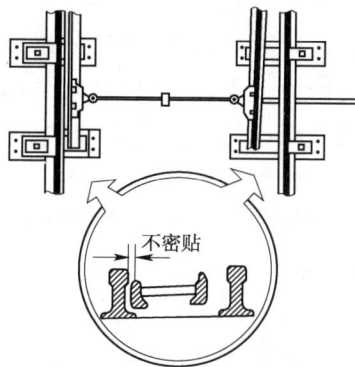

图1-2-25　两尖轨互相脱离

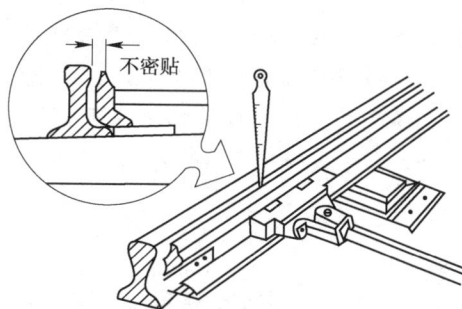

图1-2-26　尖轨尖端与基本轨不密贴

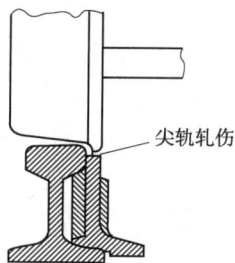

图1-2-27　尖轨尖端轧伤

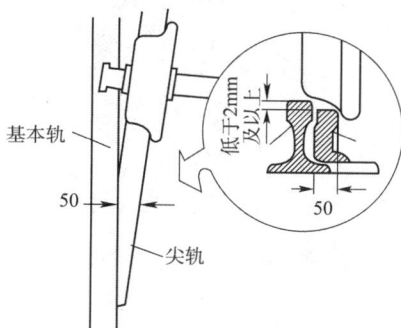

图1-2-28　尖轨顶面过低(尺寸单位:mm)

（5）基本轨垂直磨耗达到表1-2-1的标准。

禁止使用的道岔基本轨垂直磨耗标准　　　　　　　　表1-2-1

钢轨类型	正　　线		到发线	其他站线
	$v_{max} > 120km/h$	$v_{max} \leq 120km/h$		
50kg/m 及以下	>6mm		>8mm	>10mm
60kg/m 及以上	>6mm	>8mm	>10mm	>11mm

因为钢轨垂直磨耗，断面面积减小，强度削弱易折损。同时基本轨磨耗过大，会使尖轨尖端与基本轨的高度差减小，轮缘有可能轧伤尖轨，危及行车安全。

因为各种线路的行车速度不同，作用在钢轨上的冲击压力不一样，所以垂直磨耗限度规定也不一样。

（6）在辙叉心宽40mm的断面处，辙叉心垂直磨耗，50kg/m及以下钢轨，在正线上超过6mm，到发线上超过8mm，其他站线上超过10mm；60kg/m及以上钢轨，在线路允许速度大于120km/h的正线上超过6mm，其他正线上超过8mm，到发线上超过10mm，其他站线上超过11mm。

因辙叉心顶宽40mm处恰为车轮压力过渡的分界点,若此处垂直磨耗超限,如图 1-2-29 所示,不但强度减弱,且顶面低于翼轨太多,会使迎辙叉尖通过的列车发生剧烈振动,顺辙叉通过的车轮将向外挤压翼轨,危及行车安全。

(7)辙叉心作用面至护轨头部外侧的距离小于1391mm,或翼轨作用面至护轨头部外侧的距离大于1348mm。

此项规定主要是控制护轨的正确位置。从图 1-2-30 可以看出,辙叉心与护轨工作边的距离若小于1391mm,会使最大内侧距的轮对撞击辙叉心或误入异线,即护轨不起作用。翼轨与护轨工作边的距离若大于1348mm,又会使最小内侧距的轮对被翼轨、护轨卡住而不能顺利通过。这样要求辙叉心与护轨工作面的距离大于或等于1391mm,但(为保证翼轨与护轨工作面的距离小于或等于1348mm)又不能太大。根据生产实践,这个距离保持在 1348 ~ 1394mm 较为合适。

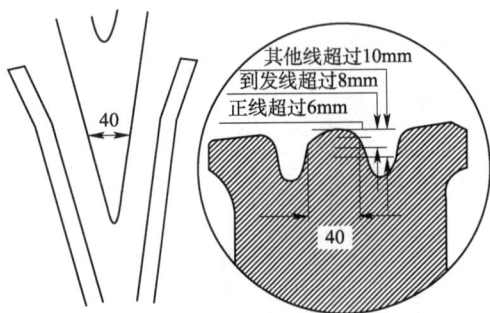

图 1-2-29　辙叉心垂直磨耗(尺寸单位:mm)　　　　图 1-2-30　辙叉间隔(尺寸单位:mm)

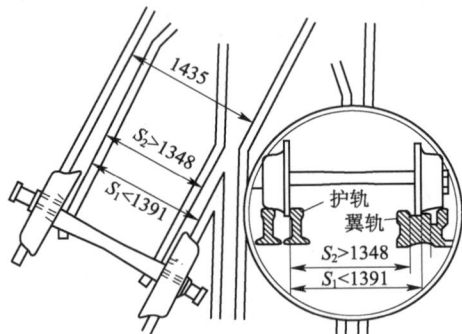

(8)尖轨或基本轨损坏。尖轨、基本轨损坏是指影响行车安全的钢轨裂纹、压溃、锈蚀、折损等。

(9)辙叉(辙叉心、辙叉翼)损坏。此项规定是指辙叉心和翼轨的裂纹、压溃、折断及联结零件松动等。

(10)护轨螺栓折损。因为护轨的作用是迫使车轮轮缘在护轨轮缘槽内通过,以引导对侧车轮沿着正确的方向运行,保证对侧车轮轮缘不误入异线或撞击辙叉心,所以护轨与相邻钢轨必须牢固连接。除安装足够数量的连接螺栓外,在护轨内侧还加装轨撑,如图 1-2-31 所示。一旦发现护轨螺栓折断,应立即更换。

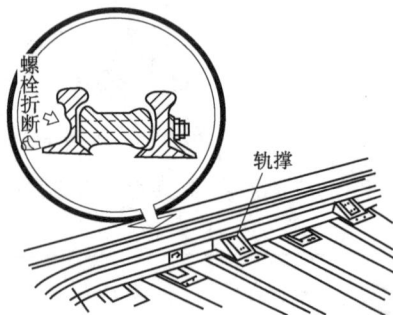

图 1-2-31　护轨螺栓折损

复习思考

一、选择题

1.将钢轨固定在轨枕上,并保持其稳固位置,防止钢轨做相对于轨枕的纵向移动的是(　　　)。

　　A.中间联结零件　　　B.接头联结零件　　　C.轨枕　　　　　　　D.防爬设备

2.为了列车运行的安全,必须将两根钢轨的末端连接起来,采用的是(　　　)。

　　A. 中间联结零件　　　B. 接头联结零件　　　C. 固定联结零件　　　D. 防爬设备

3. 我国铁路普通轨枕的一般长度是(　　　)m。

　　A. 2.0　　　　　　　　B. 2.5　　　　　　　　C. 3.0　　　　　　　　D. 3.5

4. 对称于主线的中线或辙叉角的中分线,列车通过时无直向及侧向之分的道岔称为(　　　)。

　　A. 单开道岔　　　　　　B. 对称道岔　　　　　　C. 三开道岔　　　　　　D. 菱形交叉

5. 复式交分道岔相当于两组对向布置的单开道岔,可以开通(　　　)。

　　A. 四个方向八条通路　　　　　　　　B. 四个方向四条通路

　　C. 两个方向八条通路　　　　　　　　D. 两个方向四条通路

二、填空题

1. 轨道由_____、_____、_____、_____、_____及_____组成。

2. 钢轨的断面形状采用工字形,由_____、_____和_____三个部分组成。

3. 钢轨的类型或强度以_____来表示的。

4. 轨枕按制作材料的不同主要有木枕、_____两种。

5. 一般常用的道岔结构形式有_____、_____、_____、_____、_____等。

三、简答题

1. 钢轨有什么作用?

2. 钢轨类型如何划分?普通钢轨的标准长度为多少?

3. 轨道联结零件有哪几种?各自的作用是什么?

4. 何谓道床?道床的作用是什么?

5. 何谓轨道爬行?其危害是什么?如何防止轨道爬行?

6. 何谓道岔?道岔的作用是什么?常见的道岔有哪几种?

7. 何谓辙叉号数?它与行车速度有何关系?

8. 试绘出钢轨工作边表示的普通单开道岔示意图,并标注各组成部分及主要部件名称。

任务 1.3　轨道平顺的技术标准认知

知识要点

　　轨距、水平、轨向、高低;曲线轨距加宽及外轨超高;无缝线路基本原理及组成。

重点掌握

　　直线地段轨距、水平的规定,熟悉曲线轨距加宽及外轨超高。

基础知识

　　轨道平顺的技术标准是为了保证列车运行安全平稳而对轨道各组成部分的几何形状、相对位置和基本尺寸等具体规定。在直线地段,轨道的两股钢轨之间应保持一定的距离,两股钢轨顶面应保持水平和方向一致,两股钢轨均应向内有一定倾斜。在曲线地段,外轨相对

于内轨保持一定的高差,两钢轨之间的距离要适当加宽。列车速度越高,对轨道平顺的技术标准要求越高。

另外,在普通线路上由于轨缝的存在,对线路设备、机车车辆的使用寿命、旅客的舒适等有一定的不良影响,还直接威胁铁路行车安全。为减少接头轨缝,把许多根钢轨焊接起来形成长钢轨线路,即为无缝线路。它比普通线路接头少,因而行车平稳,旅客舒适,延长了线路设备和机车车辆的使用寿命,减少了线路养护维修的工作量,适应高速、重载行车要求,是轨道发展的一个方向。

一、直线地段的轨距和水平

(一)轨距

轨距是指钢轨头部顶面下 16mm 范围内两股钢轨工作边之间的最小距离,如图 1-3-1 所示。轨距有标准轨距、窄轨距和宽轨距三种。标准轨距为 1435mm;大于 1435mm 者为宽轨距,如 1524mm;小于 1435mm 者称为窄轨距,如 1067mm、1000mm 等。我国铁路采用标准轨距,只在云南偏远地区部分线路采用 1000mm,台湾地区采用 1067mm。

在机车车辆运动的动力作用下,轨距可能产生一定的偏差。《技规》规定的轨距静态允许偏差及《高速铁路设计规范》(TB 10621—2014) 规定的轨距静态允许偏差,见表 1-3-1。

线路、道岔轨距静态允许偏差 表 1-3-1

线路允许速度(km/h)	$v \leqslant 120$	$120 < v \leqslant 160$	$160 < v \leqslant 200$	$v > 200$
线路(mm)	+6 -2	+4 -2	±2	无砟轨道 ±1 有砟轨道 ±2
其他站线(mm)		+6 -2		+3 -2
道岔(mm)	+3 -2	+3 -2	±2	±1

注:轨距静态允许偏差是指轨道在不承受列车荷载作用下使用静态检测手段所测的轨距与设计轨距之允许偏差值。

机车车辆轮对宽度与轨距之间有一定的活动量,这样轮缘和钢轨之间有一个活动量(称为游间),使车轮轮缘能在两股钢轨之间自由滚动,而又不会卡住,如图 1-3-2 所示。

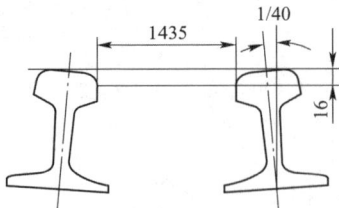

图 1-3-1 轨距(尺寸单位:mm)

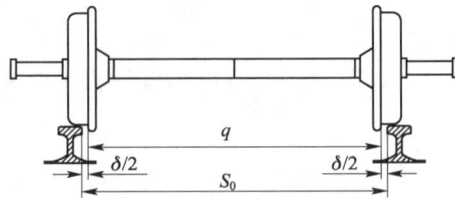

图 1-3-2 轮对与轨距的关系
S_0-轨距;q-轮对宽度;δ-游间

(二)水平

直线地段钢轨的顶面应保持在同一水平,以保证列车平稳运行和两股钢轨磨耗均匀。但在保证列车安全的前提下允许存在一定的误差。《技规》规定的钢轨水平静态允许偏差及

28

《高速铁路设计规范》(TB 10621—2014)规定的钢轨水平静态允许偏差,见表1-3-2。

钢轨水平静态允许偏差

表1-3-2

线路允许速度(km/h)	$v \leq 120$	$120 < v \leq 160$	$160 < v \leq 200$	$v > 200$
正线及到发线(mm)	4	4	3	正线2,到发线4
其他站线(mm)	5			6
道岔(mm)	4	4	3	2

二、曲线地段的轨距加宽和外轨超高

(一)轨距加宽

机车车辆走行部中只能保持平行而不能做相对运动的车轴中心线间的最大距离,叫作固定轴距。由于机车车辆具有固定轴距,在曲线上运行时转向架的纵向中心线与曲线轨道中心线并不一致,因而引起转向架前一轮对外侧车轮轮缘和后一轮对的内侧车轮轮缘挤压钢轨的情况发生,如图1-3-3所示,所以小半径曲线的轨距应适当加宽。

为了使机车车辆顺利地通过曲线,《技规》规定了在各种半径的曲线上轨距的加宽数值。曲线轨距加宽值见表1-3-3。

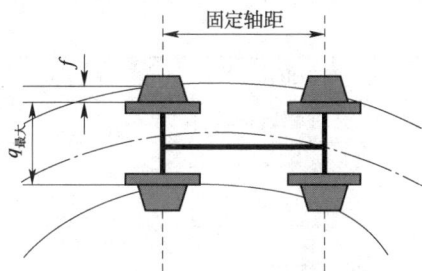

图1-3-3　轨距加宽原因示意图

曲线轨距加宽值

表1-3-3

曲线半径R(m)	加宽值(mm)	曲线半径R(m)	加宽值(mm)
$R \geq 295$	0	$245 > R \geq 195$	10
$295 > R \geq 245$	5	$R < 195$	15

(二)外轨超高

机车车辆在曲线上运行时,由于受到离心力的作用使曲线外轨承受了较大的压力,因而造成钢轨磨耗不均匀,并使旅客感到不舒适,严重时还可能造成列车颠覆事故。因此,通常将曲线外轨轨枕下的道床加厚,即外轨抬高,使机车车辆内倾,以车辆重力的分力平衡离心力的作用。这种外轨比内轨高出的部分称为外轨超高。

我国规定,新建铁路应按下式设置超高值:

$$H = 11.8 \frac{v_p^2}{R}$$

(1-3-1)

式中:H——外轨超高,mm;

R——曲线半径,m;

v_p——各种列车平均速度,km/h。

外轨超高计算后,取5mm的整数倍。

《技规》规定:普速铁路曲线地段的外轨超高,应按有关规定的办法和标准确定。最大实设超高:双线地段不得超过150mm,单线地段不得超过125mm。

外轨超高和轨距加宽的设置都是从缓和曲线的起点开始,逐渐增加,到圆曲线起点时外

轨超高和轨距加宽都达到规定的数值。反之,从圆曲线终点开始,超高和加宽逐渐减少,到缓和曲线终点又恢复直线地段的正常状态。

三、轨向

钢轨工作边纵向的平顺程度叫作轨道的方向,简称轨向。如果直线不直,曲线不圆顺,则会加剧车辆左右摇摆振动,增加横向水平推力,产生车轮、钢轨的不正常磨耗,破坏轨距,影响列车运行的平稳性,对高速行车尤为不利。

为保证行车安全,必须定期检测轨向并及时纠正,满足直线轨向目视顺直,曲线轨向目视圆顺的要求。在直线地段通常用10m弦绳沿钢轨头部内侧测量,《铁路线路维修规则》(铁运〔2006〕146号)规定的轨道轨向静态允许偏差及《高速铁路设计规范》(TB 10621—2014)规定的轨道轨向静态允许偏差,见表1-3-4。

轨向静态允许偏差   表1-3-4

线路允许速度(km/h)	$v \leqslant 120$	$120 < v \leqslant 160$	$160 < v \leqslant 200$	$v > 200$
正线及到发线(mm)	4	正线4	正线3	正线2,到发线4
其他站线(mm)	5			6
道岔(mm)	4	4	3	2

四、高低

轨道上一股钢轨顶面纵向高低不平的现象,叫作前后高低,简称高低。当列车通过高低不平处时,冲击力增大,使道床变形加快,因此钢轨顶面要目视平顺。钢轨前后高低差通常用10m弦绳测量最大矢度,《铁路线路维修规则》(铁运〔2006〕146号)规定的钢轨高低静态允许偏差及《高速铁路设计规范》(TB 10621—2014)规定的钢轨高低静态允许偏差,见表1-3-5。

钢轨高低静态允许偏差   表1-3-5

线路允许速度(km/h)	$v \leqslant 120$	$120 < v \leqslant 160$	$160 < v \leqslant 200$	$v > 200$
正线及到发线(mm)	4	正线4	正线3	正线2,到发线4
其他站线(mm)	5			6
道岔(mm)	4	4	3	2

五、轨底坡

由于车轮踏面具有1:20的圆锥面部分经常与钢轨顶面接触,为使钢轨中心受力,需将钢轨适当地向道心倾斜,钢轨的这种内倾度称为轨底坡。

我国铁路直线地段的轨底坡规定为1:40。

六、无缝线路

(一)无缝线路的基本原理

无缝线路的类型有温度应力式和放散温度应力式两种。通常温度应力式为无缝线路的基本结构形式。

一根不受限制可以自由伸缩的钢轨,当轨温发生变化时,其自由伸缩量为:

$$\Delta L = \alpha L \Delta t \qquad (1\text{-}3\text{-}2)$$

式中:α——钢轨的线膨胀系数,取 0.0000118m/(m·℃),即钢轨轨温变化1℃时每米长钢轨伸缩0.0000118m;

　　Δt——轨温变化度数,℃;

　　L——钢轨长度,m。

由式(1-3-2)可知轨温变化,将直接影响无缝线路钢轨的伸缩、轨道的稳定。因此,修建无缝线路主要解决的问题,就是如何限制钢轨的自由伸缩。

如果钢轨两端被固定住,不能自由伸缩,那么随着轨温的变化,钢轨内部就有了力,这个力是由轨温变化引起的,叫作温度力。夏季轨温升高,钢轨受温度压力;冬季轨温降低,钢轨受温度拉力。钢轨内产生的温度力 P_t 可按下式计算:

$$P_t = 2.50F\Delta t \qquad (\text{N}) \qquad (1\text{-}3\text{-}3)$$

式中:F——钢轨断面面积,m^2。

从以上公式可以看出,温度力的大小与钢轨长度无关,如果轨温变化一样,钢轨断面积相同,钢轨不论长短,所受的温度力是相同的。根据这个道理,无缝线路可以无限长,但是,在工程实际中,为了便于更换钢轨、道岔和施工,以及设置自动闭塞分区的绝缘接头等原因,无缝线路的一般长度为 1000~2000m。这样长的钢轨,通常是在焊轨基地焊成 250~400m 的轨条,再运到现场焊接而成。

(二)无缝线路的锁定轨温

无缝线路用强力扣件和防爬设备将钢轨紧扣在轨枕上,称为锁定线路。锁定线路时的轨温称为锁定轨温,此时,钢轨内的纵向应力为零。

锁定轨温是无缝线路铺设和养护维修的依据。锁定轨温高了,冬天产生的温度拉力大,夏天产生的温度压力小;锁定轨温低了,冬天产生的温度拉力小,夏天产生的温度压力大,这对轨道的强度和稳定是不利的。

选定锁定轨温时,以冬季钢轨不折断,夏季不发生涨轨跑道为原则。根据各个地区的轨温变化情况进行检算和调整,一般以稍高于本地区的中间轨温作为锁定轨温比较适宜。例如,北京地区最高轨温62.6℃,最低轨温度22.8℃,中间轨温就是19.9℃,而设计锁定轨温一般采用24℃。

(三)无缝线路温度力的分布及无缝线路的组成

在无缝线路上,当轨温升高时,钢轨两端要伸长,首先遇到接头阻力阻止钢轨伸长,这时在钢轨的全长内产生温度力,而钢轨的长度没有变化;轨温继续升高,在克服接头阻力后,又遇到道床纵向阻力阻止钢轨伸长。然而每根钢轨下道床的阻力是有限的,轨温变化1℃需要钢筋混凝土轨枕 3~4 根(或木枕 4~5 根)的阻力去抵抗钢轨伸长。轨温继续升高,阻止钢轨伸长需要的轨枕根数也继续增加,温度力也继续增加。由于轨枕下的道床阻力是一根一根轨枕地被克服,所以钢轨在产生温度力的同时,也产生了有限制的伸长。当轨温升高到当地最高轨温时,阻止钢轨伸长需要的轨枕数目达到最多,钢轨有限的伸长达到最大,如

图1-3-4所示。中间钢轨和轨枕都不动,只在钢轨中出现了最大温度力。

温度力沿钢轨长度的纵向分布,如图1-3-4所示,通常以横轴表示钢轨长度,以纵轴表示温度力。

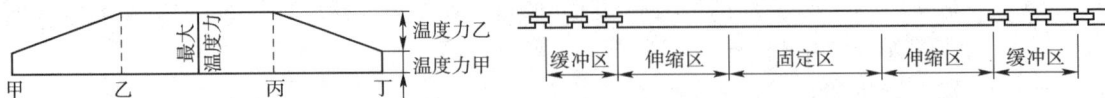

图1-3-4　无缝线路的组成

温度力甲-克服接头阻力产生的温度力;温度力乙-克服道床纵向阻力产生的温度力

无缝线路常常是由一对长钢轨及两端各2~4根标准轨组成,即由固定区、伸缩区和缓冲区组成。长钢轨中部,钢轨的自由伸缩已全部被扣件阻力、道床阻力及防爬设备约束,不能随轨温变化而伸缩,称为无缝线路的固定区(或稳定区)。长钢轨两端,钢轨所受到的扣件阻力和道床阻力是逐渐增大的,温度力是逐渐被克服的,因此接头处钢轨会有部分伸缩,称为无缝线路的伸缩区(或呼吸区)。伸缩区在长钢轨的两端,其长度根据计算确定,一般长50~100m,它是用中间联结零件和较多的防爬设备锁定的。固定区及其两端伸缩区的总长一般为1000~2000m。为防止长钢轨的胀轨跑道和便于养护维修,在允许的设计锁定轨温范围内,将无缝线路全长的扣件、防爬设备全部松开,使积存在钢轨内部的温度力全部放散掉,这就是设置缓冲区的目的。缓冲区应设在两根无缝长钢轨之间,以2~4根标准轨组成。

技能训练

【训练任务】画出无缝线路组成示意图。完成训练任务1-3。

【操作步骤】

无缝线路组成示意图的画法:

第一步:画两条间隔2mm、长度200mm的水平线段,代表长度为1000m的无缝线路的固定区和伸缩区。

第二步:将上述线段4等分,两端各1等分就是伸缩区,中间的2等分代表固定区。

第三步:上述线段两端各延长20mm,分别将延长部分4等分,分别代表4根标准长度钢轨组成的缓冲区。等分点处画一短线表示钢轨接头。

拓展知识

中国高速铁路发展简介

2008年8月1日,在北京奥运会开幕前夕,我国第一条时速350公里的高速铁路京津城际正式开通运营,这也是世界上第一条运营时速达到350公里的高速铁路。

2009年12月26日,武广高铁开通运营,这是世界上一次建成运营里程最长的时速350公里的高速铁路。

2010年2月6日,郑西高铁开通运营,这是世界首条修建在湿陷性黄土地区的时速350公里的高速铁路。

2011年6月30日,京沪铁路正式通车运营。

2012 年 12 月 1 日,哈大高铁通车运营,这是我国在严寒地区设计建设标准最高的一条高速铁路。

2012 年 12 月 26 日,京广高铁北京至郑州段开通运营,并与此前已经开通运营的郑州至武汉段、武汉至广州段连接。

2017 年 6 月,我国具有完全自主知识产权的中国标准动车组"复兴号"(图 1-3-5)在京沪高铁两端的北京南站和上海虹桥站双向首发,标志着中国铁路开启了"中国标准动车组时代"。

图 1-3-5　"复兴号"动车组

2017 年 12 月 28 日,石济高铁开通运营。"四纵四横"高铁网提前建成运营。

2018 年 9 月 23 日,广深港高铁香港段正式通车。

自 2008 年我国第一条高速铁路——京津城际铁路建成通车起,截至 2021 年底,我国高速铁路运营里程已达 4.0 万公里,比 2012 年增长 300% 。根据《新时代交通强国铁路先行规划纲要》,到 2035 年,我国高铁运营里程将达到 7.0 万公里左右,实现 50 万人口以上城市高铁通达。

高速铁路"八纵八横"主通道

八纵(南北向)主通道具体如下。

沿海通道:大连(丹东)—秦皇岛—天津—东营—潍坊—青岛(烟台)—连云港—盐城—南通—上海—宁波—福州—厦门—深圳—湛江—北海(防城港)。

京沪通道:北京—天津—济南—徐州南京—上海(杭州),包括南京—杭州、蚌埠—合肥—杭州,并行北京—天津—东营—潍坊—临沂—淮安—扬州—南通—上海。

京港通道:北京—衡水—菏泽—商丘—阜阳—合肥(黄冈)—九江—南昌—赣州—深圳—香港(西九龙);支线为合肥—福州,包括南昌—福州(莆田)。

京哈—京港澳通道:哈尔滨—长春—沈阳—北京—石家庄—郑州—武汉—长沙—广州—深圳—香港,包括广州—珠海。

呼南通道:呼和浩特—大同—太原—郑州/洛阳—襄阳—常德—益阳—邵阳—永州—桂林—南宁。

京昆通道:北京—石家庄—太原—西安—成都—昆明。

包(银)海通道:包头—延安—西安—重庆—贵阳—南宁—湛江—海口。

兰(西)广通道:兰州—西宁—成都—贵阳—广州。

八横(东西向)主通道具体如下。

绥满通道:绥芬河—牡丹江—哈尔滨—齐齐哈尔—海拉尔—满洲里。

京兰通道:北京—呼和浩特—银川—兰州。

青银通道:青岛—济南—石家庄—太原—银川。

陆桥通道:连云港—徐州—郑州—洛阳—西安—兰州—西宁—乌鲁木齐。

沿江通道:上海—南京—合肥—武汉—重庆—成都,包括南京—安庆—九江—武汉—宜昌—重庆、万州—达州—遂宁—成都。

沪昆通道:上海—杭州—南昌—长沙—贵阳—昆明。

厦渝通道:厦门—龙岩—赣州—长沙—常德—张家界—黔江—重庆。

广昆通道:广州—南宁—昆明。

复习思考

一、选择题

1. 我国直线地段标准轨距为( )mm。

    A. 1520   B. 1676   C. 1435   D. 1000

2. 为使车轮与钢轨之间阻力减小,在车轮轮缘与钢轨作用边之间留有( )。

    A. 安全空间   B. 游间   C. 固定空间   D. 有害空间

3. 我国铁路直线地段的轨底坡规定为( )。

    A. 1:20   B. 1:30   C. 1:40   D. 1:50

4. 普速铁路曲线地段外轨超高双线区间不得超过( )mm。

    A. 120   B. 125   C. 150   D. 15

5. 轨道上一股钢轨顶面纵向高低不平的现象称为( )。

    A. 轨距   B. 水平   C. 轨向   D. 高低

二、填空题

1. 曲线地段轨道外轨比内轨高出的部分称为_____。

2. 在线路同一断面处左,右两股钢轨顶面的高差简称_____。

3. 轨距分为直线轨距和_____。

4. 钢轨工作边纵向的_____叫作轨道的方向,简称轨向。

5. 无缝线路由_____、_____和_____组成。

三、简答题

1. 何谓轨距?我国铁路直线地段、曲线地段的轨距标准是什么?

2. 曲线外轨超高如何确定?我国最大设计超高值是如何规定的?

3. 小半径曲线的轨距为何应适当加宽?

4. 何谓无缝线路?无缝线路有哪些优越性?无缝线路的基本原理是什么?

5. 何谓锁定轨温?

项目2

线路平面和纵断面

项目导入

敦煌铁路阿克塞段铁路展线

敦煌铁路位于甘肃省酒泉市和青海省海西蒙古族藏族自治州境内,北起兰新铁路柳沟站,经敦煌、阿克塞、肃北,穿越祁连山脉进入青海省,沿马海、大柴旦,引入青藏铁路西格段饮马峡站,线路全长671公里。

敦煌铁路沿线复杂的地形给铁路建设抛出了不少难题。在敦煌铁路阿克塞段,直线距离23公里,海拔从1710米提高到2830米,意味着坡度达到了48.7‰,这是火车无法运行的坡度。于是,线路向东走出了一个"几"字形(图2-0-1),将距离拉长到94公里,平均坡度降低到12‰,保证了列车运行安全。

图2-0-1　敦煌铁路阿克塞段铁路展线

在地图上不难发现,这个弯道位于肃北蒙古族自治县境内。肃北县境内地形复杂,其中山区占总面积的44.7%,山间盆地和谷地占28.3%。铁路的开通结束了阿克塞和肃北不通火车的历史,改善了当地人民群众的出行条件,也打开了开放发展的大门,体现了我国铁路

"人民铁路为人民"的精神。

随着我国铁路建设技术的发展,铁路展线已逐渐被隧道和桥梁所替代,但在地形、地质条件特殊的地段,仍有很多展线被保留了下来,成了我国铁路的一道亮丽的风景线。

项目描述

铁路线路的理想状态是既平又直,但由于受复杂多变的地形地质地貌的影响,以及建设资金和运输效益的制约,不可避免地会出现坡道和曲线的现象。本项目从平面和纵断面两方面分析线路的空间位置,介绍线路平面和纵断面的组成及技术要求。

学习目标

1.知识目标

(1)理解线路平面与纵断面的概念;

(2)掌握线路平面、线路纵断面的组成要素;

(3)掌握曲线附加阻力、坡道附加阻力及换算坡度计算;

(4)了解线路标志及其含义。

2.技能目标

(1)能够识读线路平面图和线路纵断面图;

(2)具备计算曲线附加阻力、坡道附加阻力、换算坡度的能力。

3.素质目标

(1)具有质量意识、环保意识、安全意识和信息素养;

(2)具有一定的审美和人文素养;

(3)具有集体意识和团队合作精神。

知识树

```
                                         圆曲线
                                         缓和曲线
                          线路平面认知 ┤ 夹直线
                                         曲线附加阻力
                                         线路平面图
线路平面和纵断面 ┤
                                         坡道的坡度
                                         竖曲线
                          线路纵断面认知 ┤ 坡道附加阻力
                                         换算坡度
                                         限制坡度
                                         线路纵断面图
```

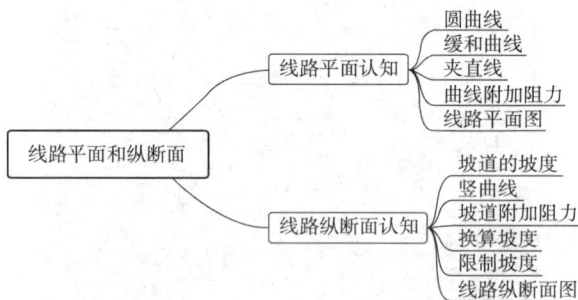

任务2.1 线路平面认知

知识要点

线路平面组成,缓和曲线概念,曲线附加阻力的确定,线路平面图的内容。

36

重点掌握

线路平面组成及曲线附加阻力的计算,识别线路平面图。

基础知识

铁路线路在空间的位置用它的中心线表示。如图 2-1-1 所示,线路中心线是指距外轨半个轨距的铅垂线 AB 与两路肩边缘水平连线 CD 交点 O 的纵向连线。

线路中心线在水平面上的投影,叫作铁路线路的平面。

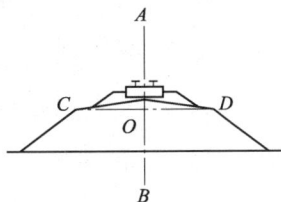

图 2-1-1　铁路线路横断面

线路平面能够表明线路的直、曲变化状态。在线路平面设计时,为缩短线路长度和改善运营条件,应尽可能设计较长的直线段,但当线路遇到地形、地物等障碍时,为减少工程造价和运营支出,还应适当设置曲线。为使列车由曲线到直线或由直线到曲线运行平稳,还应设置缓和曲线。所以,线路平面由直线、圆曲线以及连接直线与圆曲线的缓和曲线组成。

一、圆曲线

铁路线路在转向处所设的曲线为圆曲线,如图 2-1-2 所示,其基本要素有曲线半径 R、曲线转角 α、曲线长度 L、切线长度 T。

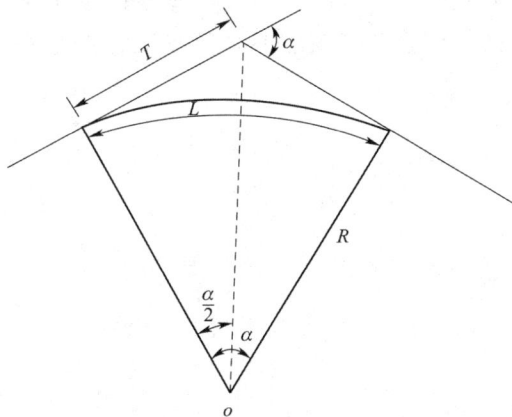

图 2-1-2　圆曲线要素图

在线路设计时,一般是先设计出 α 和 R,再按下式算出 T 及 L:

$$T = R \cdot \tan \frac{\alpha}{2} \quad (\text{m}) \quad (2\text{-}1\text{-}1)$$

$$L = \frac{\pi}{180} \cdot R \cdot \alpha \quad (\text{m}) \quad (2\text{-}1\text{-}2)$$

曲线转角 α 的大小由线路走向、绕过障碍物的需要等确定。

曲线半径的大小,反映了曲线弯曲度的大小。圆曲线半径越小,弯曲度越大,行车速度越低,工程费用越低。反之,圆曲线半径越大,弯曲度越小,行车速度越高,工程费用越高。因此,正确选用圆曲线半径显得十分重要。为保证线路的通过能力,并具备一个良好的线路运营条件,《技规》对区间线路的最小曲线半径作了具体规定,见表 2-1-1、表 2-1-2。

普速铁路区间线路最小曲线半径(单位:m)　　　　　　　　表 2-1-1

铁路等级	I			II	
路段设计行车速度(km/h)	200	160	120	120	80
一般	3500	2000	1200	1200	600
困难	2800	1600	800	800	500

高速铁路区间线路最小曲线半径　　　表2-1-2

路段设计行车速度(km/h)		最小曲线半径(m)	
200	客运专线	一般	2200
		困难	2000
250	有砟轨道	一般	3500
		困难	3000
	无砟轨道	一般	3200
		困难	2800
300	有砟轨道	一般	5000
		困难	4500
	无砟轨道	一般	5000
		困难	4000
350	有砟轨道	一般	7000
		困难	6000
	无砟轨道	一般	7000
		困难	5500

二、缓和曲线

为保证列车运行安全,使线路平顺地由直线过渡到圆曲线或由圆曲线过渡到直线,以避免离心力的突然产生和消除,常需要在直线与圆曲线之间设置一条曲率半径变化的曲线,这个曲线称为缓和曲线,如图2-1-3所示。

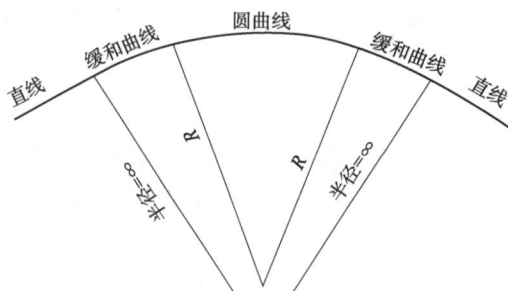

图2-1-3　缓和曲线示意图

1. 缓和曲线的作用

缓和曲线的作用主要是在缓和曲线范围内,其半径由无限大逐渐变化到等于它所衔接的圆曲线半径,从而使车辆产生的离心力逐渐增加(或减少),列车不会产生强烈的横向摇摆,有利于改善运营条件,保证列车安全和平顺。

2. 缓和曲线的长度

缓和曲线的长度对列车的安全性、平顺性有直接影响。缓和曲线太短,显然不利于行车的安全和平顺,但太长,又将给设置和养护带来困难。因此,缓和曲线的长度应根据曲线半径,结合该地段的行车速度和地形条件合理选用。有条件时,应尽量采用较长的缓和曲线,以便创造更有利的运营条件。

对于高速客运专线,其缓和曲线的设置应满足列车运行平稳、安全和旅客舒适的要求,同时,便于维修养护以及节省工程费用。我国高速铁路缓和曲线长度见表 2-1-3。

高速铁路缓和曲线长度　　　　表 2-1-3

曲线半径 (m)	缓和曲线长度(m)			曲线半径 (m)	缓和曲线长度(m)		
	较长	一般	困难		较长	一般	困难
14000	350	290	210	8000	640	540	450
12000	410	330	260	7000	700	570	460
11000	450	370	290	6000	700	580	480
10000	500	410	330	5000	700	600	490
9000	560	470	380				

三、夹直线

为保证列车运行平稳,两条相邻曲线间应设置一定长度的直线,称为夹直线。两相邻曲线转向相同时,称为同向曲线;转向相反时,称为反向曲线。车辆运行在同向曲线上,因相邻曲线半径不同,超高高度不同,车体内倾度也不相同;车辆运行在反向曲线上,因两曲线超高方向不同,所以车体时而向左倾斜,时而向右倾斜。这两种情况都会造成车体摇晃振动,夹直线越短,摇晃振动越大。如图 2-1-4 所示。

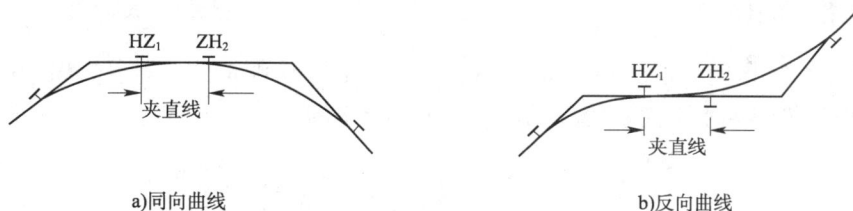

图 2-1-4　相邻曲线间夹直线段

为保证良好的运营条件,夹直线应尽量长些。特别是反向曲线间的夹直线应更长些,因为列车通过反向曲线时,其单位曲线附加阻力比单个曲线增大,影响运行中列车的稳定与安全。根据运营实践,为保证旅客舒适,夹直线长度应保持 2~3 辆客车长度,困难条件下,也不应短于一辆客车长度。因此,《铁路线路设计规范》(GB 50090—2006)规定了铁路线路两相邻曲线间夹直线最小长度,见表 2-1-4。

相邻曲线间夹直线最小长度　　　　表 2-1-4

路段旅客列车设计行车速度(km/h)	160	140	120	100	80
夹直线段长度(m)	130(80)	110(70)	80(50)	60(40)	50(30)

注:括号内为困难条件下取值。

四、曲线附加阻力

当列车通过曲线时,由于惯性的作用,外侧车轮轮缘紧压外轨头,产生滑动摩擦,车轮在轨面产生的横向滑动加剧。又由于曲线外轨长于内轨,外轮在外轨上的滑行等原因,运行中

的列车所受阻力比在直线上所受阻力大,两者之差称为曲线附加阻力。

曲线附加阻力与列车重量之比,称为单位曲线附加阻力。用 ω_r(N/kN)表示,我国通常用下列的试验公式来计算:

当 $l_r \geqslant l_1$ 时:

$$\omega_r = \frac{A}{R} \qquad (\text{N/kN}) \qquad (2\text{-}1\text{-}3)$$

式中:l_r——曲线长度,m;

　　　l_1——列车长度,m;

　　　ω_r——单位曲线附加阻力,即列车每千牛重力所摊到的曲线附加阻力,N/kN;

　　　R——曲线半径,m;

　　　A——试验得出的常数,在计算时,我国通常采用 $A = 600$。

当 $l_r < l_1$ 时:

$$\omega_r = \frac{A}{R} \cdot \frac{l_r}{l_1} \qquad (\text{N/kN}) \qquad (2\text{-}1\text{-}4)$$

从公式可以看出,曲线半径越小,曲线附加阻力越大,运营条件就越差。同时小半径曲线还会限制列车的运行速度,加剧轮轨之间磨耗,增加轨枕、轨距杆、轨撑等轨道设备,增加轨道养护维修费用。但是,小半径曲线在地形困难时,容易适应地形,对工程条件有利。因此,设计时必须根据该铁路的最高设计速度,由小到大合理选用曲线半径。

五、线路平面图

线路平面图是指用一定比例尺(1:2000 或 1:10000)和规定的符号,把线路中心线以及两侧地形、地物投影到水平面上绘出的图,如图 2-1-5 所示。

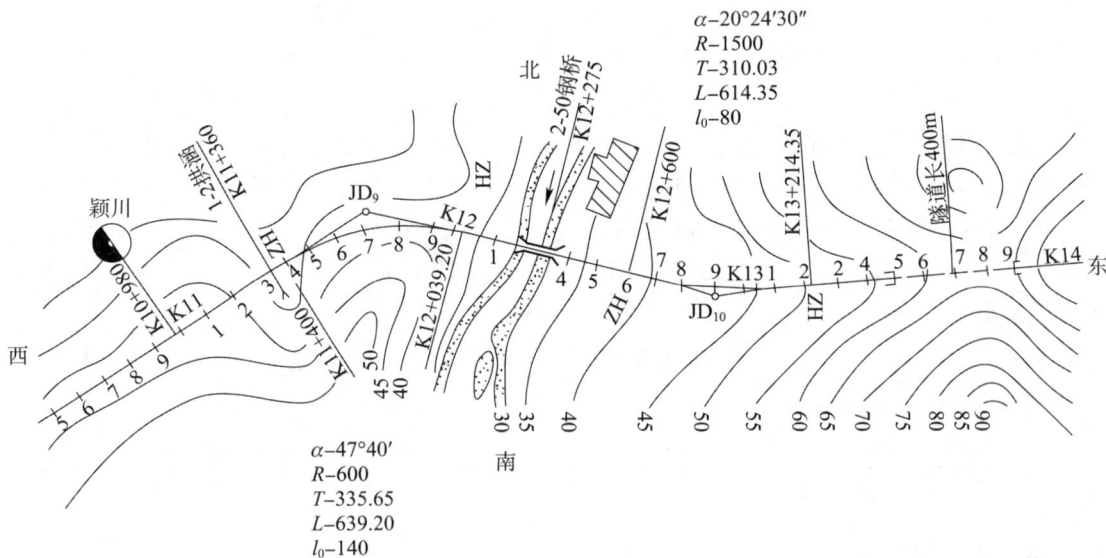

图 2-1-5　线路平面图

(1)线路平面。图中的粗实线为线路中心线,由图可看出线路的走向及直、曲线情况。

该段线路包括三段直线、两段曲线,虚线为隧道。

（2）线路里程标和百米标。线路自起点开始每到整公里处注有线路里程标,如 K12 为设计里程的 12km 处;在整百米处注有百米标。

（3）曲线要素及起终点里程。在各曲线内侧平行于线路注有曲线要素。曲线起点 ZH（直缓点）和终点 HZ（缓直点）以及 HY（缓圆点）和 YH（圆缓点）的里程数应垂直于线路标注在曲线内侧。

（4）各种主要建筑物。铁路沿线的桥梁、涵洞、隧道、车站等建筑物,应以规定的图例符号表示,并标明其所在位置的中心里程、类型及有关尺寸等。

（5）地形。图中用等高线来表示铁路线经过地的地面起伏形状。

技能训练

【训练任务】识别线路平面图,如图 2-1-6 所示。完成训练任务 2-1。

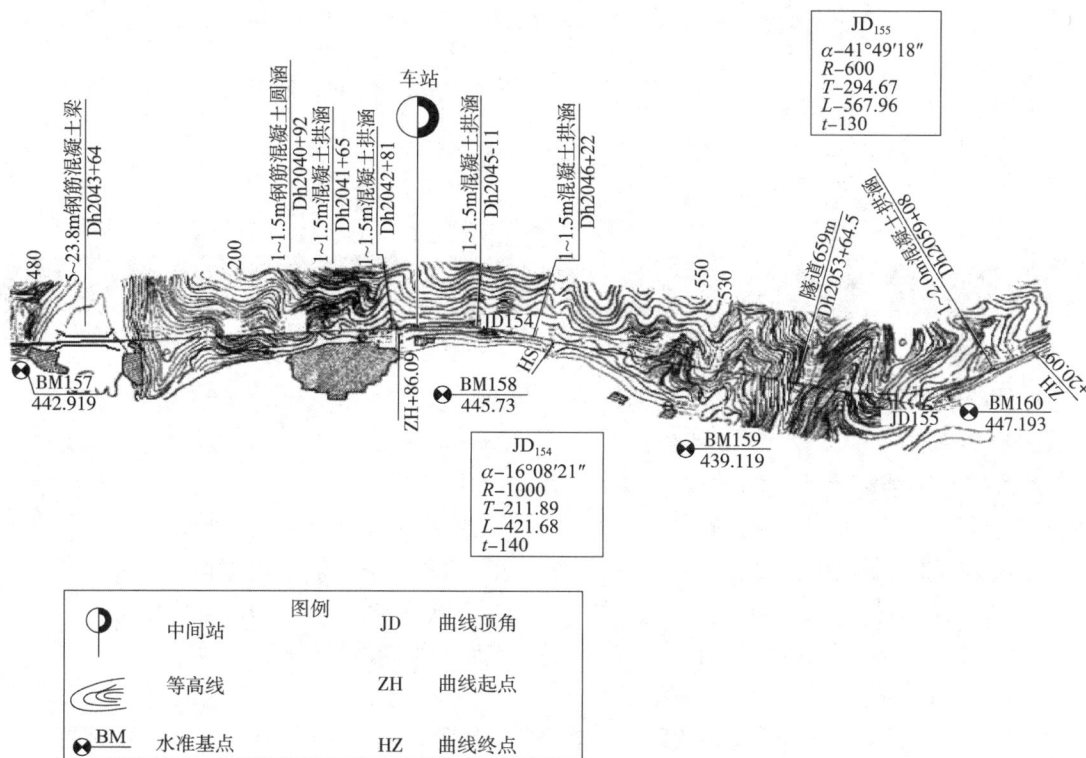

图 2-1-6　部分线路平面图

【操作步骤】

第一步:指出线路中心线,说明该段线路的直线、曲线状况。

第二步:写出曲线的起终点里程和曲线要素。

第三步:说明线路范围内的主要建筑物名称、类型及其中心里程。

三 拓展知识

等 高 线

地面上高程相等的各点的连线称为等高线。等高线在水平面上的投影,称为等高线地形图。

在等高线图上,两相邻等高线的高程差称为等高线高距;两相邻等高线的水平距离称为等高线的平距。

我国规定以黄海平均海平面为等高线高程的起算面,作为零点高程。在局部工作中,可任意假设一个高程起算面,由此测定其他点的高程。

典型地形的等高线的形状有:山头,中部地面较四周高;洼地,四周高,中部低;山脊,中部高,两侧低;鞍部,沿山脊线出现的低凹部分;山谷,中部低,两侧高。如图2-1-7所示。

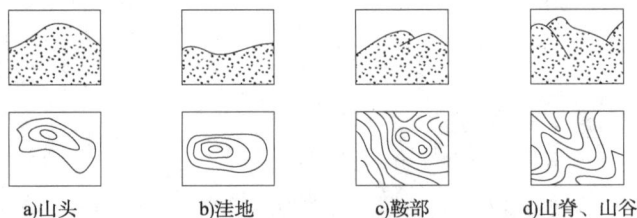

| a)山头 | b)洼地 | c)鞍部 | d)山脊、山谷 |

图2-1-7 等高线图

复习思考

一、选择题

1. 铁路线路在空间的位置是用它的( )表示的。

    A. 铅垂线   B. 水平线   C. 中心线   D. 圆曲线

2. 线路平面能够表明线路的( )变化状态。

    A. 直曲   B. 直平   C. 曲平   D. 平坡

3. 铁路线路中圆曲线的基本要素包括曲线半径、曲线转角、曲线长度和( )。

    A. 曲线位置   B. 切线长度   C. 曲线弧度   D. 曲线转向

4. 两相邻曲线间应设置一定长度的( ),以保证列车运行平稳。

    A. 缓和曲线   B. 中心线   C. 竖曲线   D. 夹直线

5. 列车在曲线上运行所受到的阻力比在直线上运行所受到的阻力大,这两者之差称为( )。

    A. 基本阻力   B. 风阻力   C. 曲线附加阻力   D. 坡道附加阻力

二、填空题

1. 线路中心线在_____的投影叫作线路平面。

2. 线路平面由_____、_____和_____组成。

3. 曲线半径越小,曲线附加阻力_____,运营条件就越差。

4. 曲线附加阻力与列车重量之比叫作_____。

5. 在直线与圆曲线之间设置的曲率半径变化的曲线称为_____。

三、简答题

1. 何谓线路平面？线路平面组成要素有哪些？

2. 曲线对铁路运营工作有何不利影响？

3. 何谓缓和曲线？缓和曲线有何作用？

4. 单位曲线附加阻力如何确定？

5. 何谓线路平面图？

任务2.2 线路纵断面认知

知识要点

线路纵断面组成,坡道的坡度,竖曲线,坡道附加阻力的确定,换算坡度,限制坡度,线路纵断面图的内容。

重点掌握

线路纵断面组成、坡道的坡度、坡道附加阻力的计算、换算坡度,识别线路纵断面图。

基础知识

线路中心线纵向展直后在铅垂面上的投影,叫作线路的纵断面。为了适应地面的起伏,线路上除了平道以外,还修成不同的坡道。线路纵断面只表明线路的坡度变化。因此,平道、坡道及设于变坡点处的竖曲线就构成了线路纵断面的组成要素。

一、坡道的坡度

铁路线路坡道坡度的大小是用千分率表示的,即某段坡道两端点的高差 h 与水平距离 l 之比,用 $i‰$ 表示(图 2-2-1)。

$$i‰ = \frac{h}{l} \cdot 1000‰ = \tan\alpha \cdot 1000‰ \quad (2\text{-}2\text{-}1)$$

若设 $h = 8\text{m}, l = 4000\text{m}$,则坡度为 0.002 或 2‰。

铁路线路根据地形的变化,有上坡、下坡和平道。上、下坡是按列车运行方向来区分的,通常上坡为正(+),下坡为负(-),平道为 0。例如, +4‰ 的表示坡度为 4‰ 的上坡,其意为线路每前行 1000m 的水平距离升高 4m; -4‰ 则表示坡度为 4‰ 的下坡,其意为线路每前行 1000m 的水平距离降低 4m。

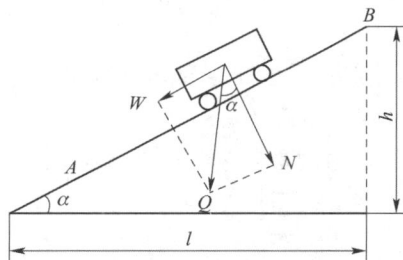

图 2-2-1 坡道坡度及坡道附加阻力示意图

相邻两坡段的交点叫作变坡点,两变坡点间的距离叫作坡段长度。从运营角度来看,纵断面的坡段越长,变坡点越少,越有利于运行的平稳。但在地形困难时,较长的坡段有时会增加工程量。因此,在具体设计时,应综合考虑运营条件、地形条件及工程量等因素。一般

情况下,坡段长度不宜短于远期列车长度的一半,使一个列车长度范围内不超过两个变坡点,以减少变坡点附加力的叠加影响所引起列车运行的不平稳。

二、竖曲线

竖曲线就是在纵断面上的圆曲线。

列车经过变坡点时,由于坡度的突然变化,车钩内产生附加应力;坡度变化越大,附加应力越大,两车钩上下错移量过大,容易发生断钩、脱钩等事故,如图2-2-2所示。

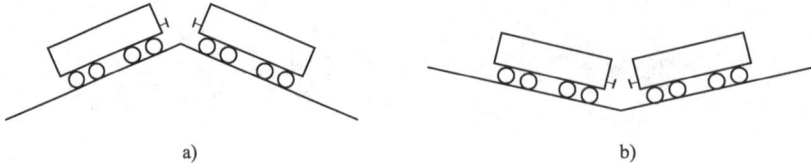

图 2-2-2　车辆经过变坡点的状态

因此,当相邻坡段坡度代数差超过一定数值时,为保证列车运行平稳和安全,应在变坡点处设置竖曲线,将相邻两坡段连接起来,使列车顺利地由一个坡段过渡到另一个坡段。这个在纵断面变坡点处所设的圆曲线,称为竖曲线。

《铁路线路设计规范》(GB 50090—2006)规定:路段设计速度为160km/h的地段,当相邻坡段的坡度代数差的绝对值大于1‰时,竖曲线的半径 $R_竖$ 为15000m;路段设计速度为小于160km/h的地段,当相邻坡段的坡度代数差的绝对值大于3‰时,竖曲线的半径 $R_竖$ 为10000m。为保证行车安全,在缓和曲线地段、明桥面上、道岔范围内不得设置竖曲线。

三、坡道附加阻力

列车在坡道运行时,会受到一种由坡道引起的阻力,称为坡道附加阻力。

参见图2-2-1,列车在坡道上行驶时其重力 Q 可以分解为 N 和 W 两个分力,前一个分力 N 由轨道的反作用力平衡,后一个分力 W 就成了坡道附加阻力,用 W_i 来表示。则有:

$$W_i = Q \cdot \sin\alpha (kN) = 1000 \cdot Q \cdot \sin\alpha \quad (N) \qquad (2\text{-}2\text{-}2)$$

因铁路线路坡度的夹角很小(如 $i=3$‰时, α 仅为 $1°44'$),而 α 很小时,$\tan\alpha \approx \sin\alpha$,因此:

$$W_i = 1000 \cdot \tan\alpha \cdot Q \quad (N) \qquad (2\text{-}2\text{-}3)$$

又因 $i = 1000 \cdot \tan\alpha$,则:

$$W_i = i \cdot Q \quad (N) \qquad (2\text{-}2\text{-}4)$$

坡道附加阻力与列车重力之比,叫作单位坡道附加阻力,用 ω_i 来表示。

当 $l_i \geqslant l_1$ 时:

$$\omega_i = \frac{W_i}{Q} = i \quad (N/kN) \qquad (2\text{-}2\text{-}5)$$

式中:W_i——坡道附加阻力,N;

　　Q——列车重力,kN;

　　ω_i——单位坡道附加阻力,即列车每千牛重力所摊到的坡道附加阻力,N/kN;

　　l_i——坡道长度,m;

l_1——列车长度,m。

即机车车辆每千牛重力所受的坡道附加阻力在数值上等于该坡道的坡度千分数 i。上坡为正(+),下坡为负(-)。例如,若上坡时坡度为6‰,则单位坡道附加阻力 $\omega_i = 6\text{N/kN}$;若下坡时坡度为6‰,则单位坡道附加阻力 $\omega_i = -6\text{N/kN}$。

当 $l_i < l_1$ 时:

$$\omega_i = \pm i \times \frac{l_i}{l_1} \quad (\text{N/kN}) \tag{2-2-6}$$

坡道坡度越大,列车上坡时的坡道阻力也就越大,同一台机车(在列车速度相同的条件下)所能牵引的列车重量也就越小。

四、换算坡度

列车在坡道上运行时有坡道附加阻力,在曲线上运行时有曲线附加阻力,当两种附加阻力同时存在时,列车所受单位附加阻力应为单位曲线附加阻力与单位坡道附加阻力之和,用 $\omega_\text{总}$ 表示。

$$\omega_\text{总} = \omega_r + \omega_i \quad (\text{N/kN}) \tag{2-2-7}$$

注意:单位坡道附加阻力上坡取" + ",下坡取" - "。

前已证明,单位坡道附加阻力在数值上等于该坡道的坡度千分数,因此,这个总的单位附加阻力也可用一个相当的坡道附加阻力代替,这个相当的坡道称为换算坡道。换算坡道的坡度称为换算坡度,其坡度千分数为:

$$i_\text{换} = i + \omega_r \quad (‰) \tag{2-2-8}$$

由此可知,当坡道上有曲线时,列车上坡运行时坡道就显得更陡;而下坡运行时,坡道则显得缓了。

【例 2-2-1】　根据图 2-2-3 所示资料,求列车(列车长度为800m)运行在该区段各坡段的换算坡度。

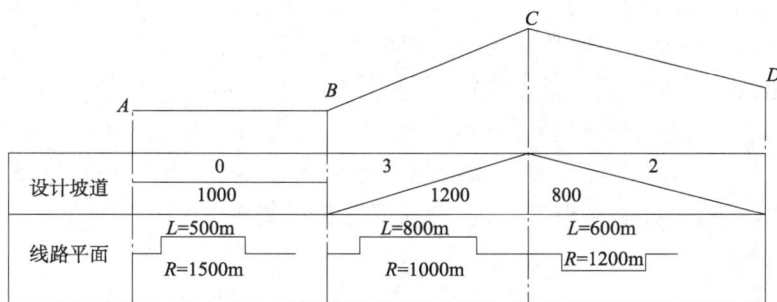

图 2-2-3　某区段线路平纵断面示意图

解:当列车由 $A \rightarrow D$ 运行时,根据式(2-2-8)有:

$$i_\text{换}^{\text{AB}} = i + \omega_r = 0 + \frac{600}{1500} \times \frac{500}{800} = 0.25‰$$

$$i_\text{换}^{\text{BC}} = i + \omega_r = 3 + \frac{600}{1000} \times \frac{800}{800} = 3.60‰$$

$$i_\text{换}^{\text{CD}} = i + \omega_r = -2 + \frac{600}{1200} \times \frac{600}{800} = -1.62‰$$

当列车由 $D{\rightarrow}A$ 运行时,根据式(2-2-8)有:

$$i_{换}^{AB} = i + \omega_r = 0 + \frac{600}{1500} \times \frac{500}{800} = 0.25‰$$

$$i_{换}^{BC} = i + \omega_r = -3 + \frac{600}{1000} \times \frac{800}{800} = -2.40‰$$

$$i_{换}^{CD} = i + \omega_r = 2 + \frac{600}{1200} \times \frac{600}{800} = 2.38‰$$

五、限制坡度

每一铁路区段都由许多平道和不同坡道组成。坡道的坡度不同,它们对列车重量的影响也不同。

限制坡度是指某个区间或区段内对牵引重量起限制作用的坡道,即用一台机车牵引规定重量的货物列车,以规定的计算速度作等速运行时所能爬上的最大坡度。

一条铁路线路的限制坡度越小,机车牵引重量越大,运营效率亦越高。但采用过小的限坡,又可能造成土石方工程量的增加,提高线路造价。因此,线路的限制坡度应根据铁路等级、地形类别和牵引种类比选确定,并应与其衔接铁路的限制坡度、牵引定数相协调。《技规》规定的普速铁路最大限制坡度数值见表2-2-1。

I、II级铁路区间线路最大限制坡度(单位:‰)   表2-2-1

铁路等级		I		II	
		一般	困难	一般	困难
牵引种类	电力	6.0	15.0	6.0	20.0
	内燃	6.0	12.0	6.0	15.0

在个别线路的越岭地段,当采用限制坡度会引起工程费用的增加时,经过比选,也可以采用大于限制坡度的加力牵引坡度。加力牵引坡度是指在大于限制坡度的坡道地段,为统一全区段的列车重量标准,保证必要的线路通过能力,而进行多机牵引的坡度。根据我国铁路运营经验:加力牵引坡度最大值,内燃机车牵引不超过25‰,电力机车牵引不超过30‰。

《技规》规定的高速铁路区间正线的最大坡度不宜大于20‰,困难条件下经技术经济比较后不应大于30‰。动车组走行线的最大坡度不宜大于30‰,困难条件下不应大于35‰。当动车组走行线的最大坡度大于30‰时,宜铺设无砟轨道。

🔖 一线微观

京张铁路"人"字形展线

京张铁路(现为京包铁路的一部分)青龙桥站附近有一段"人"字形铁路(图2-2-4),这是为克服南口和八达岭段高度差而修建的一段线路。

京张铁路从南口北上要穿过崇山峻岭,坡度很大。"三十尺高一尺",用铁路的专业语言说,就是33.3‰的坡度。按照《技规》,在地形条件最差的三等线路上,使用牵引力最大的电力机车,区间线路的最大限制坡度不得超过25‰,即使是"加力牵引",也不得超过30‰。詹天佑设计京张铁路是在 90 多年前蒸汽机车刚在国内出现不久的时候,难度之大可想而知。

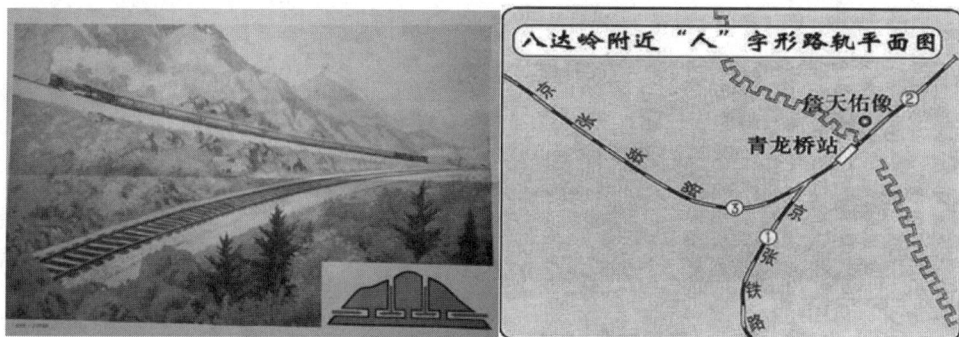

图 2-2-4 京张铁路"人"字形铁路展线示意图

按照当时一般的设计施工方法,铁路每升高 1 米,就要经过 100 米的斜坡。为了缩短线路、降低费用,詹天佑大胆创新,设计了"人"字形铁路线路。

列车在京张铁路上行驶,要从图 2-2-4 右图下方向左上角通过①、③之间的高山。首先,北行列车要从①进入②,经过此路段的早期列车都有前后两个车头,一个在前面拉,一个在后边推,过了青龙桥站,列车向东北方向前进,进入"人"字形铁路线路的岔道口后,原先推的火车头改成拉,而原先拉的火车头改成推,使火车改向西北前进。这样一来,火车上山爬坡就容易多了。走"人"字形铁路,可以避免开凿隧道。

现在,"人"字形铁路附近的青龙桥站已经成为北京市文物保护单位和詹天佑先生的纪念地之一。

六、线路纵断面图

用一定的比例尺(水平方向为 1:10000,垂直方向为 1:1000)和规定的符号,把线路中心线(展直后)投影到铅垂面上,并标明平面、纵断面的各项有关资料的图,称为线路纵断面图,如图 2-2-5 所示。

铁路线路纵断面图由图和资料两部分组成。图的上部分,表示线路纵断面概貌和沿线主要建筑物特征。图中细实线为地面线,粗实线为设计线。设计线上方数字为路基填方高度,下方数字为路基挖方深度(单位为 m)。路基填挖高度等于地面高程与路肩设计高程之差。图上还用符号和数字注明各主要建筑的位置、类型和有关尺寸。

(1)连续里程。一般以线路起点车站的旅客站房中心为零算起,在每一整公里处注明里程。

(2)线路平面。线路平面是表示线路直、曲变化的示意图。凸起部分表示右偏角曲线,凹下部分表示左偏角的曲线,凸起和凹下的斜线转折点依次为 ZH、HY、YH、HZ 点。在 ZH 和 HZ 点处注有距前百米标的距离。曲线要素应注于曲线内侧。两相邻曲线间的水平线为直线段。从纵断面上可看出曲线所在处的坡度情况。

(3)百米标及加标。在两公里标之间的整百米标处注百米标数。在百米标之间地形突变点应标注加标,其数字为距前百米标的距离。

(4)地面高程。在百米标和加标处标注地面高程。

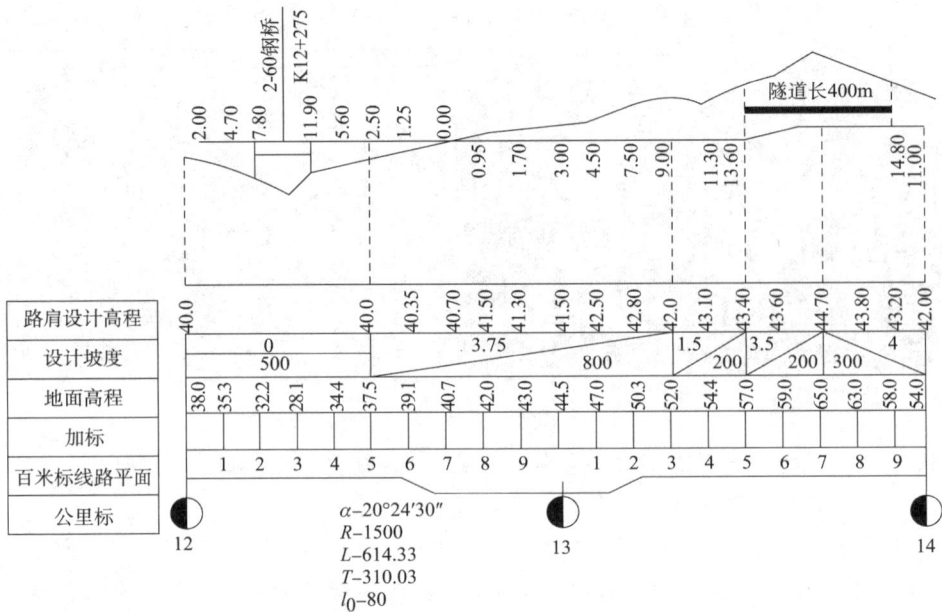

图 2-2-5　线路纵断面图(尺寸单位:m)

(5)设计坡度。竖直线表示变坡点,两竖线间向上或向下的斜线、水平线分别表示上坡或下坡和平道。线上所标注数字为坡度千分数,线下所标注数字为坡段长度。

(6)路肩设计高程。在各变坡点、百米标、加标处标注上路肩设计高程,精度为 0.01m。

(7)工程地质特征。扼要填写沿线各路段重大不良地质现象、主要地层构造等情况。

技能训练

【训练任务】

1.识别线路纵断面图(图 2-2-5)。

2.换算坡度计算。完成训练任务 2-2。

已知《技规》规定:进站信号机外,制动距离内,进站方向为超过 6‰的下坡道,而接车线末端无隔开设备时,禁止办理相对方向同时接车和同方向同时发接列车。试按图 2-2-6 所示条件,检算该列车能否办理相对方向同时接车和同方向同时发接列车作业。

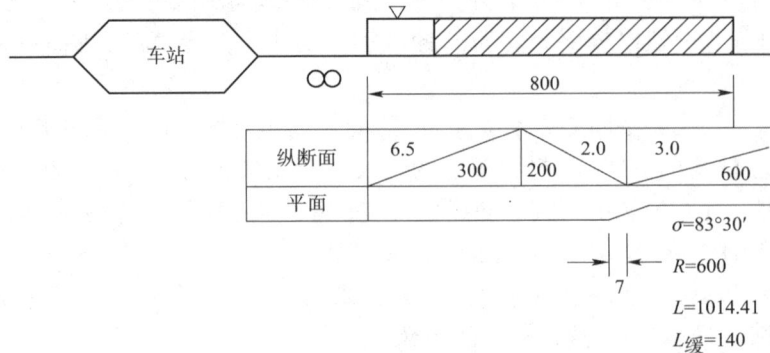

图 2-2-6　线路平纵断面示意图(尺寸单位:m)

【操作步骤】

1.识别线路纵断面图。

第一步:说明该段线路的直线、曲线状况。

第二步:写出该段线路各坡段的设计坡度。

第三步:说明线路范围内的主要建筑物名称、类型及其中心里程。

2.换算坡度计算。

第一步:考虑列车长度及曲线长度,根据公式计算曲线附加阻力。

第二步:确定计算坡段,计算 $\omega_i = i(\mathrm{N/kN})$。

第三步:确定列车运行方向,按进站方向计算换算坡度,$i_{换} = i + \omega_r$。

第四步:判断是否满足条件。

拓展知识

线 路 标 志

为满足行车、线路养护维修和司机、车长等工作上的需要,在铁路沿线设有各种标明铁路建筑物及设备的位置和线路技术状态的标志,称为线路标志。线路标志应设在其内侧距线路中心不小于3.1m处。线路标志按计算公里方向设在线路左侧,双线区段须另设线路标志时,应设在列车运行方向左侧。

常见的线路标志有:

(1)公里标、半公里标:设在一条线路自起点计算每一整公里、半公里处,如图2-2-7所示。

(2)曲线标:设在线路某条曲线的中点处,标明该曲线的中心里程、半径大小、曲线和缓和曲线长度等数据,如图2-2-8所示。

a)公里标

b)半公里标

图2-2-7　公里标、半公里标

曲线长	918
缓和曲线长	70
曲线半径	2500
超高	20
加宽	0

图2-2-8　曲线标

(3)圆曲线和缓和曲线始终点标:设在直缓、缓圆、圆缓、缓直各点处,标明所向方向为直线、圆曲线或缓和曲线,如图2-2-9所示。

(4)桥梁标:设在桥梁两端桥头处,标明桥梁编号、中心里程和长度,如图2-2-10所示。

(5)隧道(明洞)标:直接标注在隧道(明洞)两端洞门端墙上,标明隧道号或名称,中心里程和长度,如图2-2-11所示。

a)   b)

图 2-2-9　曲线始终点标

图 2-2-10　桥梁标

图 2-2-11　隧道(明洞)标

(6)坡度标:设在线路坡段的变坡点处,两侧各标明其所向方向的上、下坡度值及其长度。水平线表示坡度为0,箭头朝上表示上坡,朝下表示下坡。箭头后面的数字表示坡度值,以千分率表示,下面的数值表示这个坡度的长度,以米(m)为单位。如图 2-2-12 所示。

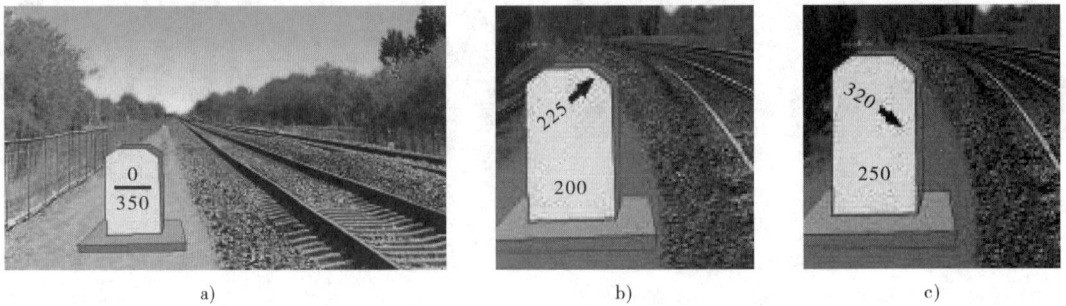

a)   b)   c)

图 2-2-12　坡度标

(7)铁路局、工务段、线路车间、线路工区和供电段的界标:设在各该单位管辖地段的分界点处,两侧标明所向的单位名称,如图 2-2-13 所示。

图 2-2-13　铁路局、工务段、线路车间、线路工区和供电段的界标

复习思考

一、选择题

1. 线路纵断面表明线路的(　　)变化。

　　A. 直线　　　　　　　B. 曲线　　　　　　　C. 平道　　　　　　　D. 坡度

2. 铁路线路中的坡度大小是用(　　)表示的。

　　A. H　　　　　　　B. L　　　　　　　C. $i‰$　　　　　　　D. $i\%$

3. 线路纵断面上相邻两坡段的交点称为(　　)。

　　A. 变坡点　　　　　　B. 拐点　　　　　　　C. 计算点　　　　　　D. 切点

4. 相邻两变坡点间的距离叫作(　　)。

　　A. 坡段长度　　　　　B. 竖曲线长度　　　　C. 夹直线长度　　　　D. 缓和曲线长度

5. 当相邻坡段的坡度代数差超过一定数值,为保证列车运行平稳和安全,防止脱钩、断钩,应在相邻坡段间设置(　　)。

　　A. 变坡点　　　　　　B. 缓和曲线　　　　　C. 竖曲线　　　　　　D. 切线

二、填空题

1. 线路中心线纵向展直后在铅垂面上的投影,叫作_____。

2. 线路纵断面由_____、_____及_____组成。

3. 在纵断面上的圆曲线称为_____。

4. 铁路线路坡道坡度的大小是用_____表示的。

5. 坡道坡度越大,列车上坡时的坡道阻力也就_____,同一台机车(在列车速度相同的条件下)所能牵引的列车重量也就_____。

三、简答题

1. 何谓线路纵断面?线路纵断面组成要素有哪些?

2. 何谓竖曲线?竖曲线设置应避开哪些地方?

3. 单位坡道附加阻力如何确定?换算坡度如何确定?

4. 何谓限制坡度?

5. 常见的线路标志主要有哪些?

项目 3

站场基础知识

项目导入

用毫米级的精细，护航铁路限界安全

限界测量是对站台、风雨棚与线路中心的距离进行检测。由于新建的站台高度与车门相平，站台一旦出现破损或侵入铁路界限，将会危及线路安全。因此，必须定期对站台和风雨棚进行限界测量，及时发现并消除隐患。

现在，我们在乘坐高铁时，进出车厢非常方便，不再需要上下台阶，站台距离车厢门很近，使我们一步就能迈到站台上。这要求站台面与列车保持相对精准的间距，以免站台剐蹭列车。按照标准，站台到线路中心的距离要不小于 1750 毫米，所以虽然站台有几百米长，测量精度却要达到毫米级。测量人员必须高标准作业，高精度保障安全。

由于列车都是在白天运行，站台处于封闭状态而无法进行检测，所以大多数情况都是在凌晨申请作业天窗，开展限界测量工作。以鹤岗站为例，作业人员每次要对鹤岗站 1、2、3 站台进行测量，1 站台长 550 米，2、3 站台长 450 米，直线部分每 20 米设 1 个测量点、曲线部分每 5 米设 1 个测量点，一次测量下来要耗时约 3 个小时，作业人员经常作业到天亮。

铁路职工以顽强、坚忍、细心的职业操守始终坚守在工作岗位，保障了广大群众的安全出行需求。

项目描述

铁路运输过程中，办理运输业务的主要场地是站场，为保证列车运行安全和各项运输作业的正常办理，通常把铁路线路分为不同的类型，不同线路间设置必要的通路，沿线建筑物或设备与线路间、相邻线路间保持必要的距离，站内线路保证必要的长度，并设置相应的信号标志等。本项目主要学习线路种类、线路连接、线路间距、铁路限界以及线路有效长的推算。

学习目标

1. 知识目标

（1）了解道岔配列和线路连接的知识；

（2）掌握铁路限界及线间距的概念；

（3）掌握车站线路全长及有效长的概念及计算方法；

（4）了解警冲标及车站信号机的设置位置。

2．技能目标

（1）能够对车站线路及道岔进行编号；

（2）能够绘制不同类型线路连接示意图；

（3）具备车站线路有效长计算的能力。

3．素质目标

（1）具有安全意识和责任意识；

（2）具有良好的社会适应性和交流沟通能力、团队协作意识；

（3）具有"人民铁路为人民"的职业情操。

知识树

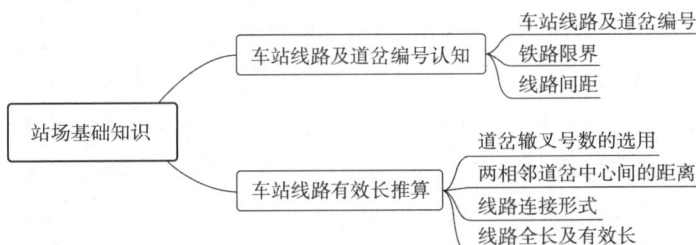

任务 3.1　车站线路及道岔编号认知

知识要点

铁路线路种类；车站线路及道岔编号规定；铁路限界种类；车站、区间线路间距。

重点掌握

线路种类、车站线路及道岔编号规定、直线地段机车车辆限界和建筑限界、车站和区间线路间距确定。

基础知识

铁路线路按用途分为正线、站线、段管段、岔线及特别用途线。

正线是指连接车站并贯穿或直股伸入车站的线路。可分为区间正线和站内正线，连接车站的部分为区间正线，贯穿或直股伸入车站的部分为站内正线。

站线是指车站内除正线以外，根据作业性质、运量大小及技术作业的需要而铺设的其他配线。主要包括到发线、调车线、牵出线、货物线及站内指定用途的其他线路。

（1）到发线是指供接发旅客列车和货物列车使用的线路。

（2）调车线是指进行解体或编组车列使用的线路。

（3）牵出线是指设在调车场的一端，并与到发线连接，专供车列解体、编组及转线等牵出

使用的线路。

(4)货物线是指办理货物装卸作业使用的线路。

(5)站内指定用途的其他线路,主要有机车走行线、机待线、禁溜线、峰下迂回线、存车线等。

段管线是指机务段、车辆段、工务段、电务段等专用并由其管理的线路。

岔线是指在区间或站内接轨,通向路内外单位的专用线路。

特别用途线是指为保证行车安全而设置的安全线和避难线。

(1)安全线是指为防止列车或机车车辆从一条进路进入另一列车或机车车辆占用的进路而发生冲突的一种安全隔开设备。

(2)避难线是指在长大下坡道上能使失控列车安全进入的线路。

一、车站线路及道岔编号

为便于车站生产指挥作业的联系和对设备的维修管理,站内的线路和道岔应统一编号,且同一车站或同一车场内线路和道岔均不得有相同的编号。

(一)车站线路编号

线路编号规定站内正线用罗马数字(Ⅰ、Ⅱ、Ⅲ……),站线用阿拉伯数字(1、2、3……)。

(1)单线铁路车站内的线路,从靠近站房的线路起向站房对侧依次顺序编号;位于站房左、右或后方的线路,在站房前的线路编完后,再由正线方向起,向远离正线顺序编号,如图3-1-1所示。

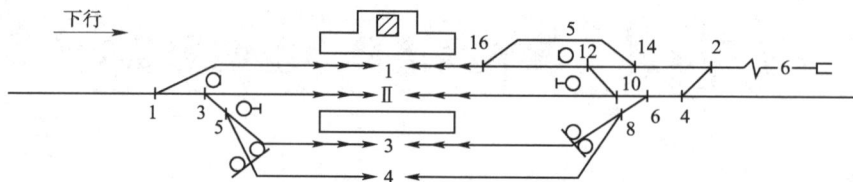

图 3-1-1　单线铁路车站线路、道岔编号

(2)双线铁路车站内的线路,从正线起按列车运行方向分别向外顺序编号,上行编双号,下行编单号,如图3-1-2所示。

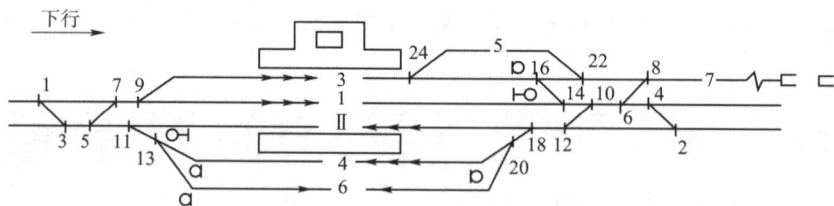

图 3-1-2　双线铁路车站线路、道岔编号

双线铁路横列式区段站的线路,不适宜按列车运行方向分别编号,可比照单线铁路车站的线路编号方法进行编号。

(3)尽端式铁路车站,当站房位于线路一侧时,从靠近站房的线路起向远离站房方向顺序编号,如图3-1-3a)所示;当站房位于线路终端时,面向终点方向从左侧线路起顺序向右编号,如图3-1-3b)所示。

(4)大型车站当有数个车场时,应分车场编号。车场靠近站房时,从靠近站房线路起,向站房对侧顺序编号;车场远离站房时,顺公里标前进方向从左向右顺序编号,且在线路编号前冠以罗马数字表示车场,如二场3道,写为Ⅱ3。

(二)道岔编号

道岔用阿拉伯数字进行编号,参见图3-1-1和图3-1-2。遵循以下原则:

(1)从车站两端由外向内,先主要线路,后次要线路依次编号。尽端式铁路车站的道岔向线路终端方向顺序编号。上行列车到达端编为双号,下行列车到达端编为单号。

(2)同一渡线或梯线上的道岔应连续编为单号或双号。

(3)站内道岔一般以站房中心划分上、下行区域,若站房远离车站中心,则以车站或车场中心线划分。

(4)车站一端衔接两个及其以上方向,既有上行又有下行时,应按主要方向编号。

(5)当大型车站有数个车场时,每一车场的道岔应单独编号,为区分车场,左边第一位数字表示车场号。当一个车场的道岔数量在100副以内时,使用三位数字编号,百位数字表示车场号,十位和个位数表示道岔编号,如Ⅰ场道岔编为101~199。当一个车场的道岔数在100副及以上时,用四位数字编号,千位数表示车场号,如Ⅰ场的第100副道岔,编为1100号。各车场以外的道岔编为1~99。

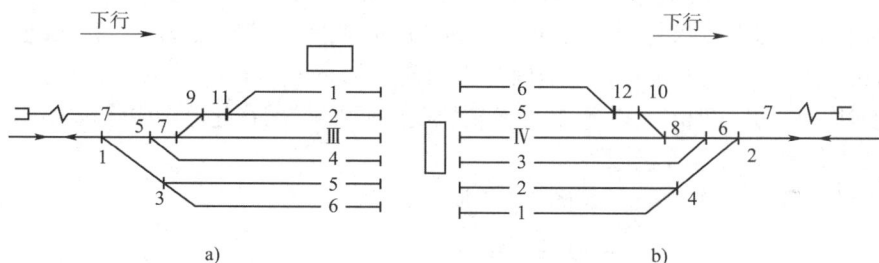

图3-1-3 尽端式铁路车站线路、道岔编号

二、铁路限界

为了保证行车安全,铁路线路附近的任何建筑物或设备(除与机车车辆直接相互作用的设备外)都应该离开线路中心线和钢轨顶面一定的距离,以防机车车辆通过时与其相撞。为此,铁路规定了线路四周建筑物或设备不得侵入的和机车车辆本身不得超出的轮廓尺寸线,即限界。

铁路限界主要分为机车车辆限界和建筑限界。

(一)机车车辆限界

机车车辆限界是限制机车车辆横断面最大容许尺寸的轮廓,分为客货共线铁路机车车辆限界和客运专线铁路机车车辆限界两种情况。

1.客货共线铁路机车车辆限界

客货共线铁路机车车辆限界如图3-1-4所示。

机车车辆的任何部位,除特殊情况外,都不得超出机车车辆限界规定的尺寸。

(1)机车车辆的中心最大高度为4800mm。因此,机车车辆顶部的任何装置,如加高烟囱或天窗的开度等均应在4800mm之内,以防机车车辆顶部与桥梁、隧道上部相撞。

机车车辆限界基本轮廓
—————— 电力机车限界轮廓
—·—·— 列车信号、后视镜装置限界轮廓

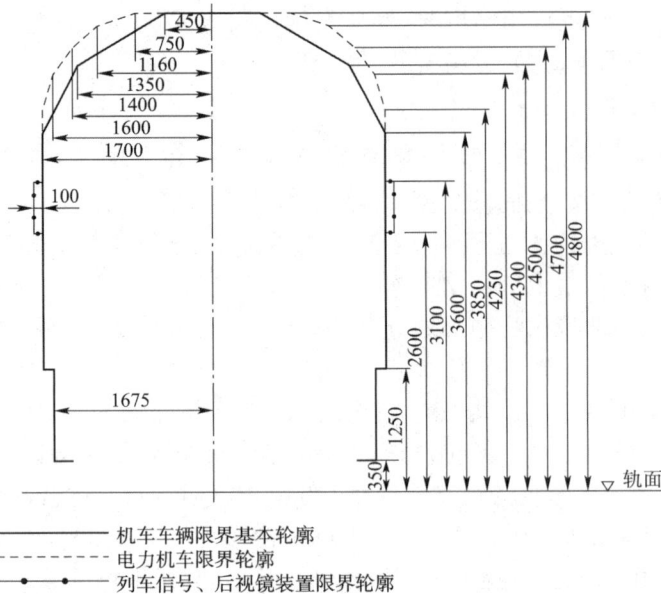

图 3-1-4　客货共线铁路机车车辆上部限界(尺寸单位:mm)

(2)机车车辆的钢轨水平面上部 1250 ～ 3600mm 范围内其宽度为 3400mm,但为悬挂列车尾部的侧灯,在 2600 ～ 3100mm 范围内允许两侧各加宽 100mm。

(3)在钢轨水平面 1250mm 以下,机车车辆宽度逐渐缩减,因在此范围内建筑物和设备较多。

2.客运专线铁路机车车辆限界

客运专线铁路机车车辆限界如图 3-1-5 所示。

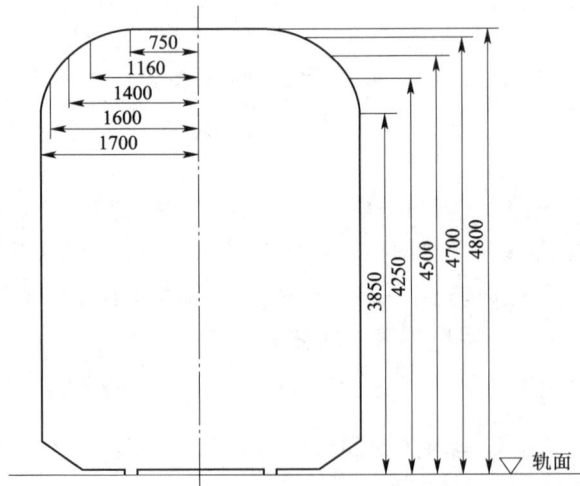

图 3-1-5　客运专线铁路机车车辆上部限界(尺寸单位:mm)

客运专线铁路的机车车辆在客货共线铁路运用时,还应符合客货共线铁路机车车辆限界要求。

(二)建筑限界

建筑限界是邻近线路的建筑物或设备(与机车车辆相互作业的设备除外)不得侵入的最

小横断面尺寸轮廓。

建筑限界与机车车辆限界之间的空间,为安全空间,如图 3-1-6 所示。留有安全空间的目的,一是为组织"超限货物列车"运行;二是为适应运行中的列车横向晃动偏移和竖向上下震动,防止与邻近的建筑物或设备发生碰撞。

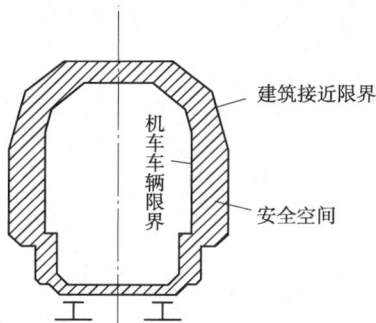

图 3-1-6 安全空间示意图

建筑限界包括直线建筑限界、隧道建筑限界和桥梁建筑限界。

1. 直线建筑限界

直线建筑限界,分为 $v \leqslant 160$km/h 客货共线铁路建筑限界、$v > 160$km/h 客货共线铁路建筑限界和客运专线铁路建筑限界三种情况,如图 3-1-7 ~ 图 3-1-9 所示。

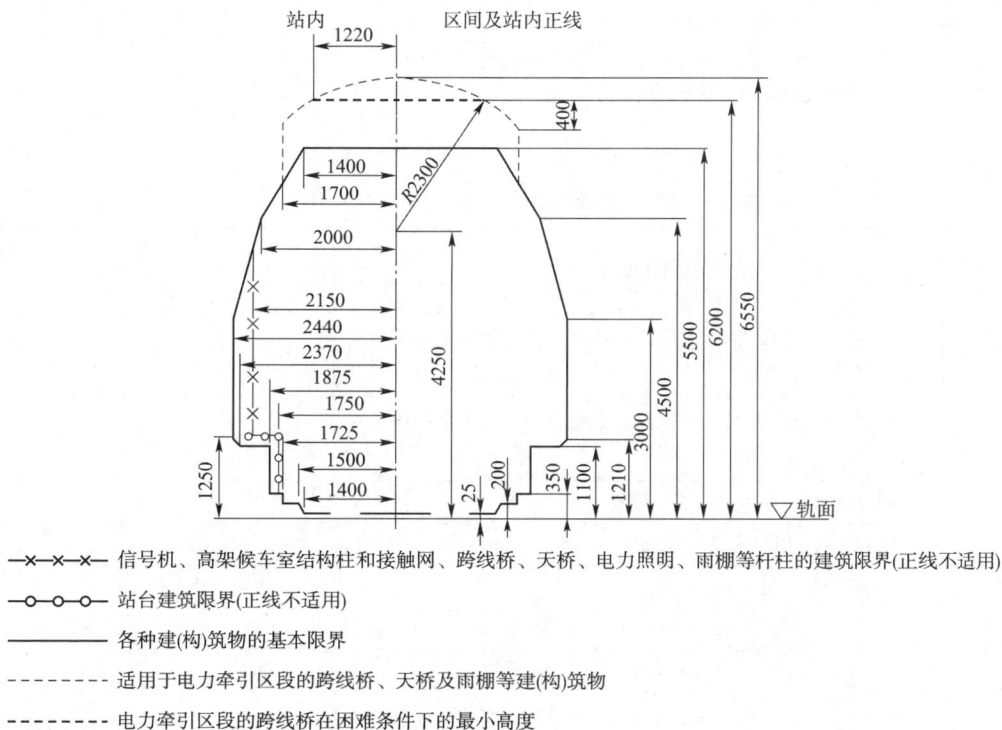

—×—×—× 信号机、高架候车室结构柱和接触网、跨线桥、天桥、电力照明、雨棚等杆柱的建筑限界(正线不适用)

—○—○—○ 站台建筑限界(正线不适用)

———— 各种建(构)筑物的基本限界

-------- 适用于电力牵引区段的跨线桥、天桥及雨棚等建(构)筑物

········· 电力牵引区段的跨线桥在困难条件下的最小高度

图 3-1-7 $v \leqslant 160$km/h 客货共线铁路建筑限界(尺寸单位:mm)

按建筑限界的规定,直线地段的各种主要建筑物或设备至线路中心线的距离应符合表 3-1-1 的要求。

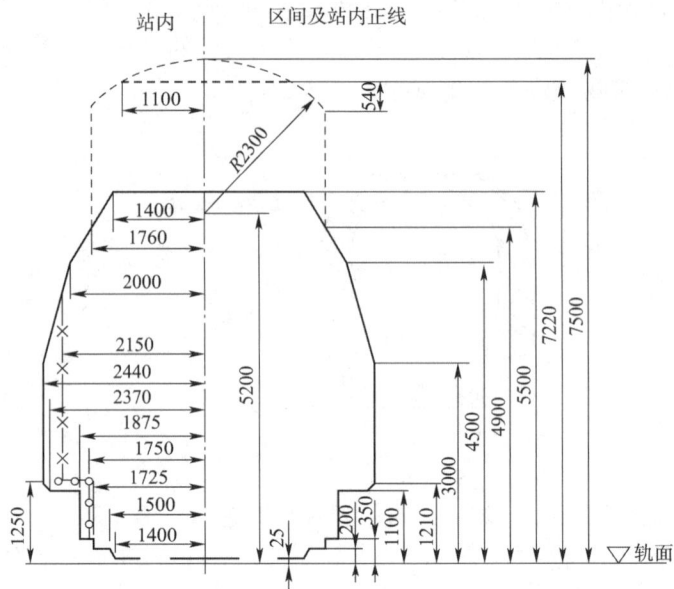

站内　　　区间及站内正线

1100
540
R2300
1400
1760
2000
2150
2440
2370
1875
1750
1725
1500
1400
5200
7500
7220
5500
4900
4500
3000
1250
25
200
350
1100
1210
▽轨面

—×—×— 信号机、高架候车室结构柱和接触网、跨线桥、天桥、电力照明、雨棚等杆柱的建筑限界(正线不适用)

—○—○— 站台建筑限界(正线不适用)

———— 各种建(构)筑物的基本限界

------- 适用于电力牵引区段的跨线桥、天桥及雨棚等建(构)筑物

- - - - - 电力牵引区段的跨线桥在困难条件下的最小高度

图 3-1-8　v>160km/h 客货共线铁路建筑限界(尺寸单位:mm)

主要建筑物和设备至线路中心线的距离(v≤160km/h)　　　　　　表 3-1-1

序号	建筑物和设备名称		高出轨面距离 (mm)	至线路中心线的距离 (mm)
1	信号机、水鹤、跨线桥、天桥、雨棚(距正线与通行超限货物列车的站线)		1100 以上	2440
2	接触网、电力照明等支柱内缘(距正线与通行超限货物列车的站线)		1100 以上	2440
3	信号机、水鹤(距不通行超限货物列车的站线)		1100 以上	2150
4	货物高站台边缘(只适用于线路的一侧)		1100～4800	1850
5	一般货物站台边缘		1100	1750
6	旅客站台边缘	高站台	1250	1750
		一般旅客站台	500	1750
		邻靠正线及通过超限货物列车线路旁侧的旅客站台	300	1750
7	车库门、转盘、洗车架、专用煤水线、洗罐线、机车走行线上的建筑物、高出轨顶4800mm 以上的跨线式漏斗仓的边缘等		1100 以上	2000

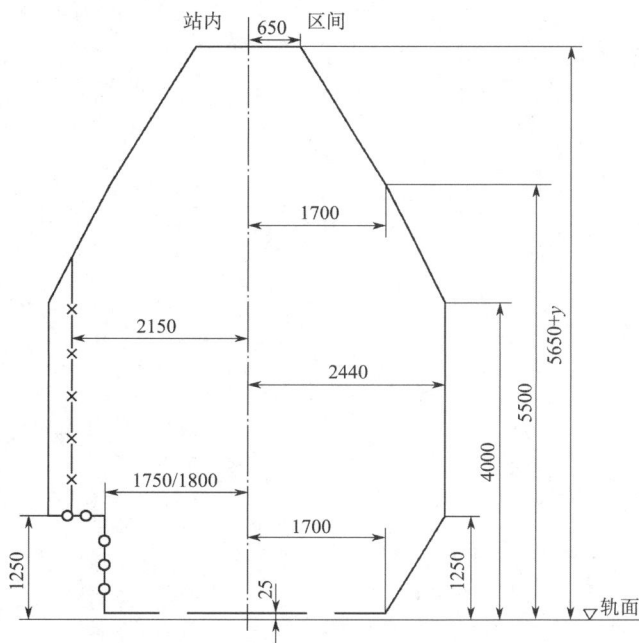

————×————×———— 信号机、高架候车室结构柱和接触网、跨线桥、天桥、电力照明、雨棚等杆柱的建筑限界(正线不适用)

——○——○——○—— ①站台建筑限界(侧线站台为1750mm；正线站台，无列车通过或列车通过速度不大于80km/h时为1750mm，列车通过速度大于80km/h时为1800mm)
②站内反方向运行矮型出站信号机的限界为1800mm

————————— 各种建(构)筑物的基本限界，也适用于桥梁和隧道，y为接触网结构高度

图3-1-9 客运专线铁路建筑限界(尺寸单位:mm)

2. 隧道建筑限界和桥梁建筑限界

隧道建筑限界的高度稍高于直线建筑限界的高度,宽度与直线建筑限界的宽度相同。隧道建筑限界又分为适用内燃牵引区段的隧道建筑限界和适用电力牵引区段的隧道建筑限界两种。

桥梁建筑限界的高度和宽度与隧道建筑限界基本相同。隧道建筑限界图和桥梁建筑限界图详见《技规》附图。

3. 曲线建筑限界

列车运行在曲线上时,由于车体中心线与轨道中心线不吻合,两转向架中心销之间的车体中心线向曲线内侧偏移,车体纵向两端向轨道外侧突出,车体与建筑限界之间的安全空间减小,如图3-1-10所示。同时由于曲线地段的外轨超高使车体向曲线内侧倾斜,也使车体与建筑限界之间的安全空间减小,如图3-1-11所示。为保证列车在曲线的运行安全,曲线上建筑限界应在直线建筑限界的基础上适当加宽。

(1)曲线内侧限界加宽

曲线内侧限界加宽($W_内$)由车体中心向

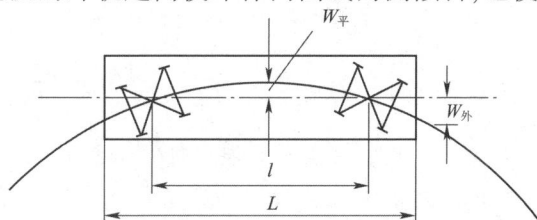

图3-1-10 曲线地段车体平面偏移

轨道中心内侧的平面偏移($W_平$)和车体内侧的立面偏移($W_立$)两部分组成。

从图3-1-12看，车体中心线向轨道中心内侧的平面偏移主要决定于车体转向架中心销之间的距离 l 和曲线半径 R 的大小，如果 l 大 R 小，车体偏入曲线内侧的距离 $W_平$ 就越大。根据相交弦定理：

$$(2R - W_平) \times W_平 = \frac{l}{2} \times \frac{l}{2}$$

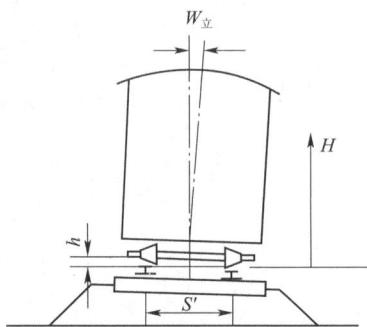

图3-1-11 曲线地段车体立面偏移

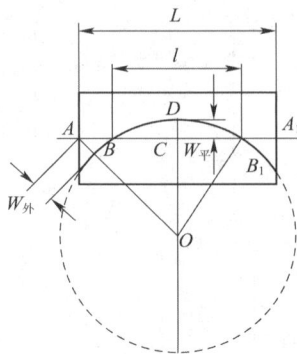

图3-1-12 车体平面偏移计算图

展开后因 $W_平^2$ 数值很小，略去得：

$$W_平 = \frac{l^2}{8R} \tag{3-1-1}$$

为满足各种车辆的需要，我国采用车体长 $L = 26m$、销距 $l = 18m$ 的大型车体作为计算车辆，将 l 值代入上式得：

$$W_平 = \frac{40500}{R} \quad (mm) \tag{3-1-2}$$

从图3-1-11看，因曲线外轨设置超高而引起的车体内侧的立面偏移 $W_立$ 有如下关系：

$$\frac{W_立}{H} = \frac{h}{S'} \tag{3-1-3}$$

式中：H——轨面至计算点的高度，当建筑物或设备的高度大于或等于车体突出点的高度 3600mm 时，H 值采用车体突出点的高度 3600mm；当建筑物或设备的高度小于车体突出点的高度时，H 值采用建筑物或设备的高度；

S'——内外侧钢轨中心间的距离，采用 1500mm。

于是

$$W_立 = \frac{H}{1500} \times h \quad (mm) \tag{3-1-4}$$

综上，可知曲线内侧限界加宽值为：

$$W_内 = W_平 + W_立 = \frac{40500}{R} + \frac{H}{1500} \times h \quad (mm) \tag{3-1-5}$$

（2）曲线外侧限界加宽

从图 3-1-12 看，车体纵向两端向轨道中心线外侧突出的偏移，即曲线外侧限界要加宽。根据勾股定理有：

$$（R + W_{外}）^2 = \left(\frac{L}{2}\right)^2 + （R - W_{平}）^2 \qquad (3-1-6)$$

展开后略去 $W_{外}^2$ 和 $W_{平}^2$，将 $L = 26\text{m}$ 代入，则得：

$$W_{外} = \frac{L^2}{8R} - W_{平} = \frac{44000}{R} \qquad （\text{mm}） \qquad (3-1-7)$$

各加宽量的计算，通常进整成 5mm 的整数倍。

曲线上建筑限界的加宽范围，包括全部圆曲线、缓和曲线和部分直线。加宽方法可采用如图 3-1-13 所示阶梯形方式，或采用曲线圆顺方式。

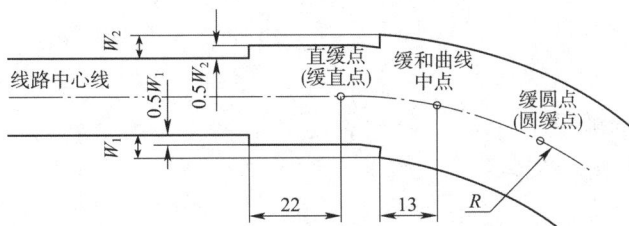

图 3-1-13　阶梯减加宽方法（尺寸单位：m）

【例 3-1-1】　某单线车站如图 3-1-14 所示，Ⅱ 道曲线半径为 1000m，外轨高度为 60mm。Ⅱ、3 道间的中间站台长、宽、高为 400m、5m、0.3m。试确定 Ⅱ 道上、下行方向的出站信号机边缘和中间站台边缘至 Ⅱ 道线路中心线的最小距离。

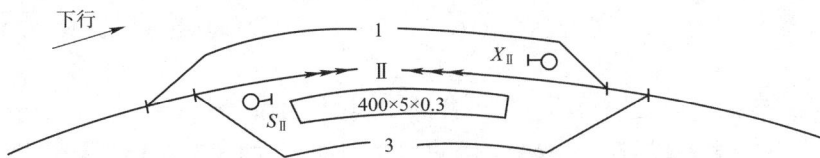

图 3-1-14　位于曲线上的某单线车站（尺寸单位：m）

解： $X_{Ⅱ}$ 位于曲线的外侧，$X_{Ⅱ}$ 边缘离开 Ⅱ 道线路中心线的最小距离为：

$$2440 + W_{外} = 2440 + \frac{44000}{1000} = 2484（\text{mm}） \approx 2485\text{mm}$$

$S_{Ⅱ}$ 位于曲线的内侧，$S_{Ⅱ}$ 边缘离开 Ⅱ 道线路中心线的最小距离为：

$$2440 + W_{内} = 2440 + \frac{40500}{R} + \frac{H}{1500} \times h$$

$$= 2440 + \frac{40500}{1000} + \frac{3600}{1500} \times 60$$

$$= 2624.5（\text{mm}） \approx 2625\text{mm}$$

中间站台位于曲线内侧,中间站台边缘至Ⅱ道线路中心线的最小距离为:

$$1750 + W_内 = 1750 + \frac{40500}{R} + \frac{H}{1500} \cdot h$$

$$= 1750 + \frac{40500}{1000} + \frac{2300}{1500} \times 60$$

$$= 1882.5(\text{mm}) \approx 1885\text{mm}$$

三、线路间距

相邻两线路中心线之间的距离,称作线路间距。线路间距应保证行车和站内作业的安全,满足通行超限货物列车和两线间设置行车设备及客、货运设备的需要。

线路间距决定于下列因素:

(1)机车车辆限界;

(2)建筑限界;

(3)超限货物装载限界;

(4)线间设备计算宽度;

(5)线间办理作业性质。

(一)直线地段线路间距

1.普速铁路

《技规》规定,当区间列车运行速度小于140km/h时,双线区间直线地段最小线路间距为4000mm,如图3-1-15所示。它是由车辆限界半宽、侧灯宽度、两侧灯之间保证不停车会车的安全宽度相加而得,即:

$$2 \times (1700 + 100) + 400 = 4000(\text{mm})$$

当区间列车运行速度在140~160km/h时,双线区间直线地段最小线路间距为4200mm;当客运专线列车运行速度在160~200km/h时,双线区间直线地段最小线路间距为4400mm。

三线及四线区间的第二线与第三线的线路间距为5300mm,如图3-1-16所示。它是根据直线建筑限界半宽,第二线与第三线间装有高柱信号机,且两线均通行超限货物列车等因素确定的:

$$2 \times 2440 + 410 = 5290(\text{mm})（采用5300mm）$$

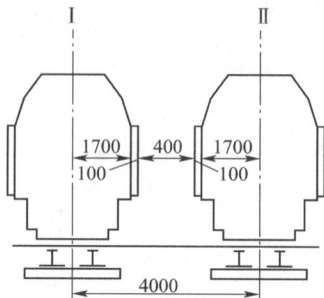

图 3-1-15 双线区间直线地段线路间距(尺寸单位:mm)

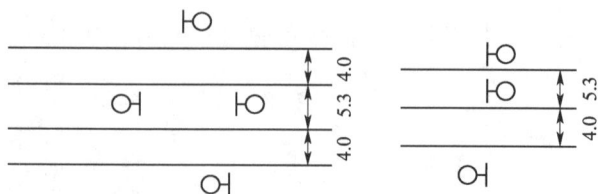

图 3-1-16 多线区间直线地段线路间距(尺寸单位:m)

《技规》对普速铁路区间及站内两相邻线路中心线间的最小距离规定见表3-1-2。

普速铁路线路间距   表3-1-2

序号	名 称				线间最小距离(mm)
1	区间双线	$v \leqslant 120km/h$			4000
		$120km/h < v \leqslant 160km/h$			4200
		$160km/h < v \leqslant 200km/h$			4400
2	三线及四线区间的第二线与第三线				5300
3	站内正线				5000
4	站内正线与相邻到发线	无列检作业			5000
		有列检作业或上水作业	$v \leqslant 120km/h$	一般	5500
				改建特别困难	5000
			$120km/h < v \leqslant 160km/h$	一般	6000
				改建特别困难	5500
			$160km/h < v \leqslant 200km/h$	一般	6500
				改建特别困难	5500
5	到发线间或到发线与其他线				5000
6	站内线间设有高柱信号机时,相邻两线(含正线)均需通行超限货物列车				5300
7	站内线间设有高柱信号机时,相邻两线(含正线)只有一条通行超限货物列车				5000
8	牵出线与其相邻线	调车作业繁忙车站			6500
		改建困难或仅办理摘挂取送作业			5000

注:线间有建(构)筑物或有影响限界的设施,最小线间距按建筑限界计算确定。既有线列车最高运行速度提速到140~160km/h时,可保持4m线间距。

表3-1-2中的正线、到发线间或与其相邻线的线间距为5000mm,是按一线通行超限货物列车,另一线不通行超限货物列车,再加上信号机最大宽度而得:

$$2150 + 410 + 2440 = 5000(mm)$$

站内相邻两线均需通行超限货物列车,线间装有高柱信号机,其线间距为:

$$2440 + 410 + 2440 \approx 5300(mm)$$

2.高速铁路

《技规》对高速铁路区间及站内两相邻线路中心线间的最小距离规定见表3-1-3。

高速铁路线路间距   表3-1-3

序号	名 称		线间最小距离(mm)
1	区间双线	$v = 160km/h$	4200
		$160km/h < v \leqslant 200km/h$	4400
		$200km/h < v \leqslant 250km/h$	4600
		$250km/h < v \leqslant 300km/h$	4800
		$300km/h < v \leqslant 350km/h$	5000
2	三线及四线区间的第二线与第三线		5300

序号	名　　　称		线间最小距离(mm)
3	站内正线	$v \leq 250km/h$	4600
		$250km/h < v \leq 300km/h$	4800
		$300km/h < v \leq 350km/h$	5000
4	站内正线与相邻到发线		5000
5	到发线与相邻到发线		5000
6	安全线与其他线路		5000

注:线间有建(构)筑物或有影响限界的设施,最小线间距按建筑限界计算确定。

(二)曲线地段线路间距

由于曲线地段外侧线路上的车体中部向内侧偏移,内侧线路上的车体两端外角向曲线外侧偏移,如图3-1-17a)所示,相邻曲线的外轨超高高度不同,如图3-1-17b)所示。若相邻两曲线线路间距与直线地段的线路间距相同,将会使处于曲线地段两列车间的净空较直线地段小,影响列车运行安全。

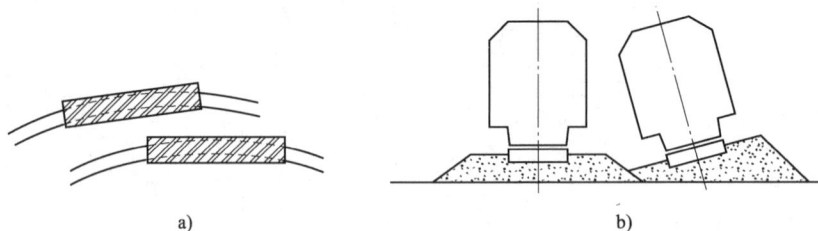

a)　　　　　　　　　　　　　　　　b)

图 3-1-17　车体间净空减小

为了保证列车运行安全,使曲线地段两列车间的净空等于直线地段两列车间的净空,曲线地段线路间距应适当加宽,其加宽量与曲线地段建筑限界加宽量相同。高速铁路曲线地段线路中心线间水平距离可不加宽。

当曲线地段相邻两线间设有建筑物或设备时,相邻线路间距应考虑曲线地段的建筑限界的内外侧加宽量,分别计算出建筑物或设备边缘距线路中心线的距离,再加上建筑物或设备的宽度。

【例3-1-2】　图3-1-18中,Ⅰ、Ⅲ道间设有宽为410mm的高柱信号机,且两曲线半径均为1000mm,Ⅲ道外轨超高60mm,Ⅰ道外轨超高为40mm,试确定Ⅰ、Ⅲ道间的线间距。

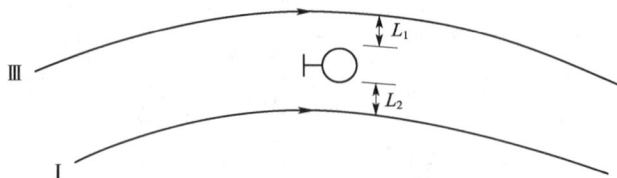

图 3-1-18　曲线地段线间距计算

解:信号机边缘距Ⅰ道线路中心线的距离为:

$$2440 + \frac{44000}{R} = 2440 + \frac{44000}{1000} = 2484(\text{mm}) \approx 2485\text{mm}$$

信号机边缘距Ⅲ道中心线的距离为:

$$2440 + \frac{40500}{R} + \frac{H}{1500}h = 2440 + \frac{40500}{1000} + \frac{3600}{1500} \times 60$$
$$= 2440 + 40.5 + 144$$
$$= 2624.5(\text{mm}) \approx 2625\text{mm}$$

Ⅰ、Ⅲ道的线间距为:

$$2485 + 410 + 2625 = 5520(\text{mm})$$

技能训练

【训练任务】

1. 给双线铁路通过式车站线路和道岔进行编号(图3-1-19)。完成训练任务3-1。

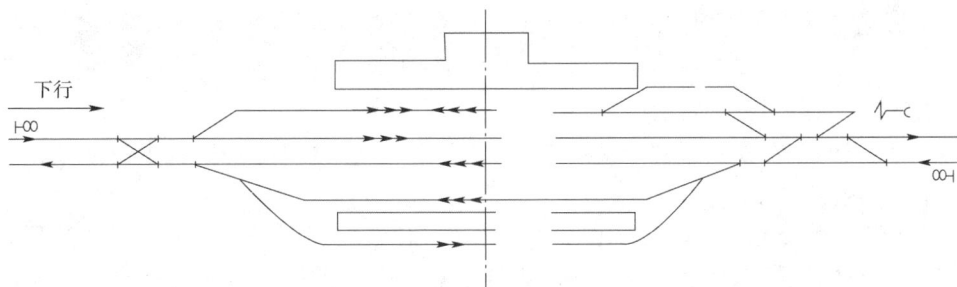

图 3-1-19　双线铁路通过式车站平面示意图

2. 计算确定设备及建筑物距线路中心线的最小距离。完成训练任务3-1。

某单线车站(图3-1-20),Ⅱ道的曲线半径为1200m,外轨超高为70mm。Ⅱ、3道间的中间站台长、宽、高为400m×5m×0.3m。试确定Ⅱ道上、下行方向的出站信号机边缘和中间站台边缘至Ⅱ道线路中心线的最小距离。

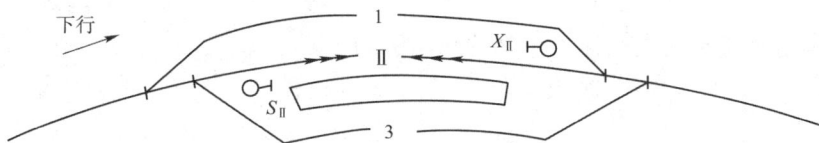

图 3-1-20　单线车站平面示意图

【操作步骤】

1. 给双线铁路通过式车站线路和道岔进行编号。

第一步:对线路从正线起按列车运行方向分别向外顺序编号,上行编双号,下行编单号。

第二步:大型车站有数个车场时,分车场编号。

第三步:对道岔从车站两端用阿拉伯数字由外向内,先主要线路,后次要线路给道岔依次编号;上行列车到达端编为双号,下行列车到达端编为单号。同一渡线或梯线上的道岔应连续编为单号或双号。

第四步:大型车站有数个车场时,每一车场的道岔分别编号。

2.计算确定设备及建筑物距线路中心线的最小距离。

第一步:确定Ⅱ道上行方向的出站信号机边缘至Ⅱ道线路中心线的最小距离。

第二步:确定Ⅱ道下行方向的出站信号机边缘至Ⅱ道线路中心线的最小距离。

第三步:确定中间站台边缘至Ⅱ道线路中心线的最小距离。

拓展知识

超 限 货 物

《铁路超限超重货物运输规则》中规定:货物装车后,车辆停留在水平直线上,货物的任何部位超出机车车辆限界基本轮廓者或车辆行经半径为300m的曲线时,货物的计算宽度超出机车车辆限界基本轮廓者,均为超限货物。

根据货物的超限程度,超限货物分为一级超限、二级超限、超级超限3个等级。

根据货物超限部位所在的高度,超限货物分为上部超限、中部超限、下部超限3个类型。

复习思考

一、选择题

1.为了确保列车在铁路线路上运行安全,铁路上规定有各种限界,其中每一条线路必须有的最小空间是(　　)。

　　A.机车车辆限界　　　B.超限限界　　　　C.建筑接近限界　　　D.桥梁建筑限界

2.机车车辆的钢轨水平面上部1250～3600mm范围内其最大半宽度为(　　)mm。

　　A.1435　　　　　　B.1500　　　　　　C.1700　　　　　　D.1850

3.站内装有高柱信号机的线间,若相邻两线均通行超限货物列车,其线间距为(　　)mm。

　　A.5300　　　　　　B.5200　　　　　　C.5000　　　　　　D.4000

4.中间设有站台的两线路间的线间距一般取(　　)m。

　　A.5　　　　　　　B.5.3　　　　　　C.5.5　　　　　　D.站台宽 +3.5

5.连接车站并贯穿或直股伸入车站的线路称为(　　)。

　　A.正线　　　　　　B.站线　　　　　　C.段管线　　　　　　D.岔线

二、填空题

1._____是指为保证行车安全而设置的安全线和避难线。

2.道岔用阿拉伯数字进行编号,上行列车到达端编为_____,下行列车到达端编为_____。

3.线路编号规定正线用_____。

4.铁路限界主要分为_____和_____。

5.建筑限界与机车车辆限界之间的空隙,称为_____。

三、简答题

1.车站线路是如何编号的? 车站道岔是如何编号的?

2.何谓线路间距? 决定线路间距的主要因素有哪些?

3.何谓机车车辆限界？其横向最大半宽和纵向最大高度从何算起？各为多少？

4.何谓建筑限界？分为哪几种？

5.何谓安全空间？设置安全空间的目的是什么？

任务 3.2   车站线路有效长推算

知识要点

道岔号数的选用,相邻两道岔中心间的距离,线路连接形式,车站线路长度。

重点掌握

相邻两道岔中心间的距离、线路连接形式、车站线路有效长推算。

基础知识

车站内除正线外还设有一定数量的站线,以满足站内作业需要。站线通过道岔与正线按照不同的方式连接,常见的连接形式有线路终端连接、渡线连接、梯线连接和平行错移等。

用于连接线路的道岔主要集中布置在车站的两端,该区域称为车站的两端咽喉区,是列车的到发以及站内其他相关作业车辆的必经通道。为提高咽喉通过能力,减少机车车辆在站内的走行距离,节省工程投资和运营费用,在设计车站时应尽量缩短咽喉长度,使咽喉区的道岔布置力求紧凑。但若两道岔距离太短,则会影响行车的安全、平稳及道岔的使用年限。因此,规定了两相邻道岔间的最小距离,该距离与道岔配列的形式及其办理的作业性质有关。

道岔是轨道的薄弱环节,也是对列车运行速度起限制作用的设备,在铁路站场设计时应合理选择道岔,在满足设计行车速度的前提下,尽量节省用地。由于道岔辙叉号数 N 越大,辙叉角 α 越小,导曲线半径 R 越大,道岔长度就越长,占地长度也越长,导致工程费用增加。故在设计站场时,道岔辙叉号数应根据路段设计行车速度,查阅相关标准规范来确定。

一、道岔辙叉号数的选用

1.普速铁路道岔辙叉号数选用

普速铁路道岔辙叉号数的选用应符合《技规》(普速铁路部分)第 46 条的规定,即:

(1)正线道岔的直向通过速度不应小于路段设计行车速度。

(2)用于侧向通过列车的单开道岔的辙叉号数应根据列车侧向通过的最高速度合理选用。

(3)侧向接发停车旅客列车的单开道岔,不得小于 12 号。

(4)侧向接发停车货物列车并位于正线的单开道岔,在中间站不得小于 12 号,在其他车站不得小于 9 号。

(5)列车轴重大于 25t 的铁路正线单开道岔不得小于 12 号。

(6)其他线路的单开道岔不得小于 9 号。

(7)狭窄的站场采用交分道岔不得小于9号,但尽量不用于正线,必须采用时不得小于12号。

(8)峰下线路的对称道岔不得小于6号,三开道岔不得小于7号。

(9)段管线的对称道岔不得小于6号。

既有道岔的类型及辙叉号数不符合上述规定时,应按该道岔的辙叉号数限制行车速度,且应有计划地进行改造。

2.高速铁路道岔辙叉号数选用

高速铁路道岔辙叉号数的选用应符合《技规》(高速铁路部分)第47条的规定,即:

(1)正线道岔的直向通过速度不应小于路段设计行车速度。

(2)正线与到发线连接应采用18号道岔。两正线间的渡线应按功能需要选用18号及以上道岔。

(3)始发或终到车站以及改、扩建车站,在特别困难条件下,可采用12号道岔。

(4)正线与联络线连接的道岔辙叉号数应按联络线设计行车速度选用,并宜选用大号码道岔。

二、两相邻道岔中心间的距离

(一)道岔配列形式

两相邻道岔常见的配列形式有以下几种:

(1)异侧对向(即在基线异侧对向布置的两个单开道岔),如图3-2-1a)所示。

(2)同侧对向(即在基线同侧对向布置的两个单开道岔),如图3-2-1b)所示。

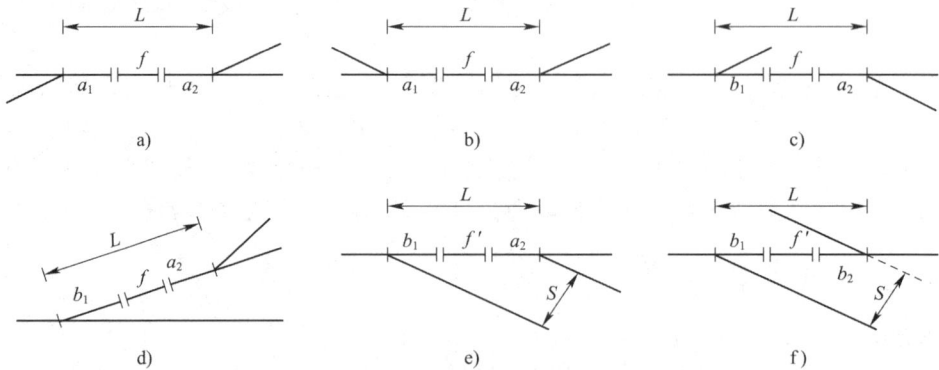

图3-2-1 常见道岔配列形式

以上两种配列形式中,两相邻道岔中心间的最小距离(L)应为:

$$L = a_1 + f + a_2 + \Delta \quad (\text{m}) \tag{3-2-1}$$

式中:a_1——第一组道岔始端基本轨轨缝中心至道岔中心的距离;

a_2——第二组道岔始端基本轨轨缝中心至道岔中心的距离;

f——两相邻道岔间插入钢轨的最小长度;

Δ——为一个轨缝的宽度,25m或12.5m的标准轨取值0.012m,12.5m以下的短轨取值0.008m;每插入一根钢轨,就产生一个轨缝。

考虑到列车通过时的平稳性以及方便今后的站场改造和养护维修,要在两组道岔间插入一段直线钢轨。其长度需满足车辆通过第一组道岔导曲线所产生的振动在到达第二组道岔导曲线前消失,不与第二组道岔导曲线所产生的振动叠加的要求。f 的取值按表 3-2-1 确定。

两对向单开道岔间插入钢轨的最小长度(单位:m)　　　表 3-2-1

道岔布置	线别		有正规列车同时通过两侧线时 f		无正规列车同时通过两侧线时 f
			一般情况	特殊情况	
a)	正线	直向通过速度 $v > 120$km/h	12.5	12.5	12.5
		直向通过速度 $v \leqslant 120$km/h	12.5	6.25	6.25
b)	到发线		6.25	6.25	0
	其他站线和次要站线		—	—	0

(3)异侧顺向(即在基线异侧顺向布置的两个单开道岔),如图 3-2-1c)所示。

(4)分支顺向(即在前一组单开道岔的侧线上又分出一组顺向单开道岔),如图 3-2-1d)所示。

以上两种配列形式中,两相邻道岔中心间的最小距离(L)应为:

$$L = b_1 + f + a_2 + \Delta \quad (\text{m}) \tag{3-2-2}$$

式中:b_1——第一组道岔中心至辙叉跟端轨缝中心的距离。

此时,插入钢轨长度主要受道岔结构的影响,f 取值可按表 3-2-2 确定。

两顺向单开道岔间插入钢轨的最小长度(单位:m)　　　表 3-2-2

道岔布置	线别		木岔枕道岔 f	混凝土岔枕道岔 f
c)	正线	直向通过速度 $v > 120$km/h	—	12.5
		直向通过速度 $v \leqslant 120$km/h	6.25	8.0
	到发线		4.5	
	其他站线和次要站线		0	
d)	到发线		4.5	
	其他站线和次要站线		0	

(5)同侧顺向(即在基线同侧顺向布置的两个单开道岔),如图 3-2-1e)所示。

这种布置的两相邻岔心间的最小距离决定于相邻线路的最小容许间距 S，其长度为：

$$L = S/\sin\alpha = b_1 + f' + a_2 \quad (\text{m}) \tag{3-2-3}$$

$$f' = l - (b_1 + a_2) \quad (\text{m}) \tag{3-2-4}$$

式中：α——道岔的辙叉角；

f'——含轨缝的插入直线段钢轨长度。

(6)异侧背向(即在基线异侧背向布置的两个单开道岔)，如图 3-2-1f)所示。

这种形式的两相邻道岔中心间的最小距离 L，决定于相邻线路最小间距 S，其长度可按下式确定：

$$L = S/\sin\alpha_{\min} = b_1 + f' + b_2 \quad (\text{m}) \tag{3-2-5}$$

$$f' = l - (b_1 + b_2) \quad (\text{m}) \tag{3-2-6}$$

相邻两道岔中心间的距离除应满足最小距离的要求外，还需满足站场线路布置几何形状的要求。

(二)两相邻道岔中心间距离的确定

图 3-2-2 所示为铁路客货共线区段某站一端咽喉区布置示意图，车站采用木岔枕，选用图号为 TB 399-75 的道岔(道岔主要尺寸查阅本书附录表1)，中间站台为宽6m的普通站台，试确定该咽喉道岔的辙叉号数和相邻道岔岔心间的距离。

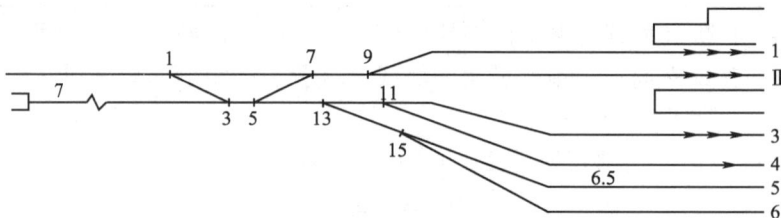

图 3-2-2 某站一段咽喉区布置

1.确定线路间距

1 道至 Ⅱ 道：$S_{1\sim\text{Ⅱ}} = 5\text{m}$

Ⅱ 道至 3 道：$S_{\text{Ⅱ}\sim3} = 1750 + 6000 + 1750 = 9500(\text{mm}) = 9.5\text{m}$

3 道至 4 道：$S_{3\sim4} = 5\text{m}$

4 道至 5 道：$S_{4\sim5} = 6.5\text{m}$

5 道至 6 道：$S_{5\sim6} = 5\text{m}$

Ⅱ 道至 7 道：$S_{\text{Ⅱ}\sim7} = 6.5\text{m}$

2.确定各道岔的辙叉号数

根据《技规》第46条规定，图中 1、3、9 道岔需侧向接发旅客列车，应采用 12 号辙叉，其余道岔采用 9 号辙叉。

3.确定两相邻岔心间的最小距离

(1)3~5 号道岔为同侧对向配列形式：

$$L = a_1 + f + a_2 + \Delta = 16.853 + 0 + 13.839 + 0 = 30.692(\text{m})$$

(2)7~9 号道岔为异侧对向配列形式：

$$L = a_1 + f + a_2 + \Delta = 13.839 + 6.25 + 16.853 + 0.008 = 36.950(\text{m})$$

70

（3）5～13 号道岔为异侧顺向配对形式：

$$L = b_1 + f + a_2 + \Delta = 15.009 + 4.5 + 13.839 + 0.008 = 33.356(\text{m})$$

（4）13～15 号道岔为分支顺向配列形式：

$$L = b_1 + f + a_2 + \Delta = 15.009 + 0 + 13.839 + 0 = 28.848(\text{m})$$

（5）13～11 号道岔为同侧顺向配列形式：

$$L = S/\sin\alpha = 6.5/\sin 6°20'25'' = 6.5/0.110433 = 58.850(\text{m})$$

在设计车站时，两相邻道岔中心线的最小距离（L），可以从书末附录表中查取。

三、线路连接形式

车站线路连接主要有线路终端连接、渡线连接、梯线连接及线路平行错移连接。

（一）线路终端连接

在站场设计中，把相邻两条平行线路合成一条，这种连接形式叫作线路终端连接。

现场常见的是普通线路终端连接，由一副单开道岔、一条连接曲线及道岔与曲线间的直线段组成，如图3-2-3所示。

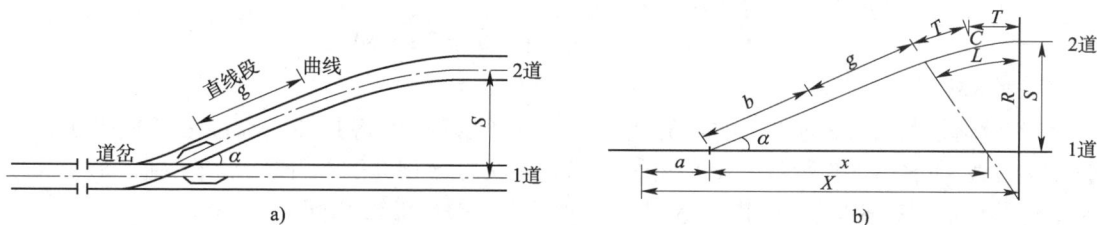

图 3-2-3　普通线路终端连接

图中角顶 C 坐标为：

$$x = (b + g + T)\cos\alpha = S \cdot \cot\alpha = SN \tag{3-2-7}$$

$$y = (b + g + T)\sin\alpha = S \tag{3-2-8}$$

道岔与连接曲线间的直线段 g，决定于线路间距 S、曲线半径 R 及道岔的有关要素，可用下式确定：

$$g = (S/\sin\alpha) - (b + T) \tag{3-2-9}$$

曲线切线 T 的长度为：

$$T = R \cdot \tan\frac{\alpha}{2} \tag{3-2-10}$$

式中：R——连接曲线半径，其值不应小于连接道岔的导曲线半径，通常采用 200m、300m 和 400m。

全部连接长度在水平方向的投影为：

$$X = a + x + T \tag{3-2-11}$$

当两条平行线路间的距离较大时，为了缩短全部连接长度，可将道岔侧线向外转一个 φ 角，形成缩短式的线路终端连接。

（二）渡线

为使机车车辆能从一条线路进入另一条线路，需要设置渡线。渡线常见的有普通渡线、

交叉渡线两种。

1.普通渡线

普通渡线设于两条平行线路间,由两幅辙叉号数相同的单开道岔及两道岔间的直线段组成,如图3-2-4所示。

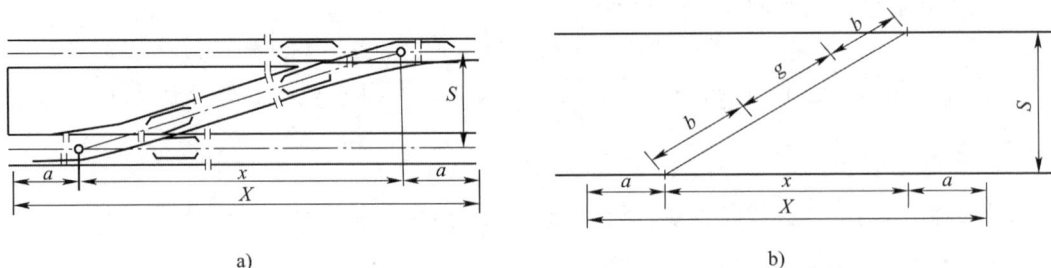

a)   b)

图3-2-4 普通渡线

若两道岔的辙叉号数及线间距为已知,则普通渡线在水平方向的投影长度为:

$$x = S \cdot \cot\alpha = SN \tag{3-2-12}$$

全部连接长度在水平方向的投影为:

$$X = 2a + x = 2a + S \cdot \cot\alpha = 2a + SN \tag{3-2-13}$$

2.交叉渡线

当连续铺设两条方向相反的普通渡线而场地不够时,可将其铺设在同一长度范围内形成交叉渡线,如图3-2-5所示。交叉渡线由四副辙叉号数相同的单开道岔和一副菱形交叉及连接轨道组成,其全部连接长度在水平方向的投影与普通渡线相同。

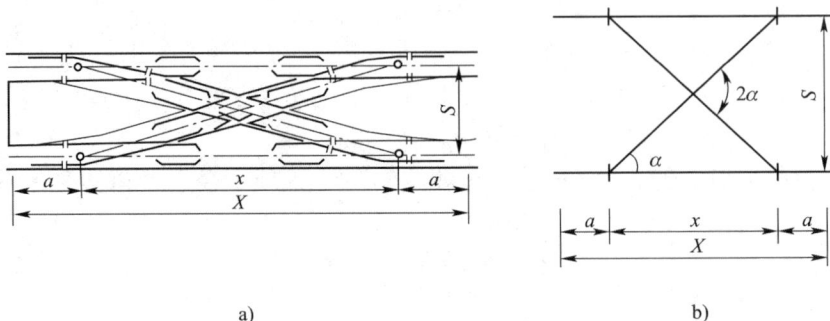

a)   b)

图3-2-5 交叉渡线

(三)线路平行错移

在车站两条平行线路间因修建站台或其他建筑物以及某种作业需要变更线路间距时,往往采用线路平行错移的连接形式。即其中一条线路要平行移动,移动后的线路与原线路之间用反向曲线连接,如图3-2-6所示。

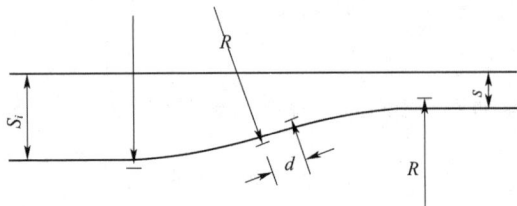

平行错移连接反向曲线半径,在站内正线应根据铁路等级、旅客列车行车速度及地形条件比选确定。不设缓和曲线时曲线半径一般

图3-2-6 线路平行错移的连接

不小于表 3-2-3 中规定的数值。设缓和曲线时,曲线半径不得小于该区段的最小曲线半径 (表 2-1-1),且不得小于表 3-2-4 中规定的数值。

反向曲线不设缓和曲线的最小圆曲线半径　　　　　表 3-2-3

路段旅客列车设计行车速度(km/h)	140	120	100	80
可不设缓和曲线的最小圆曲线半径(m)	10000	5000	4000	3000

车站平面最小曲线半径　　　　　表 3-2-4

路段设计行车速度 （km/h）	最小曲线半径(m)		
	区段站	中间站、会让站、越行站	
		一般	困难
80	800	600	600
120	800	1200	800
160	1600	2000	1600
200	2000	3500	2800

(四)梯线连接

用一条公共线路将几条平行线路连接起来,这条公共线路叫作梯线。按道岔位置布置的不同,梯线可分为直线梯线、缩短梯线和复式梯线 3 种。

1. 直线梯线

直线梯线的特点是各道岔依次排列在一条直线上,如图 3-2-7 所示。

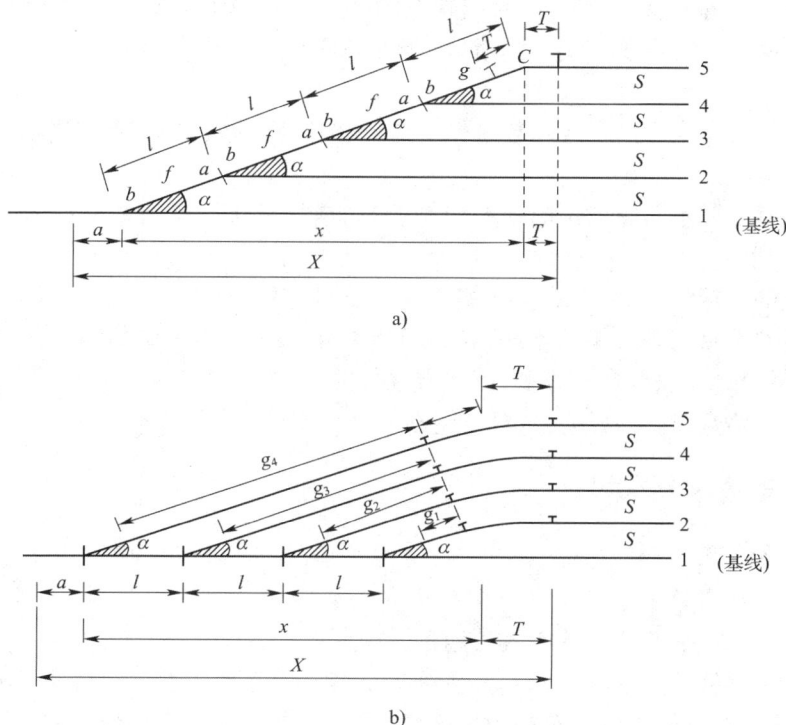

a)

b)

图 3-2-7　直线梯线

图3-2-7a)所示为梯线与各平行线路成一个道岔辙叉角 α，各道岔辙叉号数相同。

图3-2-7b)所示为梯线与各平行线路平行。

直线梯线连接的优点：非集中联锁时扳道员扳道不用跨越线路，较安全；瞭望条件好，便于检查道岔开通方向。缺点：当线路较多时，梯线较长，进入各线路经过的道岔数不均匀，且内外侧线路长度相差较大，影响调车作业效率。因此，仅适用于线路少的到发站和调车场。

2.缩短梯线

当平行线路间距较大时，为缩短梯线长度，可采用缩短梯线。即将梯线在与平行线路成一道岔角 α 的基础上再转一个 γ 角，使之与平行线路成 β 角（$\beta = \alpha + \gamma$），如图3-2-8所示。

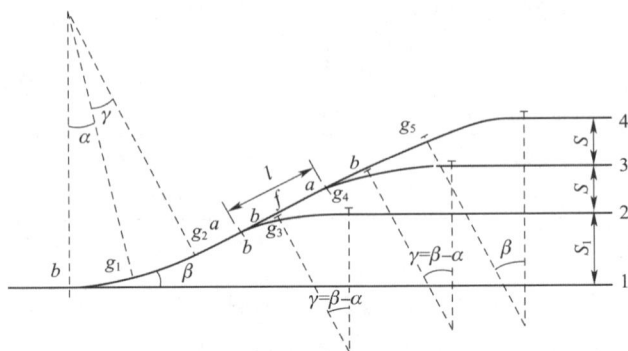

图3-2-8 缩短梯线

缩短梯线的优点：在梯线上增加一条附加曲线，能够缩短梯线的连接长度，改善内外侧线路长度相差较大的缺点，还保持了直线梯线的优点。但这种连接形式的曲线较多，进入各线路经过曲线时对调车作业不利。同时，由于 β 角受到一定限制，当连接线路较多时，梯线缩短优点不明显。

缩短梯线连接也仅适用于线路数量较少，且线路间距较大的场地(如货场、车辆段等)。

3.复式梯线

将几条与基线成不同倾斜角的梯线组合起来，连接较多的平行线路的形式称为复式梯线，如图3-2-9所示。

复式梯线的连接形式，可以缩短梯线长度，又可使各平行线的长度相接近，车辆进入各线路经过的道岔数目相等或相差不多，且还可以变化梯线结构来调整线路的有效长。复式梯线与直线梯线相比，缺点是曲线多、道岔布置分散。

调车场内线路数较多，常用复式梯线连接。

四、线路全长及有效长

(一)线路长度

1.线路全长和有效长定义

车站线路的长度分为全长和有效长两种。

全长是指车站线路一端的道岔基本轨接头至另一端道岔基本轨接头的长度。如为尽头式线路，则指道岔基本轨接头至车挡的长度，如图3-2-10所示。线路全长减去该线路上所有道岔的长度，叫作铺轨长度。故确定线路全长，主要是为了设计时便于估算工程造价，比较设计方案。站内正线铺轨长已在区间正线合并计算,故不另记全长。

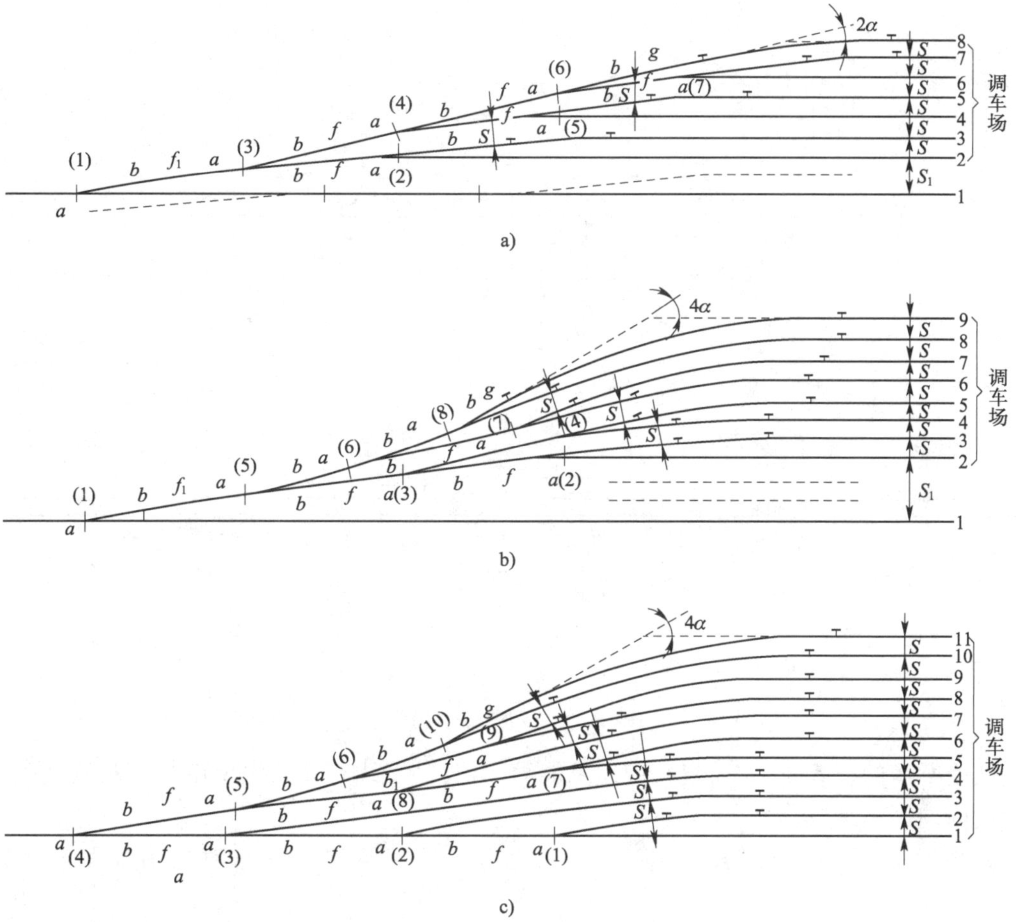

图 3-2-9　复式梯线

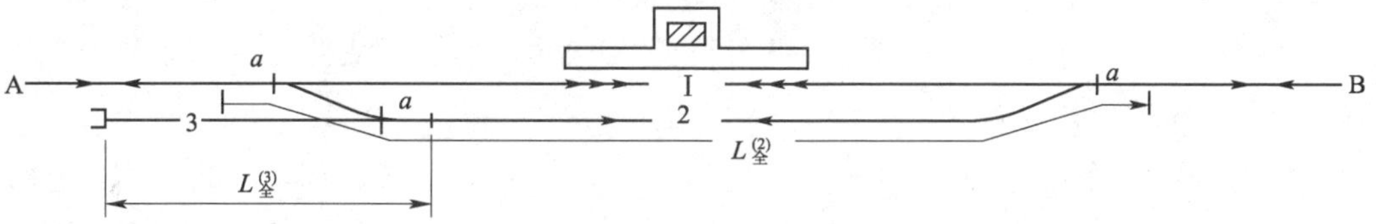

图 3-2-10　线路全长的确定

线路有效长是指线路全长范围内可以停留机车车辆而不妨碍信号显示、道岔转换和邻线行车的部分。

2.线路有效长的确定因素

线路有效长的起止范围主要由下列因素确定:

(1)警冲标;

(2)道岔尖轨始端(无轨道电路时)或道岔始端基本轨接缝处的钢轨绝缘(有轨道电路时);

(3)出站信号机(或调车信号机);

(4)车挡(为尽头式线路时)。

75

根据线路用途及其连接形式,用上述各项因素就可以确定出线路有效长,如图 3-2-11 所示。

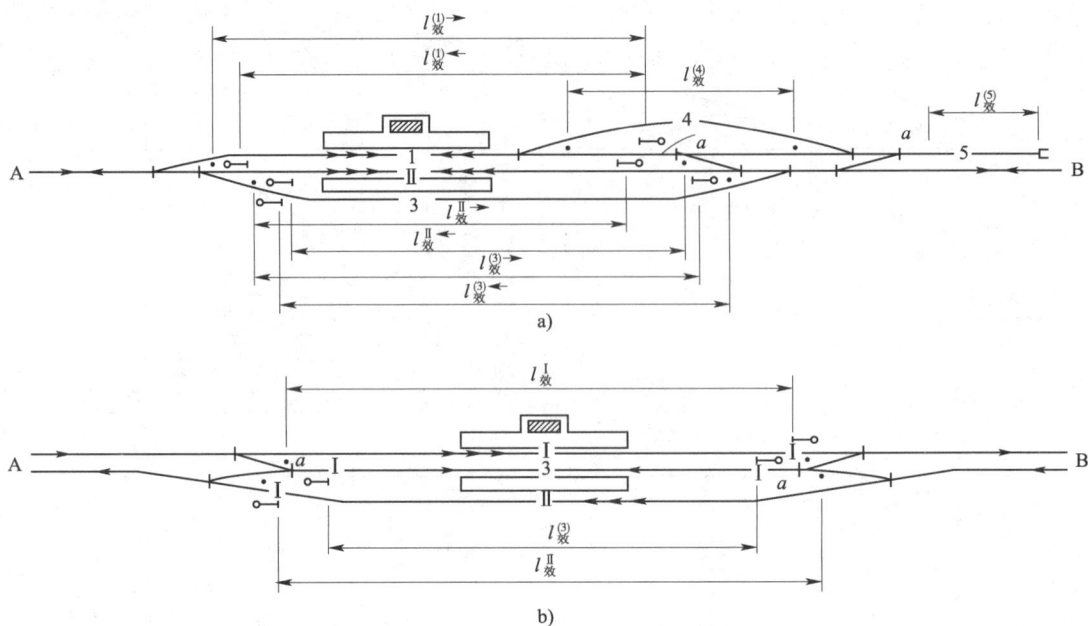

图 3-2-11 线路有效长的确定

线路所需的有效长,主要视其用途及能力而定,到发线有效长主要由列车长度及列车停车时的附加距离组成。

货物列车到发线有效长,应根据规定的列车长度及列车停车时的附加距离等因素确定。

我国铁路采用的货物列车到发线有效长有 1050m、850m、750m 及 650m 等标准选用。开行组合列车为主的铁路可采用大于 1050m 的到发线有效长。

采用哪种有效长应根据运能要求、机车类型、列车长度、限制坡度与相邻各铁路到发线有效长相配合等有关因素确定。

(二)警冲标的位置

警冲标是防止停留在一线上的机车车辆与邻线行驶的机车车辆发生侧面冲撞而设在两条汇合线路线间距离 4m 中间的信号标志,如图 3-2-12 所示。

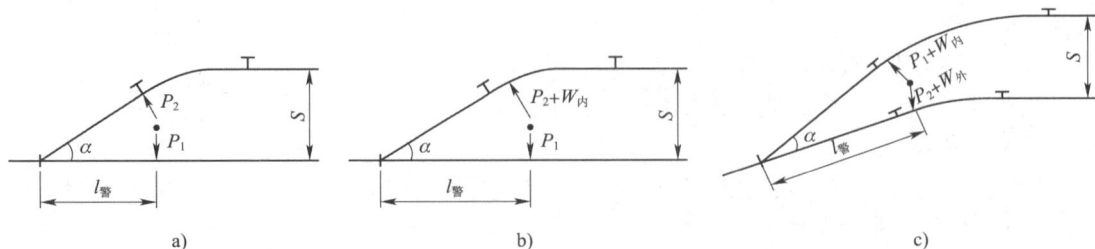

图 3-2-12 警冲标设置位置

当警冲标位于两直线之间时,如图3-2-12a)所示,警冲标与直线的垂直距离为$P_1 = P_2 = 2\text{m}$;当警冲标位于直线与曲线之间时,如图3-2-12b)所示,警冲标与直线的垂直距离仍为$P_1 = 2\text{m}$,与曲线的距离为$P_2 + W_内$($W_内$为曲线内侧加宽量);道岔中心至警冲标的水平投影距离与辙叉角、线间距及连接曲线半径等因素有关。当警冲标位于道岔后分歧线路的曲线之间时,要考虑外侧曲线的内加宽和内侧曲线的外加宽,如图3-2-12c)所示。

警冲标至道岔中心的水平投影距离$l_警$可从本书附录表7中查出。

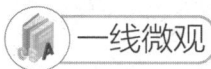

一线微观

遵纪守法,警钟长鸣

警冲标是用来指示机车车辆停车时不准向道岔方向或线路交叉点方向越过,以防止停留在该线上的机车车辆与邻线上的机车车辆发生侧面冲突的标志(图3-2-13)。

若将警冲标赋予社会学意义,它就好比法律法规或道德红线,是不可触碰的。我们立身处世,首先应当怀有一颗敬畏之心。人一旦失去敬畏,往往就会肆无忌惮、妄自尊大、为所欲为。有了敬畏之心,人才会谦虚谨慎、戒骄戒躁,处事才能认真负责、敬业勤勉,干事创业才能克己奉公、为国为民。

触碰职业道德红线,导致断送大好职业生涯,并不是危言耸听。企业中就有员工因为将票款私入囊中而被解约的例子,实在是一步之错酿成苦果。每个人都要清醒严肃地对待职业道德红线这个"警冲标",永远不要怀有投机心理而去试图触碰。

图3-2-13 警冲标

(三)出站信号机的位置

在车站内正线、到发线列车运行方向的左侧应装设出站信号机,它的位置除满足限界要求外,还决定于信号机处道岔的方向(顺向或逆向)、信号机类型和有无轨道电路等。

1.出站信号机柱中心与两侧线路中心的最小距离

(1)高柱色灯信号机

我国采用的高柱色灯信号机的基本宽度有380mm和410mm两种。若信号机相邻线路通行超限货物列车,直线建筑接近限界为2440mm,图3-2-14中的P_1值为$2440 + 190 = 2630(\text{mm})$[或$2440 + 205 = 2645(\text{mm})$]。

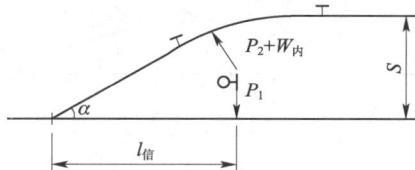

若信号机相邻线路不通行超限货物列车,直线建筑接近限界为2150mm,图3-2-13中的P_1值为$2150 + 190 = 2340(\text{mm})$[或$2150 + 205 = 2355(\text{mm})$]。

图3-2-14 出站信号机设置位置

(2)矮型色灯信号机

透镜式矮型一机构色灯信号机中心至相邻线路中心的距离为2029mm;矮型双机构色灯

信号机基础中心至相邻线路中心线的距离为2199mm。

2. 出站信号机与道岔中心或道岔尖轨始端(或道岔始端基本轨接缝)的距离

(1)当车站未装设轨道电路时

出站信号机后方为逆向道岔,可将信号机设在道岔尖轨始端,如图3-2-15a)所示。

出站信号机后方为顺向道岔,信号机应设在警冲标内方适当地点,如图3-2-15b)所示。信号机至道岔中心的距离$l_{信}$可从本书附录表8、附录表9中查出。

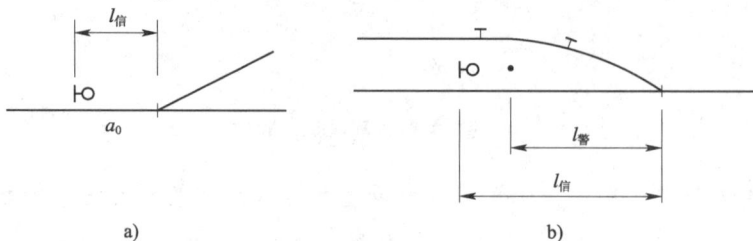

图3-2-15　出站信号机的位置(无轨道电路)

(2)当车站装设轨道电路时

出站信号机后方为逆向道岔时,可将信号机设在道岔始端基本轨接缝处,如图3-2-16a)所示。

出站信号机后方为顺向道岔时,信号机仍应设在警冲标内方适合地点,如图3-2-16b)所示。信号机距离道岔中心的距离$l_{信}$可从本书附录表10~附录表12中查出。

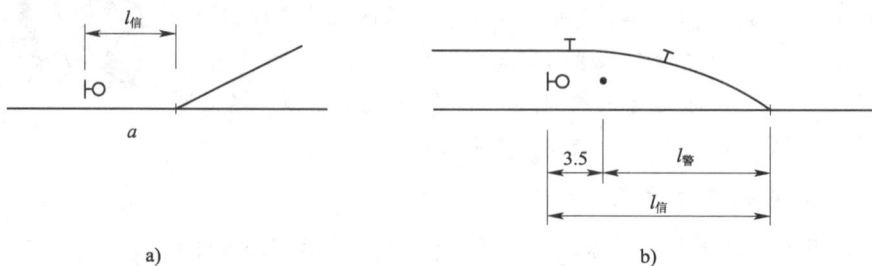

图3-2-16　出站信号机的位置(有轨道电路,尺寸单位:m)

有轨道电路时,还需要考虑出站信号机、钢轨绝缘与警冲标安设位置的相互关系。

(1)钢轨绝缘原则上应设在出站信号机同一坐标处的钢轨接缝处,但为了避免串轨、换轨或锯轨,允许钢轨绝缘设在出站信号机前1m或后方6.5m的范围内,如图3-2-17b)、c)所示。

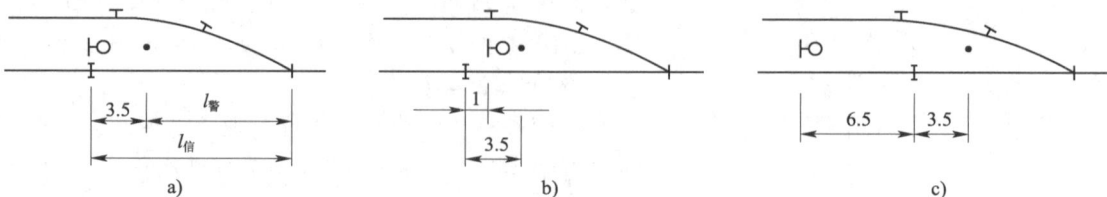

图3-2-17　信号机与钢轨绝缘位置关系(尺寸单位:m)

(2)警冲标与钢轨绝缘的距离一般为3.5m,这样可以保证车轮停在该钢轨绝缘内方时,车钩不致越过警冲标。

在确定出站信号机、钢轨绝缘和警冲标位置时,首先应考虑在不影响到发线有效长的条件下,按现有钢轨接缝处设绝缘,同时考虑信号机的安装设置,然后将警冲标移设至距钢轨绝缘3.5m处。如现有的刚轨接缝安装绝缘不能保证到发线有效长或不宜设置信号机,应以短轨拼凑等办法安装绝缘,以满足各方面的要求。

(四)车站线路实际有效长的推算

确定车站线路有效长时,通常是采用坐标计算法。即首先应以车站平面图正线上的最外方道岔中心为坐标原点,计算出各线路有效长控制点的坐标,然后利用有效长推算表推算出各线路的实际有效长。

1. 坐标计算
(1)线路及道岔编号;
(2)确定各线路间距;
(3)确定各道岔的辙叉号数及两相邻道岔中心间的距离;
(4)确定各连接曲线要素(R、α、T、L);
(5)确定$l_{警}$、$l_{信}$;
(6)确定各线路有效长控制点;
(7)计算坐标:包括道岔中心、连接曲线的角顶、警冲标、出站信号机、车挡等的坐标。

2. 推算各线路实际有效长
利用有效长推算表推算出各线路的实际有效长。

现举例说明如下:

【例3-2-1】已知:如图3-2-18所示,客货共线中间站 A 共有4条线路,正线直向通过速度≤120km/h,采用混凝土岔枕。Ⅱ道正线兼到发线通行超限货物列车,1、3道为到发线,安全线有效长50m,中间站台宽4m。出站信号机采用基本宽度为380mm的高柱色灯信号机,设有轨道电路,到发线采用双进路。

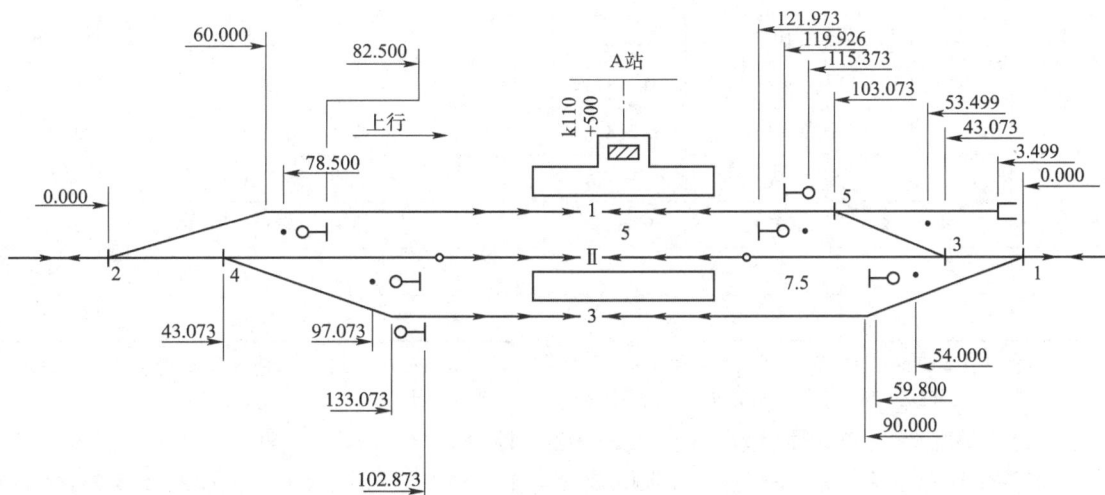

图3-2-18 A站示意图

要求:
(1)标出各道岔中心、连接曲线的角顶、警冲标及信号机的坐标;

(2)确定各到发线的实际有效长,其中最短的一条线路的有效长按标准有效长850m设计。

解:计算过程如下:

(1)计算各有关点的坐标

①线路及道岔编号,如图3-2-18所示。

②确定各线路间距。对于正线与3道之间的距离,可以通过简单的计算求出,站台边缘到相邻两线之间的最小距离为1750mm,再加上站台的宽度4000mm,共7500mm,其他线路之间的间距都可以从表3-1-2中直接查出来,全部为5000mm。

③确定各道岔的辙叉号及相邻两岔心间的距离。道岔辙叉号可根据道岔辙叉号数的选用规定进行确定,可以看出该站的所有道岔的辙叉号都采用12号。相邻两岔心间的距离可查本书附录表4确定。

④确定各连接曲线半径。根据连接曲线半径不应小于连接道岔的导曲线半径的要求,A站内各股道的连接曲线半径均采用400m。

⑤推算各点坐标。以车站两端正线上的最外方道岔中心为原点,由外向内按表3-2-5的格式逐一推算各道岔中心、连接曲线的角顶、警冲标及出站信号机的 X 坐标。Y 坐标一般不计算。计算过程中,有关数据可以从本书附录表或设计手册中查出。线路数目不多时,可将计算结果标在布置图上;线路数目多且构造复杂时,因坐标点太多,应另列坐标计算表。

坐标计算表   表3-2-5

基点	计算说明	坐标	基点	计算说明	坐标
2	原点	0.00	1	原点	0.00
4	查本书附录表4	43.073	3	查本书附录表4	43.073
Δ_2	$NS = 12 \times 5$	60	5	基点3 + NS(NS = 60)	103.073
Δ_4	基点 + NS(NS = 12 × 7.5)	133.073	Δ_1	NS = 12 × 7.5	90
X_1	查本书附录表10	82.5	S_1	a_5 + 基点5	119.926
X_{II}	基点4 + 查本书附录表10	102.873	S_{II}	基点3 + 查本书附录表10	121.973
X_3	基点4 + 查本书附录表10	102.873	S_3	查本书附录表10	59.8
②	查本书附录表10	78.5	①	查本书附录表10	54.0
④	基点4 查本书附录表10	97.073	③	基点3 + 查本书附录表10	115.373
			⑤	基点5 - $L_警$($L_警$ = 49.574)	53.499
			⊣[	L⑤ - 50	3.499

注:1、2、3、4、5表示各道岔岔心;①代表1号道岔的警冲标的位置;Δ_1 表示1号道岔连接曲线角顶;S_1 表示1道上行方向出站信号机;X_1 表示1道下行方向出站信号机;⊣[代表尽头线车挡。

(2)推算各条线路实际有效长(可按表3-2-6计算)

将各条线路的有效长控制点(信号机及警冲标)的 X 坐标填入表3-2-6的3、4栏内,这两项数字相加得第5栏。第5栏中数字最大者就是有效长最短的线路(即控制有效长)。其有效长按规定的标准有效长度850m设计。其他各条线路的实际有效长根据与该线路的有效长的差额确定,见表3-2-6。

各线路有效长推算表（单位：m）　　　　　　　　　表3-2-6

线路编号	运行方向	有效长控制点 X 坐标		共　　计	各线路有效长之差	各线路有效长
		左端	右端			
1	2	3	4	5	6	7
1	上行方向	78.5	119.926	198.426	20.520	870
	下行方向	82.5	119.926	202.426	16.520	866
Ⅱ	上行方向	97.073	121.973	219.046	0	850
	下行方向	102.873	115.373	218.246	0.8	850
3	上行方向	97.073	59.8	156.873	62.173	912
	下行方向	102.873	54.0	156.873	62.173	912

根据推算出的各点坐标，又可以很容易地绘出该站平面图比例尺图。

技能训练

【训练任务】推算车站线路实际有效长。完成训练任务3-2。

如图3-2-19所示，客货共线某中间站共有四条线路，正线直向通过速度≤120km/h，采用木岔枕。Ⅱ道正线兼到发线通行超限货物列车，1、3道为到发线，4道为安全线，其有效长为50m，中间站台的长、宽、高尺寸为400m×6m×0.3m。出站信号机采用基本宽度为380mm的高柱色灯信号机，设有轨道电路。

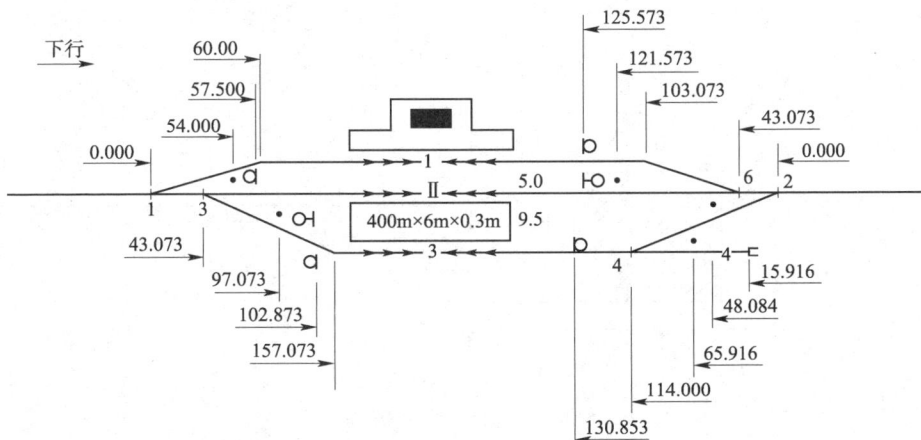

图3-2-19　车站示意图

要求：

(1)标出各道岔中心、连接曲线的角顶、警冲标及信号机的坐标；

(2)确定各到发线的实际有效长，其中最短的一条线路的有效长按标准有效长850m设计。

【操作步骤】

第一步：确定车站各线路间距。

第二步：确定各道岔的辙叉号及相邻两道岔中心间距离。

第三步:确定各连接曲线半径。

第四步:计算各控制点坐标。

第五步:推算各条线路实际有效长。

拓展知识

线路连接的特殊形式

当线路间距较大且需进行连接时,为缩短连接长度,减少占地长度,可采用特殊方式进行连接,如缩短式线路终端连接、缩短渡线等。

(1)缩短式线路终端连接

当两平行线路的线间距很大时,若采用普通线路终端连接,则全部连接长度就很长。为了缩短全部连接长度,可将道岔岔线向外转一个角(φ),形成缩短式的线路终端连接,如图3-2-20所示。这种线路连接方式需加铺一段附加曲线,并在道岔终点与附加曲线起点间设置直线段(g),在反向曲线间设置直线段(d)。

(2)缩短渡线

当两条平行线路间间距较大时,为缩短连接长度,可采用缩短式渡线,如图3-2-21所示。

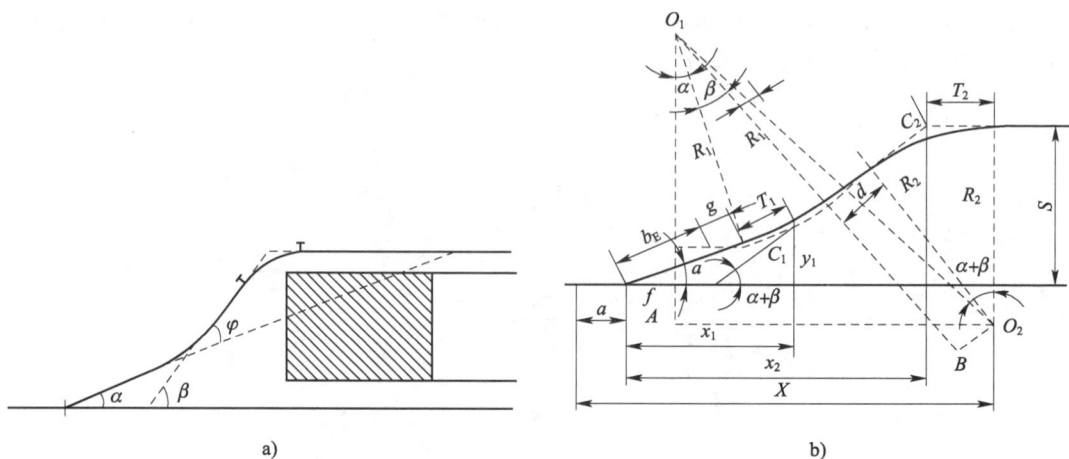

图3-2-20 缩短式线路终端连接

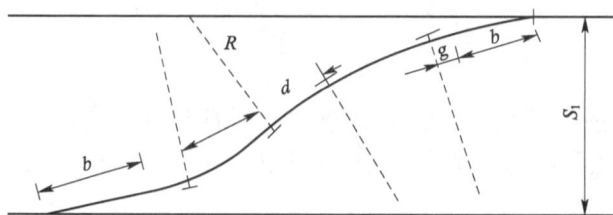

图3-2-21 缩短渡线

缩短式渡线由两副单开道岔、反向曲线、曲线间直线段d及道岔终端与曲线间的直线段g组成。

复习思考

一、选择题

1. 用于侧向接发停车旅客列车的单开道岔,其辙叉号码不得小于(   )号。
　　A. 6　　　　　　　　B. 7　　　　　　　　C. 9　　　　　　　　D. 12

2. 到发线上相邻两道岔顺向布置在基线异侧,两道岔间插入直线段的最小长度采用(   )m。
　　A. 12.5　　　　　　B. 6.25　　　　　　C. 4.5　　　　　　　D. 0

3. 线路终端连接由一副道岔、道岔后直线段及(   )三部分组成。
　　A. 导曲线　　　　　B. 连接曲线　　　　C. 缩短梯线　　　　D. 单渡线

4. 为了使机车车辆能从一条线路进入另一条线路,应设置(   )。
　　A. 线路终端连接　　B. 渡线　　　　　　C. 梯线　　　　　　D. 反向曲线

5. 在基线两侧顺向布置的两个单开道岔,这种布置形式称为(   )。
　　A. 异侧对向　　　　B. 异侧顺向　　　　C. 异侧背向　　　　D. 同侧顺向

二、填空题

1. 两相邻道岔常见的配列形式主要有异侧对向、同侧对向、异侧顺向、_____、分支顺向和_____。

2. 车站线路连接形式主要有_____、_____、_____及_____连接。

3. 常见的渡线有_____、_____两种。

4. 按道岔位置布置的不同,梯线可分为_____、_____、_____三种。

5. 车站线路长度分为_____、_____两种。

三、简答题

1. 道岔的辙叉号数的选用是如何规定的?

2. 简述直线梯线的优缺点。

3. 何谓线路有效长?确定线路有效长的因素有哪些?

4. 何谓警冲标?警冲标的设置位置如何确定?

5. 如何推算车站线路有效长?

项目4

中间站

项目导入

咸 宁 北 站

　　咸宁北站(图4-0-1)位于湖北省咸宁市,是中国铁路武汉局集团有限公司管辖的客运二等站,是京广高速铁路的一座中间站,站台规模为2台6线,建筑面积9618平方米,目前日停靠车次92趟,几乎达到每25分钟一趟。

　　咸宁北站作为咸宁境内的重要一站,对咸宁市民的出行和咸宁经济的发展起到了重要作用;该站的开通不仅大大方便了市民出行,而且为咸宁带来了数以万计的游客。

图4-0-1　咸宁北站

项目描述

　　中间站的规模较小,但数量较多,分布在各条铁路沿线,对发展工农业生产、沟通城乡交流和物资运输发挥着重要作用。本项目对会让站、越行站和中间站的办理业务、设备布置和布置图型展开介绍。

学习目标

　　1.知识目标

　　(1)熟悉会让站、越行站的作业、设备及布置图型;

(2)了解中间站的任务及主要作业;

(3)熟悉中间站的布置图型;

(4)掌握中间站的设备种类及其位置;

(5)了解中间站改(扩)见的常见情形。

2.技能目标

(1)能够分析中间站各类布置图型的优缺点;

(2)能够绘制中间站平面示意图。

3.素质目标

(1)具备爱岗敬业、诚实守信、精益求精、服务奉献精神;

(2)树立职业意识,具备工匠精神、吃苦精神和奉献精神;

(3)具备"安全高于一切,责任重于泰山,服从统一指挥"的职业操守。

知识树

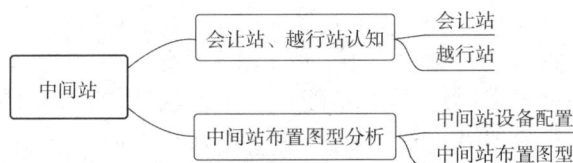

任务 4.1 会让站、越行站认知

知识要点

车站的定义与分类,会让站、越行站的作业和设备,会让站、越行站布置图。

重点掌握

会让站、越行站布置图分析。

基础知识

车站是铁路线路上设有配线的分界点。它是铁路运输的基层生产单位,参与旅客、货物运输过程的主要作业环节,是办理列车到发、会让、越行、解编及客货运业务的场所。

按照车站所担负的任务量,以及它在国家政治、经济方面的地位来划分,车站可分为特等站、一等站、二等站、三等站、四等站、五等站共六个等级。按车站技术作业的不同来划分,可分为编组站、区段站和中间站。编组站和区段站又统称为技术站。按业务性质来划分,可分为客运站、货运站和客货运站。

会让站、越行站和中间站是为了提高铁路区段通过能力,保证行车安全,并为沿线城乡及工农业生产服务而设的车站。其主要任务是调整列车运行,办理列车的通过、会让、越行及一些客、货运业务。

会让:先到的列车在本站停车,等待反方向的列车到达或通过本站,两列车互相交会,称

为列车会让。

越行:先到的列车在本站停车,等待后一列同方向的列车通过本站或到达本站停车后先开,称为列车越行。

一、会让站

(一)会让站的作业和设备

会让站设置在单线铁路上,主要办理列车的到发、会车、让车,有的车站也办理少量的客、货运业务。

会让站的主要设备有到发线、通信信号设备、旅客乘降设备及办公房屋等。

(二)会让站布置图型

会让站布置图按其到发线的相互位置分为横列式会让站和纵列式会让站两类。

1. 横列式会让站

横列式会让站的特点是站坪长度短,工程费用小;车站值班员便于瞭望两端咽喉,有利于管理;到发线使用灵活,站场布置紧凑等。因此,一般情况下,会让站应采取横列式布置。

为了满足三交会的需要,一般会让站应设两条到发线。当列车对数较少(一般平行运行图不超过 12 对,远期也无发展)时,仅为提高通过能力办理列车会让的车站,可仅设一条到发线,但连续布置一条到发线的会让站不应超过两个。

横列式会让站只设一条到发线,则到发线一般设在站房对侧,如图 4-1-1 所示。其优点是便于利用正线接发通过列车,车站值班员可以不跨越线路,也不被停留在到发线上的其他列车隔开,在基本站台上就可办理正线列车通过作业;经由正线接发的旅客列车可停靠基本站台而不经过侧向道岔,列车运行平稳,旅客比较舒适。缺点是旅客列车办理作业时影响正线的通过,并且不利于远期发展。因此,当旅客列车较多,且有交会通过列车及近期有铺设第二条到发线的可能时,宜将到发线设在站房同侧,以保证旅客列车停靠基本站台,便于旅客进出站,且不影响正线接发通过列车,还可避免铺设第二正线时拆迁站台的问题。

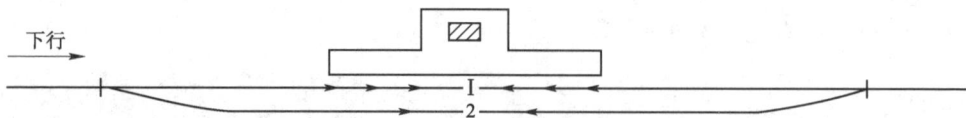

图 4-1-1 一条到发线的横列式会让站

横列式会让站设两条到发线时,两条到发线应分设在正线两侧,如图 4-1-2 所示。其优点是正线顺直,接发通过列车方便;便于组织三交会;上、下行旅客列车都可停靠基本站台,并且不影响正线的通过作业;该图较之两条到发线设于同一侧时站坪长度短,土石方工程小,在单线发展为双线时,拆迁工程也较少。

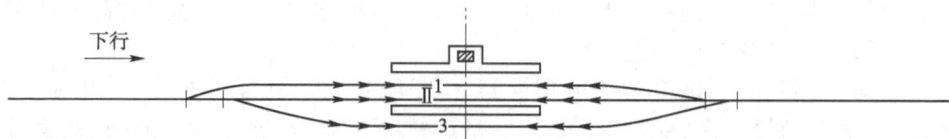

图 4-1-2 两条到发线的横列式会让站

会让站一般不设中间站台。若旅客乘降较多且远期有发展,可设中间站台,其位置应设在旅客站房对侧到发线与正线之间。这样布置的优点是站台使用率高,除正线停靠旅客列车外还可供另一条到发线停靠零摘列车进行装卸之用,工务维修抽换轨枕方便等。

2.纵列式会让站

纵列式会让站是将两条到发线纵向排列,并向逆行车方向错移一个货物列车到发线的有效长度,如图 4-1-3 所示。因此,纵列式会让站站坪长、工程费用大,且增加了中部咽喉,车站定员多,运营管理不方便;车站值班员瞭望信号确认进路不方便,车长与值班员联系工作走行距离长;列车在站会车不灵活,特别是在三交会的情况下,有可能造成客车不能停靠基本站台,先到的列车不能先开,应通过的列车不能通过等情况出现,增加列车的停靠时间。因此,这种布置图型利少弊多,一般只在山区地形陡峻狭窄或需组织不停车会让时才采用。

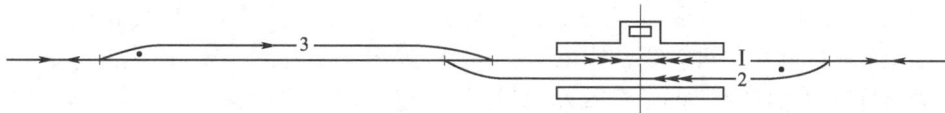

图 4-1-3 纵列式会让站布置图

二、越行站

(一)越行站的作业和设备

越行站设置在双线铁路上,主要办理同向列车的越行,必要时办理反方向列车的转线,也办理少量的客、货运业务。

越行站的主要设备有到发线、通信信号设备、旅客乘降设备及办公房屋等。

(二)越行站布置图型

越行站一般采用横列式布置,如图 4-1-4 所示。其主要优点是站坪长度短,工程费用小;车站值班员对两端咽喉有较好的瞭望条件,便于管理;无中部咽喉,可减少定员;到发线使用灵活,站场布置紧凑等。

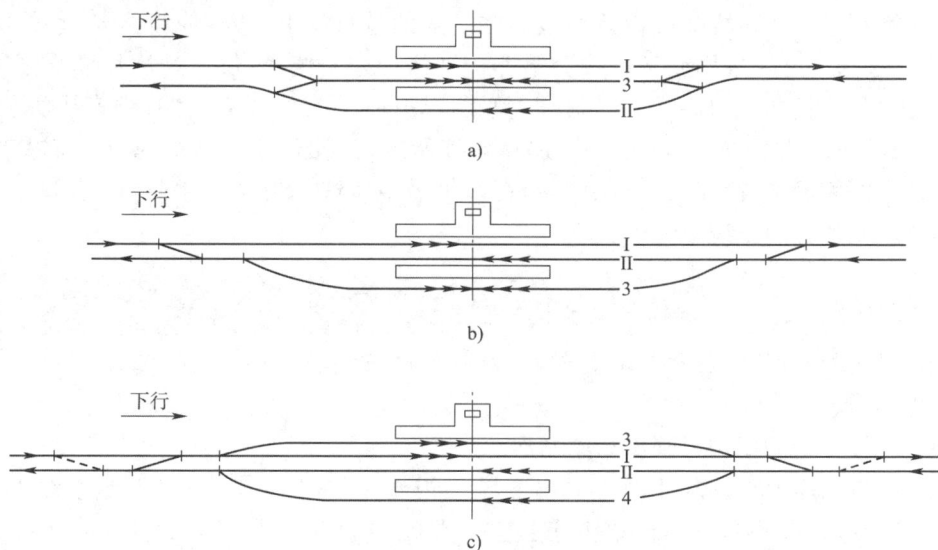

图 4-1-4 横列式越行站布置图

越行站一般应设两条到发线,以便双方向列车都有同时待避的机会。若上、下行无同时待避列车,地方客、货运量极少,或地形困难以及其他条件限制的个别越行站,也可设一条到发线。

横列式越行站仅设一条到发线,到发线一般应设于两正线中间,如图 4-1-4a)所示。其优点是上、下行停站旅客列车一般接入正线,列车运行平稳,旅客舒适,且不需搬动道岔,有利于行车安全;车站值班员接发下行通过列车时,办理作业方便,且不会被待避列车阻挡;任何一方待避列车接入到发线时,均不与正线的列车干扰,而且接发列车灵活,使用效率高,并可推迟第二条到发线的铺设期限。缺点是两正线变换线间距时,上行正线在站内需设反向曲线,瞭望不便,可能影响列车运行速度。如中间到发线采用单式对称道岔连接,则养护维修不便。

若采用到发线布置在两正线一侧(站房对侧),如图 4-1-4b)所示,则不需要变更正线的间距,但存在下行方向待避列车的到、发,必然与上行方向列车的发、到产生交叉干扰,降低区间通过能力,危及行车安全。该种布置图缺点显著,一般不采用。

横列式越行站设两条到发线时,两条到发线一般设于正线两侧,如图 4-1-4c)所示。该图具有的优点是正线顺直,接发通过列车方便;上、下行旅客列车作业或有待避列车时,不影响正线的列车通过;便于远期发展等。若两到发线布置在正线同一侧,则一个方向待避列车在到发线接、发时,存在着与另一个方向发、接交叉,不仅影响行车安全,而且还会降低区间通过能力。因此,新建或改建越行站时,宜采用两到发线设于正线两侧的布置图。

为保证上、下行旅客列车分别停靠站台,应设中间站台。越行站的中间站台一般应设在站房对侧的正线和到发线之间。这种布置形式的优点是旅客在中间站台上候车安全,列车待避条件好,正线顺直,中间站台加宽时改、扩建工程少等。只有在改建困难时,为充分利用既有设备,个别车站亦可采用中间站台设在两正线间或到发线外侧的布置形式。

在越行站上,为满足转线和反方向接发列车的需要,或因区间线路施工、线路临时发生故障及其他情况下采取运行调整措施,必须使一条线路上运行的列车转入另一条线路上运行,车站两端咽喉区的正线间应设置渡线。在一般的越行站上,两端应设两条渡线,渡线布置形式以八字形为好。采用交叉渡线会给养护维修带来不便,故仅在站坪长度受限制时采用。运输不繁忙时,每端可各设一条渡线,渡线应朝向站房,如图 4-1-4c)中实线所示,并且预留铺设第二条渡线的位置,如图 4-1-4c)中虚线所示。其优点是可增加客车停靠基本站台的机会;站房同侧发展货场时,上行摘挂列车车组经由渡线向货场取送时,占用出发方向正线,而不占用到达方向正线。

技能训练

【训练任务】画出双线横列式越行站布置图(设两条到发线)。完成训练任务 4-1。

【操作步骤】

第一步:按一定的比例尺画出车站站房。

第二步:以站房中心线为对称轴,画出下行正线Ⅰ道,在Ⅰ道与站房之间布置到发线 3 道。

第三步:在Ⅰ道外侧画出上行正线Ⅱ道,Ⅱ道外侧画出中间站台(注意与站房位置相对一致)。

第四步:中间站台外侧布置到发线 4 道,最后布置渡线,标记道岔。

复习思考

一、填空题

1. 铁路线路上设有配线的分界点称为_____。

2. 在铁路区段内,仅为满足区间通过能力需要而设的有配线的分界点,在单线铁路上称为_____。

3. 在铁路区段内,仅为满足区间通过能力需要而设的有配线的分界点,在双线铁路上称为_____。

4. 会让站按其到发线的相互位置分为_____和_____两类。

5. 越行站的布置图型一般采用_____布置。

二、判断题

1. 一般情况下,会让站、越行站的布置图型可分为横列式和纵列式两种。 （ ）

2. 会让站一般不设中间站台。 （ ）

3. 纵列式会让站是将两到发线纵向排列,并逆运转方向错移一个货物列车到发线的有效长度,这种布置图不利于组织列车不停车会车。 （ ）

4. 越行站的布置图型也可分为横列式和纵列式两种,但因横列式布置图型利少弊多,一般应采用纵列式布置。 （ ）

5. 横列式越行站仅设一条到发线时,到发线一般应设于两正线中间。 （ ）

三、简答题

1. 何谓会让站？其到发线数量一般设几条？如何布置？

2. 何谓越行站？其到发线数量一般设几条？如何布置？

3. 会让站、越行站分别办理哪些作业？

4. 越行站的主要设备有哪些？

5. 越行站的渡线设置有哪些要求？

任务 4.2 中间站布置图型分析

知识要点

中间站的主要作业,中间站设备配置,中间站布置图型。

重点掌握

中间站布置图型分析。

基础知识

在铁路区段内,为满足区间通过能力及客、货运业务需要而设有配线的分界点称为中间站。

中间站办理的主要作业有:

(1)列车的通过、会让、越行,在双线铁路上还办理调整反方向运行列车的转线作业;

(2)旅客乘降和行李、包裹的收发与保管；

(3)货物的承运、装卸、保管与交付；

(4)摘挂列车向货场甩挂车辆的调车作业。

有的中间站,如有工业企业接轨或加力牵引起、终点以及机车折返站,还需办理工业企业线的取送车,补机的摘挂、待班和机车整备、转向等业务。

另外,在客货运量较大的个别中间站,还有始发终到旅客列车及编组始发货物列车的作业。

为完成上述作业,中间站应设有以下主要设备：

(1)列车到发线和货物装卸线,必要时还应设有调车用的牵出线和安全线；

(2)为旅客服务的站房、站台、站台间的跨越设备(天桥、地道或平过道)和雨棚等；

(3)为货运服务的货物堆放场、货物站台、仓库、雨棚、装卸设备及货运办公房屋等；

(4)信号设备和通信设备；

(5)个别车站为机车整备、转向、给水作业而设置的有关设备等；

(6)必要时还设有存车线和调车线。

根据中间站性质、作业以及在路网中的位置和作用不同,中间站设备的数量、要求也各不相同。

一、中间站设备配置

(一)车站线路

1. 到发线

(1)到发线数量

中间站的到发线数量不仅与列车对数有关,而且与车站性质和本站作业量有关系。

单线铁路中间站应设两条到发线,主要是使车站有三交会的条件,对提高车站作业效率和加速车辆周转是必要的。

双线铁路中间站也应设两条到发线使双方向列车有同时待避机会。作业量大时可设3条到发线。

此外,下列中间站的到发线数量还应根据车站性质及作业需要适当增加：

①枢纽前方站、铁路局局界站。此车站是调度区的分界处,列车易产生不均衡到达的情况。为便于调整列车运行秩序,协调好两调度区的工作,可在枢纽前方站和局界站上,于进入枢纽或进入邻局方向的一侧增设到发线。

②补机牵引的始、终点站和长大下坡的列车技术检查站。由于列车需进行摘挂补机和晾闸及自动制动机试验等技术作业,停站时间较长,交会机会较多,可适当增加到发线。

③机车乘务员换乘站。由于乘务组要进行交接班,每列换乘的列车要停站15min左右,列车交会因此增多,需增设到发线。

④有两个方向以上的线路引入或有岔线接轨并有大量本站作业的中间站。由于各方向列车交会的需要,作业复杂,停留车辆多,线路占用时间长,应根据作业量及作业性质增设到发线数,必要时也可增设调车线或存车线。

⑤当机车交路采用长交路时,在有摘挂列车需进行整编作业的中间站。应根据整编作

业量的大小增加到发线和调车线。

⑥办理机车折返作业的中间站。由于列车占用到发线时间较长,机车出入折返所需占用到发线,到发线数量应根据实际需要确定。

当车站同时具备上述两项及以上的作业时,其线路数量应根据作业情况综合考虑,不宜逐项增加。

(2)站内正线及到发线技术条件

新建中间站为了有良好的作业条件,站坪宜设在平道、直线的宽阔地带。车站必须设在曲线上时,不得设在反向曲线上,其曲线半径不得小于该区段的最小曲线半径,且不得小于表 3-2-4 中规定的数值。由于地形限制必须设在坡道上时,其坡度不应超过 1‰,保证列车起动和制动的安全。

(3)到发线进路

到发线可以设计为单进路或双进路。单进路是指到发线只固定一个运行方向(上行或下行)使用;双进路是指到发线可供上、下行方向使用。

单线铁路车站的到发线应按双进路设计,可增加线路使用灵活性。

双线铁路车站的到发线原则上应按上、下行分别设计为单进路,以保证行车安全。但有时为增加车站在调整列车运行上的灵活性以及方便摘挂列车作业,个别到发线也可按双进路设计。通常按以下情况考虑:

①只有一条到发线时应按双进路设计。

②设有三条到发线的中间站,在有两条到发线的一侧应有一条到发线设计为双进路。

③两正线间有一条到发线的中间站,该到发线应按双进路设计。

(4)超限货物列车通行线

站内正线需保证能通行超限货物列车。此外,在区段内应选定 3 ~ 5 个中间站能满足超限货物列车会让与越行的要求。这些车站除正线外,单线铁路应有一条到发线,双线铁路上、下行应各有一条到发线能通行超限货物列车。一般选择邻靠中间站台或车站最外侧到发线按通行超限货物列车设计,如图 4-2-1 所示。

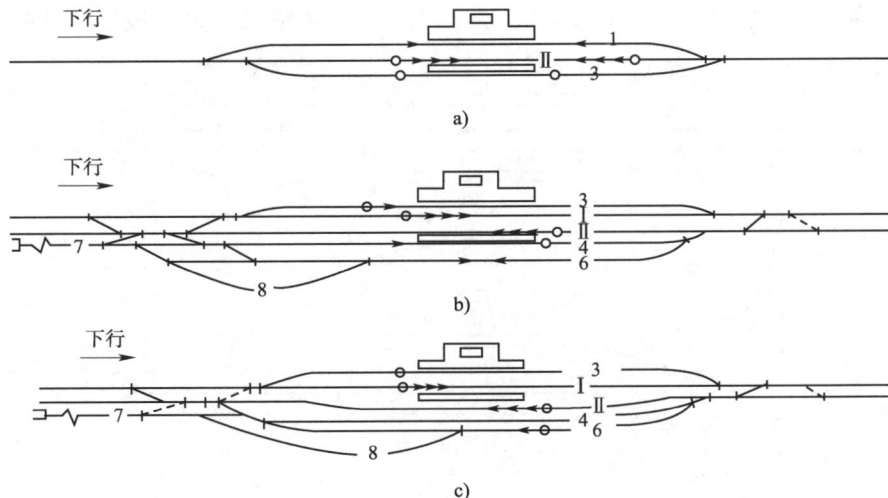

图 4-2-1 超限货物列车到发线布置图

2. 牵出线

为方便摘挂列车的调车作业,必要时可根据具体情况铺设牵出线。中间站是否设置牵出线,应根据衔接区间正线数、行车密度大小、车站调车作业量、货场设置位置等确定。

单线铁路中间站,平行运行图列车对数在 24 对以上且车站调车作业量较大而又无工业企业线可利用,或行车量虽低于该对数但车站到发货运量在 20 万 t 以上或日均装卸车 15 辆左右,且货物品种复杂,一般设置牵出线。

双线铁路中间站应设置牵出线。

单线铁路中间站当路段设计行车速度大于 120km/h 或平行运行图列车对数在 24 对以上,或调车作业量大时,一般应设置牵出线。

当中间站上有岔线接轨,且符合调车作业条件时,应利用岔线进行调车作业。不设牵出线的单线铁路中间站,可利用正线进行调车作业。

当利用正线或岔线进行调车作业时,为避免调车作业越出站界,可将进站信号机外移,外移距离不应超过 400m。其平面、纵断面及瞭望条件应符合调车作业的要求。在困难条件下,曲线半径不应小于 300m,坡度不应大于 1‰。

牵出线的有效长度应满足调车作业的需要,一般不宜小于该区段运行的货物列车长度的一半。在困难条件下或本站作业量不大时,不应小于 200m。

牵出线与相邻线路中心线间距离为 6.5m,调车作业量不大的车站及牵出线无调车人员上、下车作业的一侧与相邻线路间距可采用 5.0m。

3. 货物线

为了办理货物装卸作业,中间站应铺设货物线。其数目和长度与货物装卸量有关,应根据需要确定。

为便于车站的正常运营组织工作,中间站的货物线一般铺设 1~2 条。其长度除满足平均一次来车的长度外,还应保证货物线两侧有足够的货位。

中间站货物线布置形式有通过式、尽端式两种。

通过式货物线,如图 4-2-2a)中的 5 道。其特点是货物线两端均连接到发线,使上、下行调车作业灵活便捷,可提高摘挂列车调车作业效率和到发线的使用能力,故一般应采用通过式的。

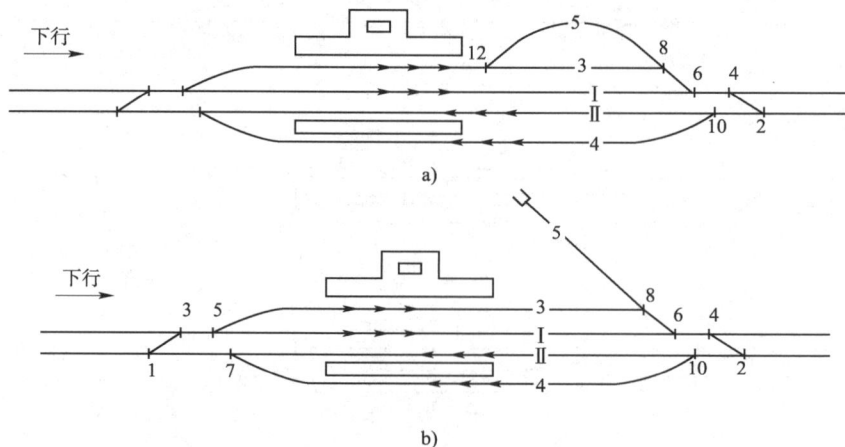

图 4-2-2 货物线布置图

尽端式货物线,如图 4-2-2b)中的 5 道。其特点是一头连通到发线,另一头深入货区,可接近货源,方便搬运,作业较安全且货物线有效长利用率高。因此,在地形困难和有大量牲畜、散装粗杂货物装卸的车站,可采用尽头式货物线。

货物线和到发线的距离,线间无装卸作业时不小于 6.5m,线间有装卸作业时不小于 15m。集装箱、长大笨重货物、散堆装货物装卸线的间距,应根据装卸机械类型、货场的布置、通道的宽度以及相邻线路的作业性质等因素来确定。

4. 安全线

安全线是进路隔开设备之一。设置安全线是为了防止列车或机车车辆进入其他列车或机车车辆进入的线路,以免造成冲突事故。安全线向车挡方向不应采用下坡道,其有效长一般应不短于 50m。

安全线设置条件及设置位置如下:

(1)在区间内铁路线路产生平面交叉时;

(2)各级铁路线、工业企业线、岔线在区间或站内与正线、到发线接轨时,如图 4-2-3 所示。

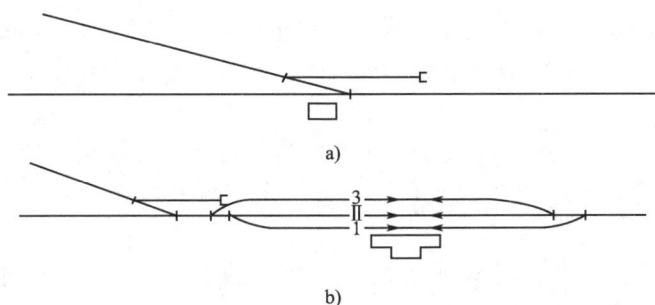

图 4-2-3 安全线位置图

但当工业企业线、岔线与站内正线或到发线接轨时,如在接轨处受地形条件限制或向车站方向为平道或上坡道,也可设置脱轨器代替安全线。如工业企业线、岔线与车站到发线接轨,当站内有平行进路及隔开道岔并有联锁装置时,可不设安全线。

(3)在进站信号机外制动距离内为超过 6‰下坡道时,为满足相对方向同时接车和同方向同时发、接列车的需要,应在车站接车方向的末端设置安全线,如图 4-2-4 所示。

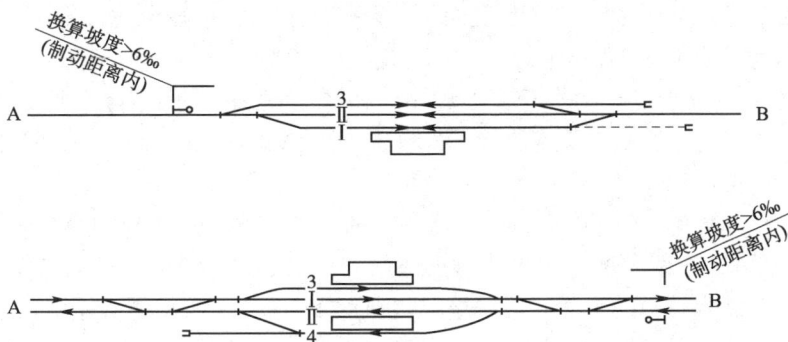

图 4-2-4 单、双线铁路车站进站长大下坡时安全线位置

（4）在办理客运列车与客运列车，客运列车与其他列车同时接车或同时发接列车的车站，接车方向末端应设隔开设备。

设置安全线时，应尽量避免将其尽端设在高填方、桥头或设备及建筑物附近，以防发生机车车辆脱轨时造成更大损失。

（二）客运业务设备

中间站客运设备包括旅客站房、旅客站台、站台间跨越设备及雨棚等。

1. 旅客站房

旅客站房是办理售票、候车和行包邮件承运、交付及保管的地方。中间站的旅客站房可根据车站等级、客流量大小确定其规模。客流量不大的车站，旅客站房一般采用定型设计；客流量大的车站，旅客站房应专门设计。站房位置应结合城镇规划、地形地质情况及站内作业等因素综合考虑，一般设于城镇一侧，使居民能方便来站乘车。站房内部各房屋的建筑及其位置应适合该站的客流量、客流性质和车站管理工作的要求。各房屋的布置应从方便旅客出发，保证旅客进入站房购票、托运行包、走向站台距离最短。

站房边缘距最近线路中心线的距离一般不小于15m。这个宽度能满足旅客上下车和行包邮件运输车辆的掉头及行车人员作业视线的要求。在必要时，也可在其间增加一条线路。

若地形困难，也可采用较小距离，但不得小于7.75m，以保证基本站台的宽度不小于6m。

2. 旅客站台

为了方便旅客上下车及行包装卸，应修建旅客站台。旅客站台按其与站房和车站到发线的相互位置分为基本站台、中间站台两种。靠站房一侧的为基本站台，设在线路中间的为中间站台。

不论在双线铁路还是单线铁路的中间站上，均应设置基本站台，以便旅客乘降和值班员办理接发列车作业。单线铁路中间站在客货运量较大，地县所在地或有客车技术作业的车站上应设置中间站台，以便旅客列车会让，使旅客列车和摘挂列车均可停靠站台。双线铁路中间站因行车是按上、下行分开运行，旅客乘降多，为保证上、下行旅客列车分别停靠站台和值班员接发列车方便，均应设中间站台。

中间站旅客站台的长度应根据旅客列车的长度确定，一般不短于300m，在人烟稀少地区或客流量较小的车站，站台长度可适当缩短。

中间站旅客站台的宽度应根据客流密度、行包运送方式及站台上设置的建筑物等因素确定。基本站台宽度在旅客站房范围以内不应小于6m。中间站台宽度，在不设天桥、地道和雨棚时，单线铁路区段中间站不小于4m，双线铁路区段中间站不小于5m；在设天桥、地道和雨棚时，其宽度取决于建筑物本身宽度和站台边缘至建筑物的距离，一般站台边缘至建筑物边缘在中间站不应小于1.5m，路段设计行车速度为120km/h及以上时，邻靠有通过列车正线一侧应再加宽0.5m。

旅客站台的高度有0.3m、0.5m和1.25m三种。普速铁路中间站的旅客站台一般采用高出轨面0.5m，邻靠正线及通行超限货物列车线路的旅客站台应采用高出轨面0.3m。在高速铁路中间站上，旅客站台的高度一般采用高出轨面1.25m，正线及通行超限货物列车线路旁侧一般不设站台。旅客站台两端斜坡坡度（坡高与坡长比）一般为1:10，便于行包车辆通行。

中间站台的位置，一般设在站房对侧的到发线与正线之间，如图4-2-2所示，具有站台使用率高、旅客乘车方便、摘挂列车在站作业方便等优点。

3. 站台间跨越设备

站台间跨越设备一般有平过道、天桥及地道 3 种。

中间站应设两处平过道,一个设于站台中间,供旅客上下车及行车人员通过,另一个设于靠近行包房一端站台端部,以便行包搬运。平过道的宽度一般不小于 2.5m,若中间平过道仅为行车人员走行,可采用 1.5m。

客运量大的中间站,旅客上下车人数较多,为保证旅客安全和提高线路利用率,应修建天桥或地道,一般优先选用地道。天桥或地道的宽度一般不小于 3m,天桥或地道出口的最外边缘到站台边缘的距离不小于 2.5m。

4. 雨棚

在多雨、多雪、酷热地区和旅客较多的中间站上,必要时可修建雨棚。雨棚的长度一般可采用 200~300m,宽度可与站台宽度相同。

5. 安全标线

为保证旅客在站台候车时的安全,应在站台边缘处标画安全标线,如图 4-2-5 所示。

图 4-2-5 站台安全标线

对普速铁路而言,旅客列车停靠的高站台的安全标线距站台边缘为 1000mm。非高站台安全标线距站台边缘距离为:列车通过速度不大于 120km/h 时,1000mm;列车通过速度 120km/h 以上至 160km/h 时,1500mm;列车通过速度 160km/h 以上至 200km/h 时,2000mm。也可在距站台边缘 1200mm(困难条件下 1000mm)处设置防护设施,如屏蔽门等。

对高速铁路而言,无列车通过或列车通过速度不大于 80km/h 时,安全标线距站台边缘 1000mm。列车通过速度大于 80km/h 时,安全标线距站台边缘 1500mm,必要时在距站台边缘 1200mm 处设置安全防护设施,有通过速度为 200km/h 及以上列车通过的须设置屏蔽门、安全门等防护设施。

(三)货运业务设备

为办理货物的承运、交付、装卸及保管等作业,中间站上应设有相应的货运设备,如货物线、货物站台、仓库、货物堆放场和货运办公房屋等。

1. 货物站台

中间站的货物站台高度一般与车底板高度相同,高出轨面 1.1m,也称为普通货物站台。

货物站台的宽度,有仓库时按仓库的宽度再加两边过道宽;无仓库时,货物露天堆放站台宽度一般不小于12m。站台两端应有1:10的斜坡,以利车辆上、下站台。

货物站台长度按需要计算确定。

2. 货物仓库

中间站上如有怕湿货物的运输,应设置仓库。仓库宽度一般采用9~12m,运量较大时可采用15m。仓库长度应根据所需堆货面积计算决定。

为方便装卸作业,仓库应设于货物站台上,仓库墙壁外侧至站台边缘的宽度,在铁路一

图4-2-6 仓库或雨棚布置剖面示意图(尺寸单位:m)

侧一般不小于3m,在场地一侧不小于2m,为防止货物在装卸时受雨雪湿损,仓库两边屋檐应伸出至站台边缘或线路中心,如图4-2-6所示。

3. 堆货场

有散堆装、长大笨重货物到发线的货场要设堆货场,其面积可根据运量分品种计算确定。

中间站因运货量不大,当采用伸臂式起重机或小跨度的门式起重机时,可采用1~2排货位,人力装卸时采用1排货位。每排货位宽度可采用5m。货堆之间的通道宽度一般为0.5~0.7m,货堆边缘距公路边缘应有0.5m的安全距离。货堆距装卸线钢轨外侧距离:装车时为2m,卸车时为1.5m,有装有卸时为2m。

二、中间站布置图型

在单线或双线铁路上,由于地形或运营条件不同,使中间站的到发线与到发线、到发线与正线的相互位置不同,形成横列式和纵列式两种图型。

横列式中间站布置图的特点是到发线沿正线横向排列。这种布置图具有站坪长度短,工程投资省;设备布置紧凑,便于管理;到发线使用灵活等优点。因此,在中间站上广泛采用此种图型。

(一)单线横列式中间站布置图

图4-2-7所示为单线横列式中间站布置图。

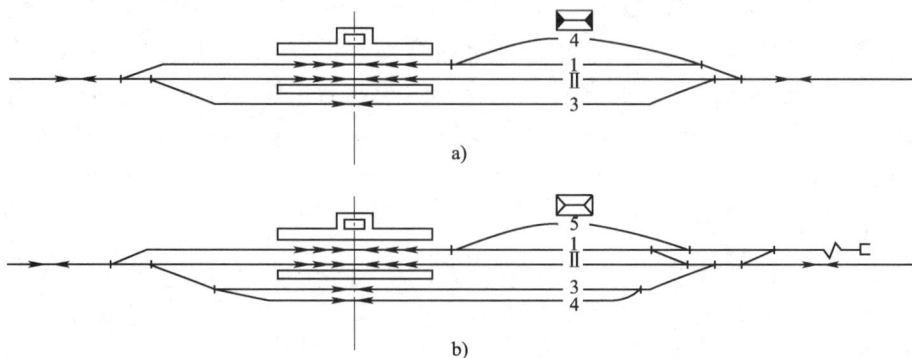

a)

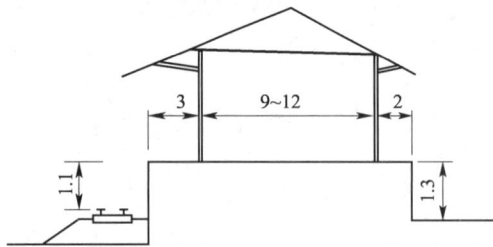

b)

图 4-2-7

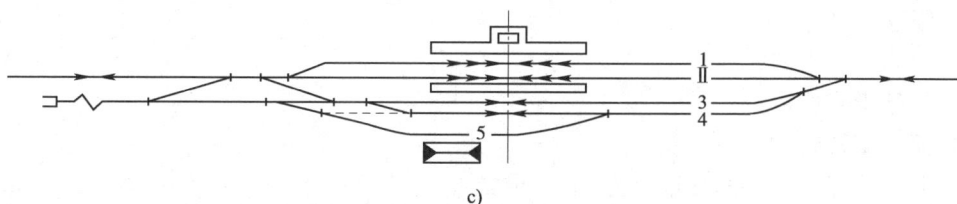

图 4-2-7　单线横列式中间站布置图型

图 4-2-7a)适用于货运量小、摘挂列车作业时间短、正线平纵断面条件适合办理调车作业,且利用正线调车不影响区间通过能力的中间站。采用这种布置图时,还应根据具体情况,预留增加到发线和牵出线等的条件。图 4-2-7b)、c)所示图型到发线较多且设有牵出线,适用于货运量大(如地、县所在地或较大物资集散地),且摘挂列车作业时间较长的中间站。

(二)双线横列式中间站布置图

图 4-2-8 所示为双线横列式中间站布置图。

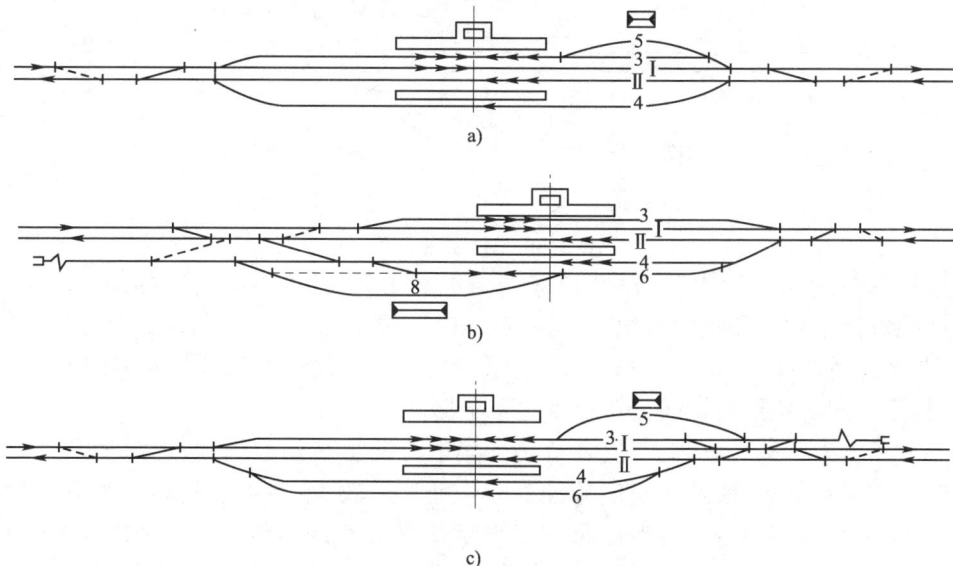

图 4-2-8　双线横列式中间站布置图型

图 4-2-8a)适用于货运量小、摘挂列车作业时间短、正线平纵断面条件适合办理调车作业,且利用正线调车不影响区间通过能力的中间站。采用这种布置图时,还应根据具体情况,预留增加到发线和牵出线等的条件。图 4-2-8b)、c)所示图型到发线较多且设有牵出线,适用于货运量大(如地、县所在地或较大物资集散地),且摘挂列车作业时间较长的中间站。

在双线铁路中间站上,为满足调车作业、列车反方向运行以及双方向接发列车的需要,或因区间线路大修、线路临时发生故障和其他情况下采取运行调整措施,必须使一条线路上运行的列车转入另一条线路上继续运行,车站两端咽喉区的正线间应设两条渡线。

(三)中间站货场布置位置

货场是联系产、运、销的重要环节,是促进工农业生产、为地方服务的重要设施。

货运量较大,有摘挂作业的中间站,为满足货物运输需要应设置货场。其设置位置取决

于下列因素：

  (1)货源货流方向；

  (2)车站未来发展；

  (3)便于车站管理；

  (4)便于摘挂列车调车作业：顺运转方向前端；

  (5)环境、城市规划、地形、地质条件；

  (6)工业企业线、支线接轨。

  一般以站房中心线和正线为坐标轴划分,中间站货场设置有站同左(第Ⅰ象限)、站同右(第Ⅱ象限)、站对右(第Ⅲ象限)、站对左(第Ⅳ象限)4个位置选择,如图4-2-9所示。为便于摘挂列车的调车作业,货场应尽量设在到发线顺运行方向的前端(Ⅰ、Ⅲ象限),如图4-2-7和图4-2-8所示。

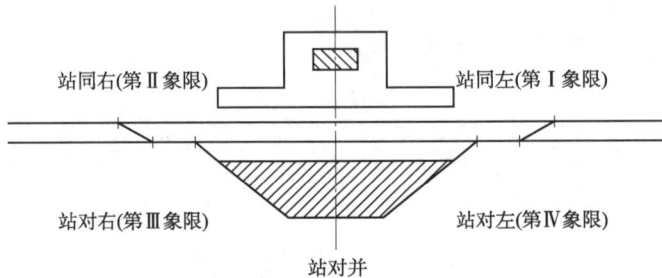

图 4-2-9　货场设置位置

  如果货源多来自站房同侧,货场一般设于站房同侧,如图4-2-7a)、b)和图4-2-8a)、c)所示。这样可方便发货人和收货人搬运货物,搬运距离短,不需跨越铁路,既安全又方便,便于货场管理,车站线路向站房对侧发展也不受限制。但接入站房对侧线路的摘挂列车进行调车作业时,不可避免地要与正线行车产生交叉干扰。

  如果货源多来自站房对侧；或主要货物的集散方向虽在站房同侧,但受地形条件限制,站房同侧不宜设置货场；或站房对侧摘挂列车作业比重较大；或虽然货源多来自站房同侧,但货物种类多为散堆装货物,可考虑将货场设于站房对侧,如图4-2-7c)和图4-2-8b)所示。这种布置可以避免接入站房对侧线路的摘挂列车调车作业与正线行车产生交叉干扰,货场发展又不受城镇限制。但如果货源来自站房同侧,则会增加发货人和收货人的搬运距离,且需跨越铁路,很不方便,需设置跨越铁路线的专门通道。另外,为了不影响车站横向发展,货物线与到发线间距离应预留将来加铺线路的空地。

📖 一线微观

小东站——一点不差,差一点也不行

  小东站(图4-2-10)位于辽宁省锦州市黑山县,建于1937年,是高新线(高台山至新立屯)上的四等站,现属阜新车务段管辖。小东站连续安全生产七十多年,曾获得全国五一劳动奖状等荣誉400多项；从这里涌现出的先进典型,曾受到党和国家领导人的亲切接见。

98

图 4-2-10　小东站

刘国全是小东站第一代扳道员,为了使道岔顺滑,他把道岔的尖轨和滑床板擦得锃亮。在一次会议上,站长岳光亚让刘国全讲一讲保安全的体会,不善言辞的刘国全脸憋得通红,想了半天才说:"我有啥可说的,就是扳道时一压到底,横竖两个拉刀口对准,保证一点不差,差一点也不中呗!"朴实的话语深深打动了大家。大伙儿都说,这就是我们要达到的标准!从那以后,每名小东站人都照着这个标准去做,把设备当成自己的眼睛一样去爱护。小东站的名声逐渐在全国叫响。

"一点不差,差一点也不行"的小东精神来源于第一代小东站人朴实的劳动实践,成型于代代小东站人立足岗位、传承发展的深刻总结,逐渐成为历代小东站人恪守的行为准则和职业追求。以"忠诚、严细、自觉、精业、为先"为基本内涵的小东精神,在一代代铁路人薪火相传的实践中不断丰富发展,已成为中国铁路的一面旗帜。

技能训练

【训练任务】画出双线设货场(站同左)有牵出线中间站布置示意图。完成训练任务4-2。

【操作步骤】

第一步:按一定的比例尺画出车站站房;以站房中心线为对称轴,画出下行正线Ⅰ道,在Ⅰ道与站房之间布置到发线3道。

第二步:在Ⅰ道外侧画出上行正线Ⅱ道,Ⅱ道外侧画出中间站台(注意与站房对齐)。

第三步:中间站台外侧布置到发线4道,4道外侧布置6道。

第四步:在3道站同左一侧布置5道货物线,延长3道布置7道牵出线。

第五步:最后布置渡线,标记道岔、进路。

拓展知识

中间站的改(扩)建

随着国民经济的不断发展,铁路运量也不断增加,加之设备的更新改造和技术管理水平的提高等,都会引起中间站的改、扩建。

中间站的改建或扩建,一般应尽量利用既有设备和建筑物,减少废弃工程。施工时应尽可能较少对车站作业的干扰,保证车站的行车、调车作业及施工的安全。

中间站改(扩)建的几种常见情况如下:

(1)增加线路

①随着行车对数的增加,工业企业线或新线与车站接轨,可能要求增加到发线。加铺到发线应尽可能向站房对侧发展,如图4-2-11所示,以避免拆迁设备或建筑物。

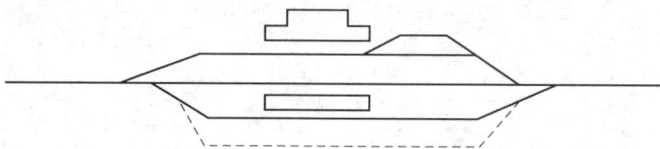

图4-2-11　中间站改(扩)建增铺到发线示意图

②随着车站装卸作业量的增多,可能要求增加货物线。加铺货物线应尽可能在货场同侧增加,如图4-2-12所示。

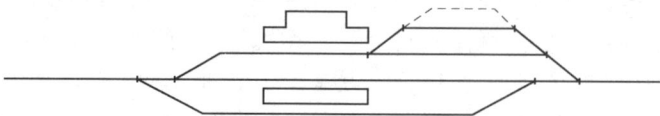

图4-2-12　中间站改(扩)建增铺货物线示意图

③当行车量增长或地方运量增长,利用正线调车对行车干扰严重时,需加铺牵出线,如图4-2-13所示。

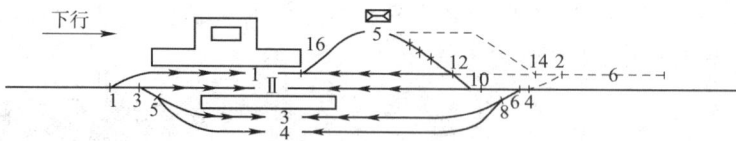

图4-2-13　中间站改(扩)建增铺牵出线示意图

④当行车量增长,单线铁路的通过能力不能满足要求时,需改为双线。第二正线的位置与区间引入位置不矛盾的情况下,应设于站房对侧,如图4-2-14所示。

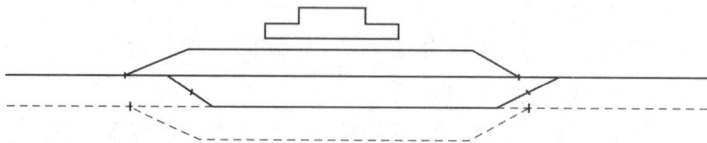

图4-2-14　中间站改(扩)建增铺第二正线示意图

（2）延长线路

当列车重量和长度增加时，就需延长到发线。延长到发线时应考虑以下几点：

①为不使车站两端相邻区间的长度相差悬殊，应尽量向运转时分较长的区间一端延长，如图4-2-15所示。

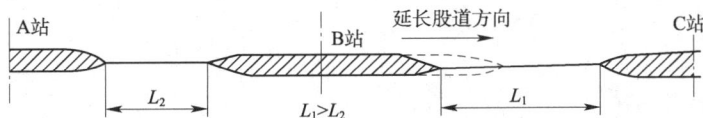

图4-2-15　中间站延长线路示意图

②为避免两端咽喉都被拆动，减少拆动道岔组数和减少工程量及对行车的干扰，应尽量向车站咽喉的一端延长，如图4-2-16所示。

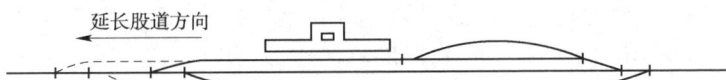

图4-2-16　中间站延长线路示意图

③应注意车站两端进站线路平、纵断面的技术条件及有无大型桥隧等建筑物。应尽量向进站线路比较平直且没有桥隧等大型建筑物的一端延长线路，以减少改建工程量。如果需要向站外有大半径曲线的进站一端延长线路，可以将原有曲线半径在允许范围内减小。

（3）改变纵断面

中间站由于区间纵断面的改造或延长站坪等原因，引起站内线路纵断面部分或全部需改变时，应保证列车停车后能够再起动和车辆在线路上的停留安全。当纵断面条件许可，而且高程变更不大时，应尽可能采用填方的办法改变线路纵断面。一般用填道砟的办法解决，但道砟厚度不应超过1m。如采用挖方的办法改变线路纵断面或填方较大时，必须拆除原有线路的上部建筑，进行填方或挖方后，再重新铺设，工程量较大。施工时要妥善组织，采取借用线路或修建临时便线等措施，以保证正常运营。

复习思考

一、选择题

1. 中间站的主要作业中不包括（　　　）。

　　A. 通过作业　　　　　B. 会让作业　　　　　C. 越行作业　　　　　D. 解编作业

2. 单线铁路中间站一般应设（　　　）条到发线，主要是使车站具有三交会的条件。

　　A. 1　　　　　　　　B. 2　　　　　　　　C. 3　　　　　　　　D. 4

3. 双线铁路中间站一般应设（　　　）条到发线，以使双方向列车有同时待避的机会。

　　A. 1　　　　　　　　B. 2　　　　　　　　C. 3　　　　　　　　D. 4

4. 当区间行车量单线铁路平行运行图列车对数在（　　　）对以上，且调车作业量较大而又无工业企业线可利用的中间站时，应设置牵出线。

　　A. 24　　　　　　　　B. 12　　　　　　　　C. 20　　　　　　　　D. 18

5. 中间站的旅客站台一般采用高出轨面（　　　）m。

　　A. 0.1　　　　　　　B. 0.3　　　　　　　C. 0.5　　　　　　　D. 1.1

6.中间站的货物站台高度一般与车底板高度相同,高出轨面(   )m。

  A.0.1   B.0.3   C.0.5   D.1.1

7.在进站信号机外制动距离内为超过(   )下坡道的车站,应在正线或到发线的接车方向末端设置安全线。

  A.2‰   B.4‰   C.6‰   D.8‰

二、填空题

1.中间站站台分为_____、_____两种。

2.中间站货物线布置形式有_____、_____两种。

3.中间站布置图型有_____和_____两种图型。

4.中间站站内_____须保证能通行超限货物列车。

5.中间站旅客站台的长度应根据旅客列车的长度确定,一般不短于_____m。

6.如果货源来自站房同侧,则中间站货场一般应设于_____。

三、判断题

1.中间站的到发线可以设计为单进路或双进路。   (   )

2.中间站只有一条到发线,其进路应按双进路设计。   (   )

3.中间站站台间的跨越设备一般有平过道一种。   (   )

4.旅客站台的高度,有高出轨面0.3m、0.5m和1.25m三种。   (   )

5.双线铁路中间站至少应设两条到发线。   (   )

四、简答题

1.何谓中间站?中间站的主要作业和设备有哪些?

2.中间站到发线进路是如何设置的?

3.中间站货物线有几种类型?各有何特点?

4.中间站站台如何设置?

5.横列式中间站的特点是什么?

6.中间站货场位置如何确定?

7.填表4-2-1说明有摘挂作业的单线、双线货场设在站同左及站对右的中间站设有牵出线时,摘挂列车的合理调车作业径路,如图4-2-7b)、c)和图4-2-8b)、c)所示。

调车作业径路   表4-2-1

类型	货场站同左		货场站对右	
单线	下行摘挂列车		下行摘挂列车	
	上行摘挂列车		上行摘挂列车	
双线	下行摘挂列车		下行摘挂列车	
	上行摘挂列车		上行摘挂列车	

项目 5

区段站

项目导入

皖赣铁路的重要区段站——景德镇南站

景德镇南站位于江西省景德镇市昌江区境内,建于 1973 年,是皖赣铁路的一个重要区段站,车站中心里程位于皖赣线 DK409＋823 处,由中国铁路南昌局集团有限公司上饶车务段管辖,现为三等站。按技术作业为区段站,按业务性质为货运站。

景德镇南站主要办理以下业务:列车的接发、摘挂,小运转列车的编解、摘挂,货物作业车的取送;货物的到达和发送。货运办理整车货物发到;零担仅办理笨零货物到达。

项目描述

区段站属于技术站,设于铁路网上牵引区段的分界点,根据牵引区段的长度和路网规划而设置,主要承担区段列车及摘挂列车的解编任务。本项目主要介绍区段站的作业、设备配置、车站图型分析等相关知识。

学习目标

1. 知识目标

(1)了解区段站的主要任务;

(2)熟悉区段站的主要作业、主要设备及其位置;

(3)掌握区段站布置图型的分析方法;

(4)掌握区段站运转设备的设置原则。

2. 技能目标

(1)能够分析区段站各类布置图型的优缺点;

(2)能够根据区段站性质确定其运转设备的配置数量及设置位置。

3. 素质目标

(1)树立职业意识,具备工匠精神、吃苦精神和奉献精神;

(2)具有质量意识、环保意识、安全意识和信息素养;

(3)具备爱岗敬业、诚实守信、精益求精、服务奉献精神。

知识树

区段站基本知识
- 区段站的分类
- 区段站的作业及设备
- 区段站主要设备的相互位置

网段站

区段站布置图型分析
- 单线横列式区段站图型
- 双线横列式区段站图型
- 双线纵列式区段站图型

区段站运转设备配置
- 货物列车到发线
- 旅客列车到发线
- 机车走行线、机待线及机车出入段线
- 调车线和牵出线
- 区段站咽喉区的布置

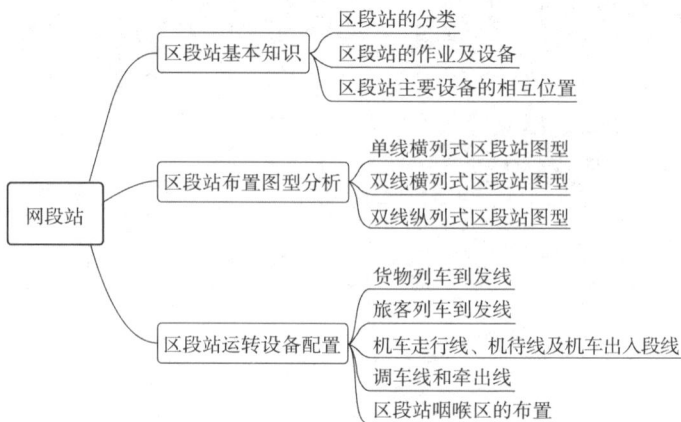

任务5.1　区段站基本认知

知识要点

区段站分类,区段站主要作业和设备,区段站主要设备的相互位置。

重点掌握

区段站的主要作业和设备。

基础知识

区段站是铁路网上各牵引区段的分界点。其主要任务是为邻接的铁路区段供应部分或全部机车及更换乘务组。为此,在区段站上应设有机务段或机务折返段。此外,区段站还为无改编中转货物列车办理规定的技术作业和办理一定数量的货物列车解编作业及客、货运业务。在设备条件具备时,还进行机车、车辆的检修作业。

牵引区段的长度由牵引种类(电力机车或内燃机车)、机车交路类型、运行速度、机车乘务组连续工作时间等因素确定,它是决定区段站分布的重要依据。

铁路牵引动力现代化后,由于电力机车和内燃机车可以运行较长的距离而不需要整备,且整备时间短,运行速度快,乘务组和机车实行长交路轮乘制,统一组织,集中使用,所以,牵引区段的长度比较长。一般情况下,货运机车交路宜从一个编组站到下一个编组站;客运机车交路宜从一个较大的客运站到下一个较大的客运站。

货运机车交路长度:内燃牵引时在350km左右,电力牵引时在550km左右。客运机车交路长度:内燃牵引时在500km左右,电力牵引时在700km左右。为便于运营管理,机车交路不应受局界、省界的限制,但不宜超过两个乘务区间。

随着牵引区段的延长,有些区段站在干线上已不担任无改编中转货物列车的牵引交路,但还为区段摘挂列车更换机车,或担任衔接支线及小运转列车的牵引交路。

一、区段站的分类

区段站按到发场相互位置分为横列式区段站、纵列式区段站和客货纵列式区段站。

1. 横列式区段站

上、下行到发场平行布置在正线一侧,调车场并列于到发场外侧,且上、下行到发场均位于站房对侧,如图 5-1-1 所示。

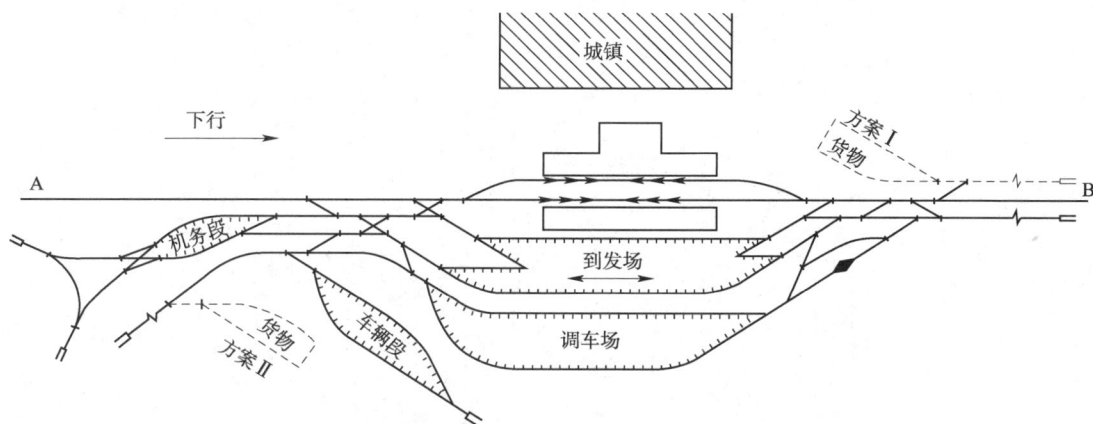

图 5-1-1 单线横列式区段站布置图

2. 纵列式区段站

上、下行两个到发场分设在正线两侧,并逆运转方向全部错移,呈纵列布置,在其中一个到发场一侧,设一个双方向共用的调车场,如图 5-1-2 所示。

3. 客货纵列式区段站

旅客列车到发场和货物列车到发场分别设置,纵向配列。旅客列车到发场与站房横列设置,如图 5-1-3 所示。

二、区段站的作业及设备

(一)区段站的主要作业

区段站除了办理与中间站相同的接发列车作业和客、货运业务外,还为相邻区段提供牵引机车,并对机车进行整备、检修、乘务人员换乘,以及对各种列车进行技术作业,部分改编列车的解体和编组作业。

1. 客运业务作业

区段站的客运业务作业,包括旅客乘降,行李、包裹和邮件的承运、保管、装卸和交付,以及为旅客提供的物质、卫生及文化生活的服务等。

2. 货运业务作业

区段站的货运业务作业,包括货物的承运、装卸、保管、交付作业,个别区段站还办理鲜活货物运输车辆的途中作业及车辆洗刷作业等。

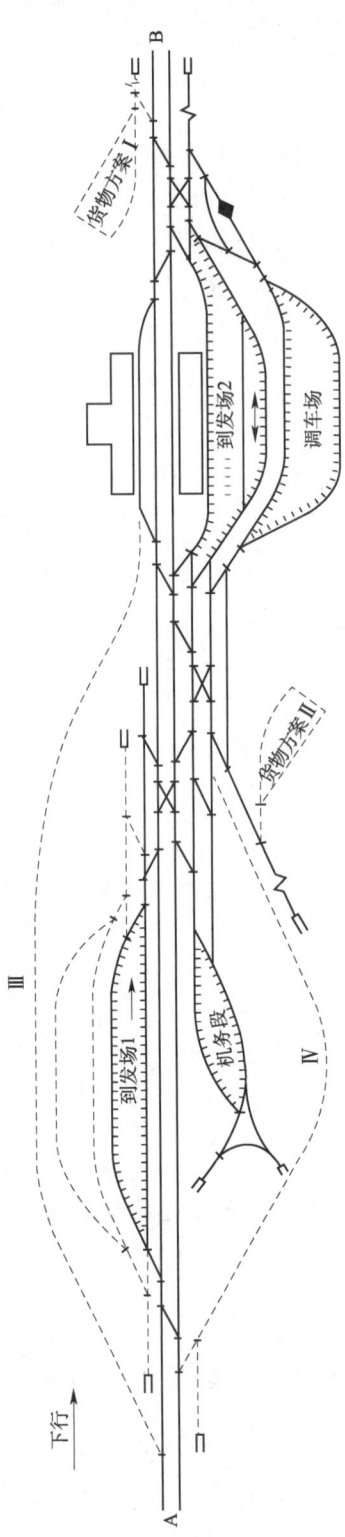

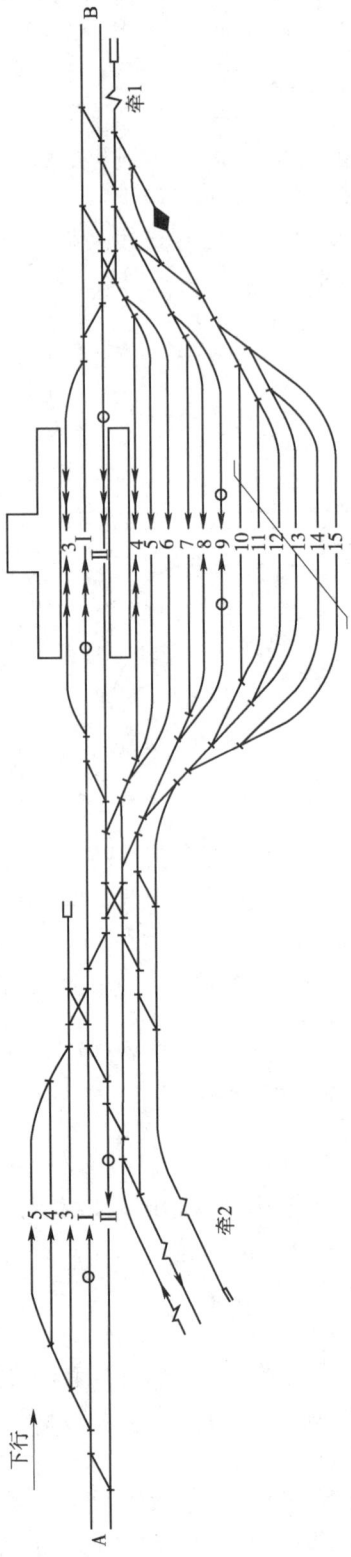

图5-1-2 双线纵列式区段站布置图

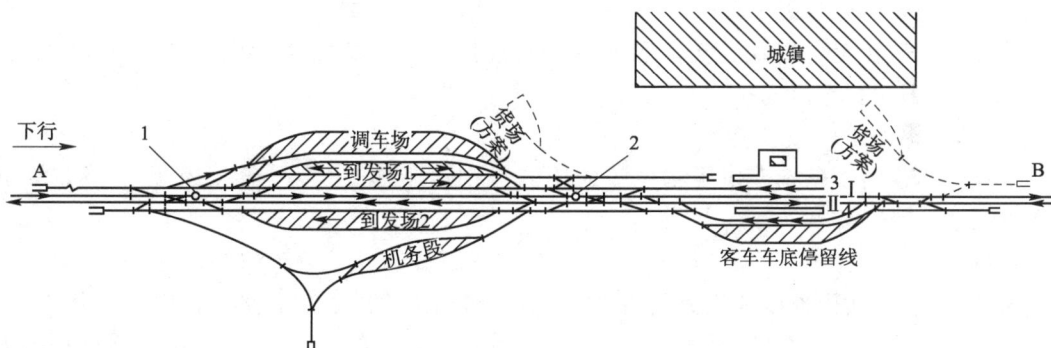

图 5-1-3 双线铁路客货纵列式区段站布置图

3. 运转作业

区段站的运转作业,包括旅客列车运转作业和货物列车运转作业。

（1）旅客列车运转作业

旅客列车运转作业主要是旅客列车的接、发及通过作业。有的区段站还办理旅客列车的始发、终到作业及个别客车的摘挂作业。

（2）货物列车运转作业

货物列车运转作业,包括无改编中转货物列车的接发;改编货物列车的到发、解编作业;本站作业车的取送转线作业等。有的区段站还办理部分改编货物列车的成组甩挂作业以及直通、直达货物列车的编解作业。

4. 机务作业

机务作业,包括换挂机车,机车乘务组换班,机车整备及检修作业。在采用循环交路的区段站上,机车不需入段,可在站内到发线上或其附近进行整备作业。

5. 车辆作业

车辆作业主要是办理列车的技术检查和车辆的检修（摘车修和不摘车修）,在设有站修所和车辆段的区段站上,还办理车辆的辅修和段修作业。

区段站所办理的作业在数量和规模上都远比中间站复杂,在办理的各种列车中,以无改编中转货物列车为主,成为区段站行车组织工作的重要环节,也是研究区段站通过能力的核心。

（二）区段站的主要设备

1. 客运业务设备

客运业务设备,主要有旅客站房、站前广场、旅客站台、雨棚、旅客跨线设备、上水设备等。

2. 货运业务设备

货运业务设备,主要有货物站台、仓库、雨棚、货物堆放场和货物装卸线、存车线以及各种装卸机械、办公房屋等。

3. 运转设备

运转设备,包括旅客列车运转设备和货物列车运转设备。

（1）旅客列车运转设备

旅客列车运转设备指专供旅客列车使用的旅客列车到发线,当有始发和终到旅客列车时,还应有客车车底停留线。

（2）货物列车运转设备

货物列车运转设备指专供货物列车使用的货物列车到发线、调车线、牵出线或驼峰、机车走行线、机待线等。

4.机务设备

机务设备,包括机务段和机务折返段。在机务段内部设有机车整备和检修设备等。机务折返段一般只设置机车整备设备,不设检修设备。采用循环交路时,在到发场及其附近,应设有机车整备设备。

5.车辆设备

车辆设备,主要指车辆段、列检所及站修所等设备。

除上述设备外,区段站还应有信号通信设备、给水、排水及电力供应设备及技术办公房屋等其他设备。

一线微观

全路安全文化建设示范点是如何炼成的?

漳州车务段漳平站(图5-1-4)是闽西南最大的铁路枢纽站、一等区段站。作为中国铁路南昌局集团有限公司确定的安全文化建设示范点创建先行先试车间,该站着力抓实安全理念引领、安全典型引路、安全行为引导,使确保安全成为共同追求、严格执标成为自觉行动。漳平站曾获得全路模范职工小家、福建省五一劳动奖状、南昌局集团有限公司先进车间等荣誉。

图5-1-4 漳平站

作为区段站,漳平站承担了大量区段列车及摘挂列车的解编任务。确保调车安全是漳平站安全运营的重中之重。为做好安全文化建设工作,漳平站关心关爱青年职工,积极改善职工生产生活环境,建设安全文化园地,在潜移默化中传递安全理念,厚植安全文化,增强职工的归属感。

漳平站注重发挥先进典型的引领作用,邀请安全标兵讲述成长历程、传授安全秘籍,引导青工向安全标兵看齐。漳平站还组织安全标兵、安全功臣深入一线开展宣讲,结合典型安全问题和安全事故,对照规章找差距,让安全理念入脑入心、安全文化"生根开花"。

漳平站通过开展形式多样的"学、练、考、赛",不断增强关键岗位职工严格执标的自觉性,培养出了一大批安全技能过硬的业务能手。车站党员张明摸索总结出的"张明驼峰调车防'挤脱撞'工作法",有效降低了调车作业过程中的安全风险,被评为中国国家铁路集团有限公司党内优质品牌。

铁路系统是一个大联动机,作为该系统中的关键节点,区段站的安全关系到整个路网的有效运转,意义重大。车站职工应牢固树立安全意识,遵章守纪,才能确保铁路运输的长久安全。

三、区段站主要设备的相互位置

区段站的各项主要设备是为完成各项作业而专门设置的,但从整体而言,各项设备及作业既有相互联系又会相互制约。其相互之间的位置应根据各项设备所办理的作业性质,结合城市规划、地形、地质、水文等条件进行布置,并应满足下列要求:站内的列车进路交叉最少,机车车辆在站内的流程最短,从保证车站必要的通过能力和改编能力,同时应考虑今后进一步发展的余地。

(一)客运业务设备的布置

客运业务设备主要为旅客运输服务,应按下列要求布置:

(1)旅客站房的布置应与城市规划、车站布置相配合,其位置应设置在车站中部靠居民区一侧,并与城市干道相通,以方便大多数旅客集散和行包承运、保管、装卸和交付。

(2)站前广场的位置和规模应根据旅客流量的大小、旅客站房的规模及布置形式,并考虑城市规划、道路布局、交通条件,结合地形及远期发展进行设计。

(3)客运业务设备的布置应相互协调,方便旅客,尽量减少各作业流线的交叉干扰。

(二)货运业务设备的布置

货运业务设备主要是货场。货场直接为工农业和城市居民服务,其设置位置应根据地方货源、货流情况,尽量靠近城市主要工业区及货物集散地,同时要考虑地形条件,节省投资;尽量保证货物作业车的取送及地方运输的便捷性,有利于铁路与其他运输方式的衔接、配合,方便货物的集散。货场位置选择确定是否合理,对城市交通和铁路运输均有较大影响。区段站货场的布置位置有两类:站房同侧和站房对侧,如图5-1-5所示。

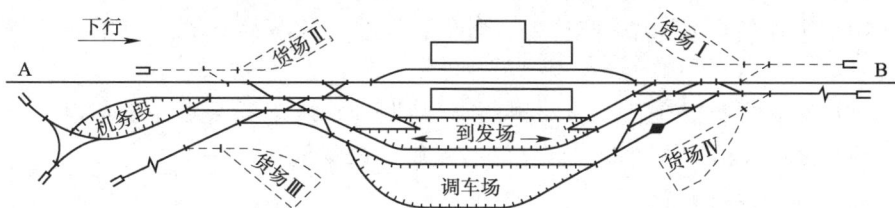

图 5-1-5　货场配置方案图

1. 货场设在站房同侧

当货源主要来自站房同侧且货物种类不以矿建材料、农药等易污染环境卫生的货物为主时,货场可设于站房同侧(图中方案Ⅰ、Ⅱ)。货场靠近主要货源和居民区,便于货物集散,货主搬运货物走行距离近,不必跨越铁路正线。但此时车站向货场取送车作业需跨越正线,

对正线行车存在交叉干扰,并且若货场规模较大或发展较快,容易与城市发展规划产生矛盾。考虑到车站两端咽喉作业负担的均衡,应与机务段的设置位置相协调,若机务段设于站对右的位置,货场应设于非机务段一端,即方案Ⅰ位置。

当正线列车对数较多,货场装卸量较大,在站房同侧设场时,应设货场牵出线,以减少货场取送调车时与正线行车的干扰。

2. 货场设在站房对侧

当货源主要来自站房对侧,或货源虽然来自站房同侧,但货运作业量大,作业车数多,货物种类不以矿建材料、农药等易污染环境卫生的货物为主,站房同侧地形困难时,货场可设在站房对侧(方案Ⅲ、Ⅳ)。为不影响以后车站的纵向发展,一般应设在机务段同一端的次要牵出线上(即方案Ⅲ)。这个方案的优缺点与货场设在站房同侧的方案相反,即把向货场取送车与正线的交叉干扰换成了货主搬运货物与正线的交叉干扰。为此,宜修建公路与铁路立交设备来疏解。

存放危险货物(如爆炸品、毒害品、氧化剂、易燃液体等)及有碍卫生的粉末状货物的专业货场,应设在城市的下风向,并远离居民区。

(三)运转设备的布置

1. 旅客列车运转设备的布置

(1)旅客列车到发线应直接联通正线并靠近车站站房,其一端接通牵出线,便于调车机车至到发线摘挂作业;另一端接通机务段,以便更换机车。到发线与站房之间应留有适当距离,以便今后发展时加铺到发线路。

(2)当区段站有始发、终到旅客列车停留时,应设客车车底停留线,以免占用到发线或调车线,影响到发线或调车线的使用。若个别终到旅客列车立即折返,且停留时间较短,确定到发线已考虑该因素,也可不设客车车底停留线。

2. 货物列车运转设备的布置

(1)采用横列式区段站图型,货物列车到发场一般应设在旅客站房对侧并紧靠正线,与正线相通,使货物列车到发有便利的通路,如图5-1-1所示。

(2)采用纵列式区段站图型,上、下行两个方向的货物列车到发场应分别布置在正线两侧,且两个到发场逆运转方向全部错移,如图5-1-2所示。

(3)采用客货纵列式区段站图型,货物列车到发场与旅客列车到发场沿正线纵向配列,如图5-1-3所示。

(4)调车场应并列布置在到发场外侧,紧靠到发场。调车场两端一般各设一条牵出线,有时在一条牵出线上设置驼峰,以保证车站有足够的改编能力。

(四)机务设备的布置

机务设备主要是指机务段,它是区段站的主要设备之一,也是管理、运用和维修配属机车的基层生产单位。机务段应及时向车站提供技术状态良好的机车,其在站内的布置位置与机车换挂、出入段走行及机车整备作业密切相关。为使机车顺利出入段,迅速换挂,确保各次列车安全正点出发,机务段应靠近到发场,并与到发场有便捷的通路。

机务段在区段站上位置可以有5种布置方案,如图5-1-6所示。

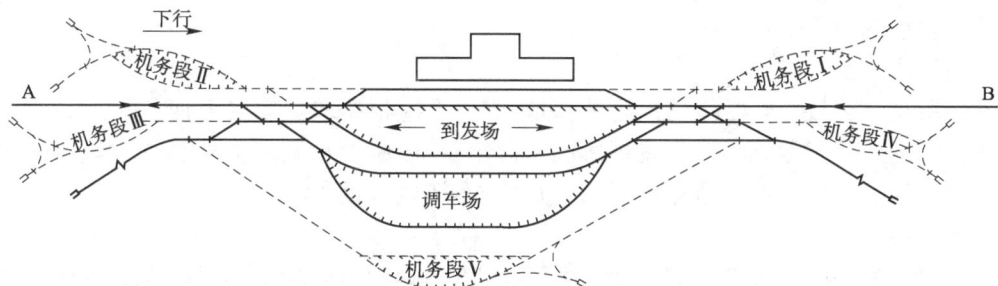

图 5-1-6 横列式区段站机务段配置图

（1）机务段设在第Ⅰ象限和第Ⅱ象限时，货物列车机车出入段都要横切正线，与正线上的列车到达和出发产生交叉，在双线铁路区段站上这个现象更为严重。同时站房一般位于城市主要居民区一侧，而机务段占用土地较多，影响城市的发展，而且机车排出的废气还会污染城市，恶化城市的环境，此外，机务段本身的发展扩建也会受到影响。因此，在新建区段站时，一般不采用这两种方案。

（2）机务段设在第Ⅲ象限或Ⅳ象限时，避免了货物列车机车出入段与正线的交叉干扰，减少或消除了对城市的影响，而且机车出入段对其他作业的干扰比任何方案都少，其主要缺点是其中一个方向的机车出入段走行距离较长。

在双线横列式的区段站上，机务段一般以设在站对右（即第Ⅲ象限）最为有利。当机务段设在第Ⅲ象限时，一个方向机车出入段与另一个方向列车出发进路产生交叉；如机务段设在第Ⅳ象限，则一个方向机车出入段与另一个方向列车到达进路产生交叉（图 5-1-7）。将出发交叉和到达交叉的性质相比较，列车出发较列车到达具有行车速度低、占用进路时间短、妨碍时间较少、行车安全程度高等特点，显然是到达交叉干扰较严重。所以，机务段宜设在第Ⅲ象限。

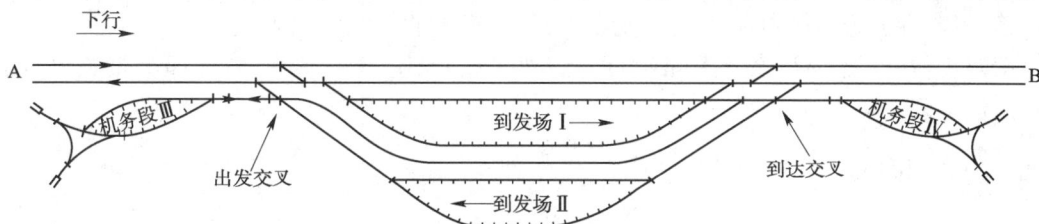

图 5-1-7 机务段第Ⅲ象限、第Ⅳ象限比选图

当车站发展成纵列式区段站时，机务段设在第Ⅲ象限也显得非常有利，可以使双方向机车出入段的走行距离都比较短。因此，新建区段站，在不受地形、地质及其他条件限制时，机务段应首先考虑设在第Ⅲ象限。

（3）机务段设在站对并的位置（图 5-1-6），机务段两端均有出、入口，机车从车场两端出、入段，走行距离短，这是站对并方案的优点。缺点是机车从车场两端出、入段干扰牵出线作业；同时机务段设在调车场的外侧，有碍车站的横向发展。因此，只有在无解编作业和无发展的区段站上，又受地形条件限制时，方可将机务段设在站对并的位置。

（五）车辆设备的布置

1. 列检所

为了方便列检人员与车站值班人员的联系，并及时对列车进行技术检查，列检所通常设

在靠近到发场的适当地点。

2. 站修所

站修所是铁路货车日常维修的主要基地,其位置应根据取送车辆方便、减少与列车运行或调车作业的干扰,不妨碍站、所发展等因素确定,一般应设在调车场外侧,调车场远期发展以外的适当地点。当车站设有车辆段时,也可与车辆段合设。

3. 车辆段

为了方便车辆段与调车场间取送作业,以及不影响调车场和车辆段自身的发展,当机务段设在第Ⅲ象限时,车辆段一般应设在站对右(第Ⅲ象限)的位置,如图5-1-8方案Ⅰ所示。

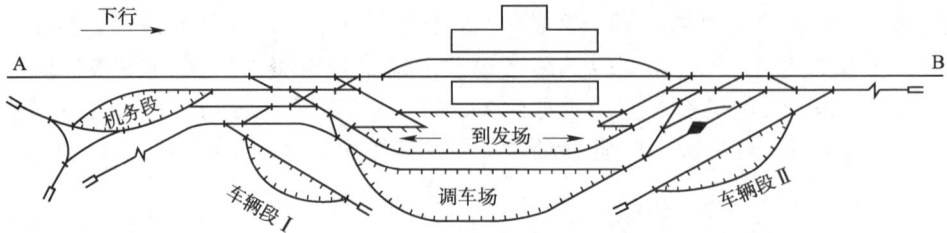

图5-1-8 车辆业务设备配置方案图

技能训练

【训练任务】画出双线横列式区段站机务段(站对右)配置示意图。完成训练任务5-1。

【操作步骤】

第一步:按一定的比例尺画出车站站房。

第二步:以站房中心线为对称轴,画出下行正线Ⅰ道,在Ⅰ道外侧画出上行正线Ⅱ道。

第三步:在Ⅱ道外侧画出下行到发场Ⅰ,到发场Ⅰ的外侧画出到发场Ⅱ。

第四步:在到发场Ⅰ、到发场Ⅱ之间布置机车走行线,最后在站对右(即第Ⅲ象限)的位置画出机务段。

拓展知识

枢纽区段站

有两条或两条以上的铁路线会合或交叉的区段站称为枢纽区段站。目前,我国的枢纽区段站大部分是由于支线引入后会合而形成的,一般有3~4个衔接方向。

(1)枢纽区段站车流分类

枢纽区段站由于引入线路的方向增多,各方向间就形成了不同性质的车流。车流大致分为以下3类:

①本线车流,即在两条本线上来往的车流。

②转线车流,即从一条线路转至另一条线路的车流,运行方向不变,无须在站内折返。

③折角车流,即从一条线路转至另一条线路的车流,但运行方向发生变更,需要在站内折返。

在上述各种车流中,对车站作业产生最不利影响的是折角车流。由这些车流组成的中转列车,在经过车站时需要变更列车的运行方向,既增加车站的调车作业量,又延长中转列车在站停留时间。

此外,如各方向的牵引种类和技术条件不同,就有可能引起转线中转列车重量的变更。这些车流及作业的特点都给枢纽区段站的设计和工作组织带来一系列的复杂问题。

(2)枢纽区段站设计特点

在设计枢纽区段站时,除考虑到一般区段站的基本要求外,还应满足下列要求:

①各主要方向的无改编中转货物列车通过车站时应尽量不变更运行方向。

②各方向进出站线路均应有独立进路通向到发场,保证能同时接人各方向的列车。

③当列车密度较大、进路交叉较多、对列车正常运行有较大影响而平面疏解有困难时,应在有关的进出站线路上修建跨线桥。

(3)枢纽区段站布置图布局

枢纽区段站布置图的布局及各项设备的配置方案与一般区段站大同小异。但在设计或运营中,还应注意下述问题:

①从设备数量来看,衔接的方向越多,则列车密集到达的可能性越大。故其到发线数量可按表5-3-1(见后)中数目酌情增加。

②从咽喉构造来看,为保证各方向列车同时到达,势必要随着衔接方向数目的增多而相应增加平行作业的数量,同时也要配合到发场内线路的分组,相应地加铺必要的道岔、渡线及梯线,保证车站咽喉构造的灵活性。

③从车场分工方案来看,应根据车流性质、数量、衔接方向以及地形条件,结合进出站线路的疏解布置进行整体考虑,确定是按线路使用为主,还是按行车方向使用为主,以利减少交叉干扰,充分发挥咽喉通过能力。

图5-1-9a)所示的枢纽区段站布置图,车场分工按线路别使用。到发场1固定为A、B线路方向接发车,到发场2固定为C、D线路方向接发列车。

图5-1-9b)所示的枢纽区段站布置图,车场分工按行车方向别使用。到发场1固定为各方向上行列车的接发,到发场2固定为各方向下行列车的接发。

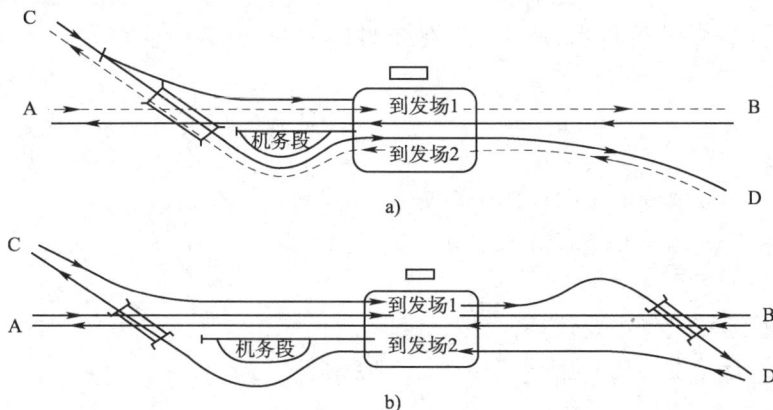

图 5-1-9 车场按线路别和方向别使用的枢纽区段站示意图

图5-1-10为单、双线3个方向的枢纽区段站。A、B方向为双线,C方向为单线,两条线在该站会合,C方向从车站B端引入。

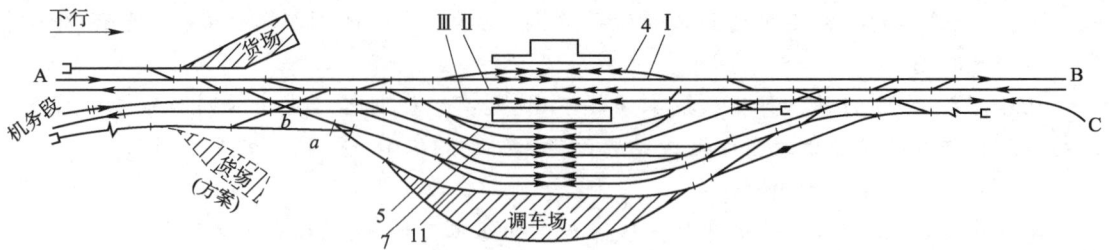

图 5-1-10 单、双线铁路 3 个方向横列式枢纽区段站布置图

为了平衡两端咽喉区的负荷,机务段设在 A 端站对右位置。货场也设在 A 端,根据城镇规划及货源大小设于站同右或站对右的位置。

Ⅰ、Ⅱ道为正线兼通过线,Ⅲ道为正线兼旅客列车到发线,5、6、8～11 道为货物列车到发线。除Ⅰ、Ⅱ道外,所有到发线都按双进路设计,便于折角列车作业。7 道为机车走行线。在 B、C 端咽喉设有尽头式机待线一条。

该布置图的咽喉区构造也比较灵活,B、C 端能保证两方向的列车同时到发,A 端咽喉区采用交分道岔和交叉渡线,可缩短咽喉的长度。

复习思考

一、选择题

1. 区段站的主要任务是为邻接的铁路区段( )。
    A. 供应部分机车　　　　　　　　　B. 供应全部机车
    C. 更换乘务组　　　　　　　　　　D. 供应部分或全部机车及更换乘务组

2. 在区段站所办理的各类列车中,以( )列车所占比重为最大。
    A. 无改编中转列车　　　　　　　　B. 有改编中转列车
    C. 直通列车　　　　　　　　　　　D. 直达列车

3. 当机务段位于站对右时,货场设在站房同侧,以设于( )为宜。
    A. 站对右　　　　B. 站对左　　　　C. 站同左　　　　D. 站同右

4. 新建区段站,在不受地形、地质及其他条件限制时,机务段应首先考虑设在第( )象限。
    A. Ⅰ　　　　　　B. Ⅱ　　　　　　C. Ⅲ　　　　　　D. Ⅳ

二、填空题

1. _____是铁路网上牵引区段的分界点。

2. 区段站按到发场相互位置分为横列式区段站、_____和_____。

3. 区段站的主要作业包括_____、_____、_____、_____、_____。

4. 区段站的运转设备主要包括_____和_____。

5. 当区段站有始发、终到旅客列车停留时,应设_____。

三、简答题

1. 区段站的客运业务主要有哪些?

2. 区段站的货运业务主要有哪些?

3. 区段站应具备哪些主要设备?

4.机务段设在什么位置最优？为什么？

5.简述货场在区段站上的选位原则。

任务5.2 区段站布置图型分析

知识要点

区段站布置图型类型,区段站布置图型分析。

重点掌握

区段站布置图型的特点及作业进路分析。

基础知识

区段站的布置图,主要是根据与车站通过能力直接有关的设备的相互位置来确定的,也就是根据正线、旅客列车到发线(场)及上、下行货物列车到发线(场)相互位置的不同位置而确定的。

分析区段站布置图的主要目的是:对于新建区段站,根据区段站在路网上的地位和作用,车站衔接的方向数、车流量及其性质、作业特点、客货运量及地形、地址、远期发展等因素,选择具有一定通过能力的比较合适的布置图;对于需进行改扩建的车站,通过分析,提出正确、合理的改扩建方案;对于运营中的车站,通过分析,找出各项设备的薄弱环节,制定合理运用各项设备和改进工作组织方法的方案,以提高区段站的通过能力。

在分析区段站的布置图时,一般可按照下列步骤进行:

1.综合分析区段站的布置特征

主要分析区段站各项设备间相互位置及相互联系;分析各项设备的运用及作业情况;分析到发场内线路固定使用的原则和作业特点。通过分析,对该车站布置图有一个比较全面的了解。

2.作业进路分析

作业进路分析包括作业进路交叉分析和平行作业数分析。根据区段站各项设备的设置及运用,分析一定条件下车站咽喉区所产生的主要进路交叉及疏解措施。根据车站咽喉区的结构,分析一定条件下车站咽喉区能保证的最大平行作业数。通过分析,更加全面、深入地掌握该车站的布置及作业特点。

3.优缺点及适用条件分析

根据区段站布置特征及作业进路的分析,确定该布置图的优缺点及适用条件,为决策提供依据。

常见的区段站布置图型有横列式、纵列式和客货纵列式3种。

一、单线横列式区段站图型

(一)设备相互位置

图5-2-1为单线横列式区段站,车站两端各衔接一个方向。站房位于城镇一侧,到发场

和调车场并列在站房对侧,机务段及车辆段设在站对右,货场在站同左。调车场两端设有牵出线,B端为主要牵出钱,设有驼峰及迂回线,主要负责列车的解体作业,A端牵出线主要负责列车的编组作业。A端设有机车出段线、入段线各一条。

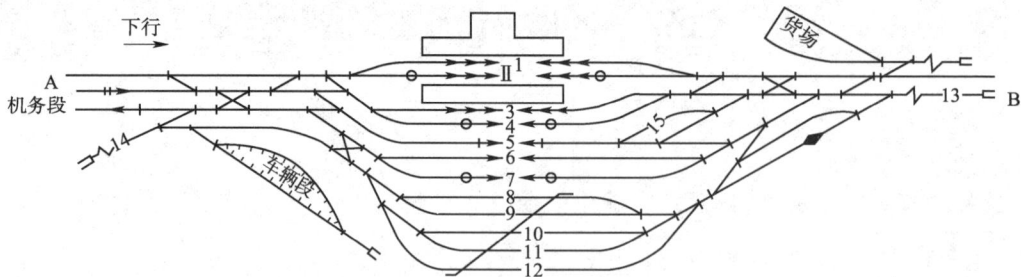

图 5-2-1 单线横列式区段站布置图

(二)线路固定使用

1 道:接发上、下行旅客列车和上、下行货物列车。

Ⅱ 道:正线。办理列车通过兼接发上、下行旅客列车和货物列车(兼超限货物列车)。

3 道:接发上、下行旅客列车和货物列车。

4 道;接上、下行货物列车(兼超限货物列车)。

5 道:机车走行线,供下行列车机车出入段走行使用。

6~7 道:因靠近调车场,接发上、下行改编货物列车和快运列车(7 道兼接发超限货物列车)。

8~12 道:调车线。

13、14 道:牵出线。

15 道:机待线。

(三)作业进路分析

1. 进路交叉

A 端咽喉区有:

(1)1~4 道部分改编货物列车甩挂车组时,与机车出入段产生交叉干扰。

(2)6、7 道接发列车与机车出入段有交叉。

(3)自编车列转入6(7)道时,与7(6)道接发车产生交叉干扰。

B 端咽喉区有:

(1)货场取送车与接发车作业有交叉干扰。

(2)1~4 道部分改编货物列车甩挂车组时,与6、7 道接发列车产生交叉干扰。

(3)6(7)道解体车列转线时,与7(6)道接发车作业产生交叉干扰。

2. 平行进路

A 端咽喉区最大可保证 4 项平行作业:

(1)1~4 道接车或发车。

(2)机车出段。

(3)机车入段。

（4）牵出线调车。

B 端咽喉区最大可保证 3 项平行作业：

（1）1～4 道接发列车。

（2）下行列车机车出段或入段。

（3）牵出线调车。

（四）优缺点及适用范围

单线横列式区段站图型的优点是：线路使用灵活，作业方便；占地少，设备集中，定员少，管理方便；对地形条件适应性较强，有利于将来发展等。缺点是：有一个方向的机车出、入段走行距离较长；在站房对侧接轨的岔线向调车场取送车不方便。

适用范围：引入方向少于 4 个的区段站。

二、双线横列式区段站图型

（一）设备相互位置

图 5-2-2 所示为双线横列式区段站，其客运业务设备位于城镇一侧。货物列车到发场分为上、下行两个车场（到发场 1、到发场 2），并列在两正线同一侧；调车场位于到发场 2 外侧，两端设有牵出线，主要牵出线设有驼峰。机务段位于站对右，有两条机车出入段线，机车走行线位于两到发场之间，供下行列车机车走行；与机务段相对端（B 端）设有机待线。货场位于站同左或站对右位置。有车辆段时，应设在站对右靠近调车场（K）的位置。

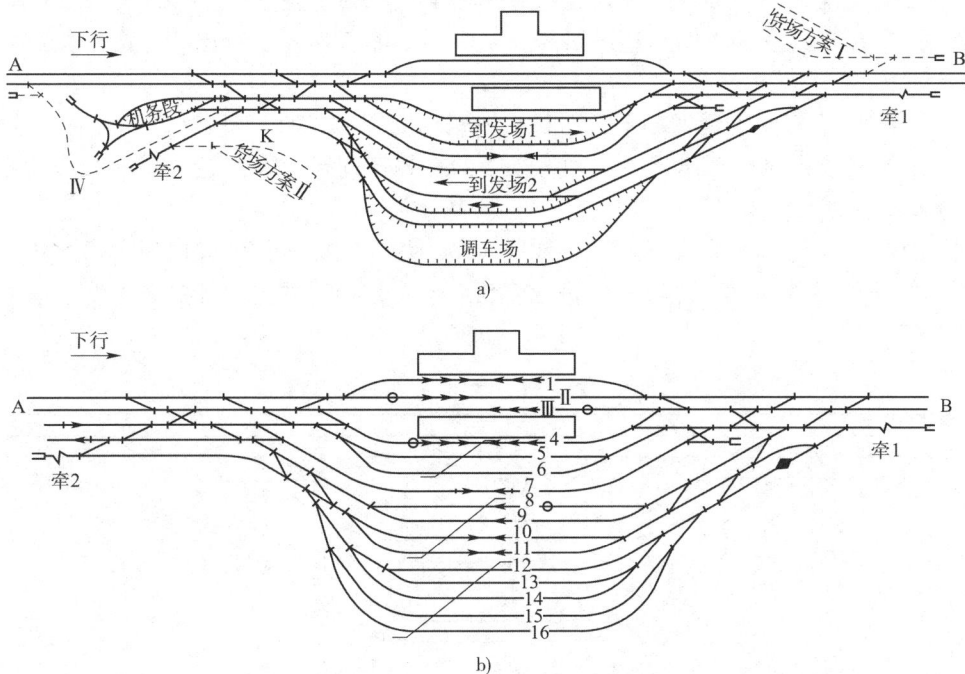

a)

b)

图 5-2-2　双线横列式区段站布置图

（二）线路固定使用

图 5-2-2b）中的到发线 1 道供上、下行旅客列车到发、停靠基本站台，方便旅客进出站。

列车两交会时,下行旅客列车进 1 道,上行旅客列车进 4 道,停在中间站台一侧。列车三交会时,可安排下行旅客列车进 1 道,上行旅客列车进 Ⅲ 道,第三列旅客列车(无论上行、下行)停靠在到发线 4 道上(设计为双进路)。

Ⅱ道、Ⅲ道分别为下行正线和上行正线兼到发线。

到发场 1(4、5、6 道)供下行货物列车到发;到发场 2(8~11 道)供上行货物列车到发。在同一到发场中,无改编中转货物列车一般用靠近正线的线路到发,改编货物列车则使用靠近调车场的线路到发。这是为了避免无改编中转货物列车到发与改编车列转线作业产生交叉干扰。也可将到发场 2 靠近调车场一侧的部分线路(10、11 道)固定为上、下行改编货物列车共用的到发线来使用,以增加线路使用的机动灵活性(下述分析是以到发场 2 固定为单进路,仅供上行货物列车到发为前提进行的)。

12~16 道为调车线。

(三)作业进路分析

1. 进路交叉

如图 5-2-3 所示,双线横列式区段站主要存在以下 4 种作业进路交叉:

(1)由于上、下行两个到发场均设在正线同一侧,使车站 A 端上行旅客列车出发进路与下行货物列车到达进路产生交叉干扰(交叉 1);使 B 端上行旅客列车到达与下行货物列车出发进路产生交叉干扰(交叉 1′)。

(2)由于上、下行两个到发场平行布置在调车场的同一侧,使 A 端上行货物列车由到发场 2 的出发进路与到发场 1 自编车列经由牵出线 2 的转场进路产生交叉(交叉 2);使 B 端上行货物列车接入到发场 2 的到达进路与到发场 1 解体车列经由牵出线 1 的转场进路产生交叉(交叉 2′)。

(3)由于上、下行两个到发场平行布置在调车场同一侧,而机务段又位于站对右的位置,因此,上、下行货物列车机车出入段与到发场 1 的自编车列经由牵出线 2 的转线作业在车站 A 端产生交叉干扰(交叉 3)。

(4)由于上、下行两个到发场设在正线同一侧,使到发场 2 上行货物列车出发进路与下行货物列车机车(包括客车机车)经由机走线出入段的进路产生交叉干扰(交叉 4)。

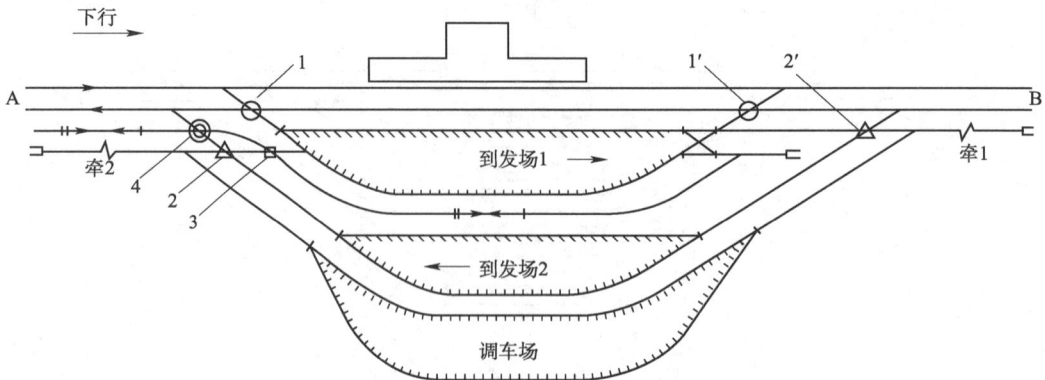

图 5-2-3 双线横列式区段站交叉干扰图

以上分析的 4 项进路交叉,其中第 1 项为客、货列车到发进路交叉。如果旅客列车对数不多,问题尚不严重。随着运量增加,客、货列车都很多时,这一进路交叉就很突出,成为双线横列式区段站图型的主要矛盾,将严重的影响车站的行车安全和通过能力。要根本解决这项矛盾,就需要变更到发场与正线的相互位置。

第 2、3 项为改编车列的转场进路与上行货物列车到、发及上、下行货物列车的机车出入段进路的交叉。这两项交叉,只有将到发场 1 和到发场 2 分别设于调车场两侧,才能得到根本解决。一般来说,在区段站上的改编列车数量不多,所以这两项交叉也不严重。另外,也可以将到发场 2 靠近调车场一侧的线路用来接发下行改编列车,以疏解第 3 项交叉。但是若将下行改编列车固定在到发场 2 靠近调车场的线路接车,就会产生下行改编货物列车接发与上行货物列车到发的新交叉。实践证明,在实际工作中,最好是根据列车到发及调车作业的不同情况来活用线路,将下行改编列车接入到发场 1 或到发场 2,利用时间间隔疏解空间交叉。

第 4 项进路交叉解决的办法,一般只要在到发场内设置机车整备设备,采用机车循环运转制交路,列车机车在到发场上进行整备,不再入段,就可以消除这项交叉。若是采用电力机车内燃机车牵引,在到发场内设置机车整备设备更容易。另外,还可以在 A 端修建绕过机务段的外包正线 Ⅳ,如图 5-2-2a)中的虚线所示,上行货物列车可经由正线 Ⅳ 出发,这项交叉可以得到完全疏解。

2.平行进路

A 端咽喉可保证 5 项平行进路:下行旅客列车到达;上行旅客列车出发;下行货物列车机车出段;上行货物列车机车入段;牵出线调车。

B 端咽喉可保证 4 项平行进路:下行旅客列车出发;上行旅客列车到达;下行货物列车机车出段或入段;牵出线调车。

(四)优缺点及适用范围

双线横列式区段站图型的优点是:占地少、布置紧凑、设备集中、定员少、管理方便;对地形适应性强;便于将来发展。缺点是:一个方向的旅客列车到达(出发)与相反方向货物列车出发(到达)的交叉,如为客、货机车交路的始终点,则交叉更为严重;另外,一个方向机车出入段走行距离较长,交叉干扰较多。

适用范围:旅客列车对数不多、运量不很大的区段站。

三、双线纵列式区段站图型

为消除双线横列式图型的客货列车进路交叉,提高车站通过能力,将上、下行货物列车到发场分别设在正线两侧并纵向全部错移,即形成纵列式区段站,如图 5-1-2 所示。

(一)设备相互位置

上、下行货物列车到发场分别布置在正线两侧,并逆运转方向全部错移,两到发场间有直接通路。旅客列车到发线位于上行到发场 2 对面靠城市一侧。设一个调车场,位于解编作业量较大方向的到发场 2 外侧。其他设备位置与双线横列式区段站相同。

(二)线路固定使用

图 5-1-2 中,到发场 1 供下行无改编中转货物列车到发;到发场 2 靠正线一侧线路供上行无改编中转货物列车到发,靠近调车场的线路供上、下行改编货物列车到发。因此,除邻

靠站台的到发线布置为双进路,到发场2中靠近调车场的部分线路布置为双进路外,其余到发线均设计为单进路。

(三)作业进路分析

1.进路交叉

由于到发场纵列布置在正线两侧,不仅保证了双线横列式图型所具备的基本作业条件,还疏解与解决了双线横列式图型中一些主要交叉问题。

(1)疏解了下行无改编中转货物列车的到、发与上行旅客列车的发、到间的交叉干扰。

(2)疏解了改编车列经由牵出线转线与上行货物列车到、发间的交叉干扰。

(3)缩短了下行无改编中转货物列车机车出入段行走距离。

纵列式区段站图型不可能解决双线横列式图型的全部缺点,还存在一些交叉的问题:

(1)由于上、下行只设一个调车场,下行改编货物列车到、发要在中部咽喉和B端咽喉与上行客、货列车发、到产生交叉。当下行改编货物列车对数不多是时,这个交叉并不严重。

(2)由于下行到发场1在正线的另一侧,所以下行无改编中传货物列车的机车出入段要跨越两条正线,与下行旅客列车的接车进路和上行的客、货列车的发车进路产生交叉。此项交叉可用循环交路或用机务段外包正线Ⅳ及迂回线Ⅲ来解决,如图5-1-2中的虚线所示。

(3)当有第三方向与到发场1衔接、到发场1与调车场间进行车组换挂、扣修车的取送等作业时,必然横切中部咽喉的正线和机车出入段的一切通路。

(4)下行改编货物列车机车出入段走行距离仍然很长。

(5)由于上、下行到发场纵列布置,要求有很长的站坪。同时,中部增加一个咽喉,工程造价和运营支出等都比采用横列式图型有所增加。

通过上述分析可以看出:双线纵列式区段站疏解了横列式区段站的主要交叉。当上、下行无改编中转货物列车和旅客列车数量较多,而且两到发场之间交换车流较少时,采用纵列式图型是有利的。但是,随着下行改编货物列车作业量的增加,与上行客、货列车交叉这一矛盾必然更加突出。因此,当双方向改编车流都很大,交换车流不多时,可在到发场1外侧修建另一个调车场。

2.平行进路

A端咽喉可以保证2项平行进路:下行列车到达,上行列车出发。

中部咽喉可以保证5项平行进路:下行货物列车出发(或下行旅客列车到达)、上行列车出发、机车出段、机车入段、牵出线2调车。

B端咽喉可以保证3项平行进路:下行列车出发、上行列车到达、牵出线1调车。

(四)优缺点及适用范围

纵列式区段站的优点是:疏解了下行货物列车到发与上行旅客列车发到在横列式车站上的交叉干扰;下行无改编中转货物列车机车出入段行走距离短;有利于站房同侧专用线接轨。缺点是:站坪长、占地多;设备分散、管理不便、定员多;一个方向机车出入段横切正线,降低正线通过能力。

适用范围:客货运量大、引入方向多、交换车流少的双线区段站。

技能训练

【训练任务】画出双线横列式区段站作业进路交叉干扰示意图。完成训练任务5-2。

【操作步骤】

第一步:画出车站站房,在站房一侧画出下行正线、上行正线。

第二步:在上行正线外侧画出下行到发场1,连接到发场1与正线;在到发场1的外侧画出上行到发场2,连接到发场2与上行正线;到发场1与到发场2之间画出机车走行线;到发场2的外侧画出调车场。

第三步:顺着机车走行线在左端咽喉画机车出入段线,在右端画机待线;在右、左两端分别画出牵出线1和牵出线2,并把它们与到发场1、到发场2、调车场相连。

第四步:分别标记以下进路交叉:

(1)左端上行旅客列车出发进路与下行货物列车到达进路的交叉1,右端上行旅客列车到达进路与下行货物列车出发进路的交叉1′。

(2)左端上行货物列车由到发场2的出发进路与到发场1自编列车经由牵出线2的转场进路产生的交叉2,右端上行货物列车接入到发场2的到达进路与到发场1解体车列经由牵出线1的转场进路产生的交叉2′。

(3)上、下行货物列车机车出入段与到发场1的自编车列经由牵出线2的转线作业在左端产生的交叉3。

(4)到发场2上行货物列车出发进路与下行货物列车机车(包括客车机车)经由机走线出入段的进路产生的交叉4。

拓展知识

双线铁路客货纵列式区段站布置图型

这种图型通常是车站改建时形成的,因此客、货运转设备和机务设备相互位置的配置形式很多。以图5-2-3为例,上、下行货物列车到发场分别位于正线两侧并横列布置,两个方向共用一个调车场。

客货纵列式区段站图型的优点是:客、货运两场分设,作业干扰较少,客、货运设备分别集中,管理方便;当作业量较大的一个方向的到发场在城市同侧或在城市同侧接轨的岔线较多时,调车场可布置在城市一侧,对城市发展和地方运输适应性较强等。缺点是:客、货运两场分设,需增加设备和定员;既有岔线和货场取送车作业不方便;客、货运两场间距离较近时,靠客运车场一端的牵出线,其长度往往不能满足整列调车的需要或位于曲线上;既有机务段与货运车场间机车走行距离增加,还可能产生折角走行,甚至需另设出、入段线;有一个方向的列车机车出入段需横切正线等。

复习思考

一、填空题

1.常见的区段站布置图主要有_____、_____和_____三种。

2.双线横列式区段站的货物列车到发场分为_____、_____两个车场,并列在两正线同一侧。

3.双线横列式区段站的主要矛盾是_____。

4. 单线横列式区段站布置图适用于引入方向少于_____个的区段站。

5. 双线纵列式区段站的上、下行货物列车到发场分别设在正线_____并纵向全部错移。

二、判断题

1. 区段站与中间站相比设有机务段,有解编作业;与编组站相比,通过车流大,解编车流少。 （   ）

2. 区段站的布置图中,上、下行客货列车到发场为纵向排列的称为横列式。 （   ）

3. 单线横列式区段站的主要缺点是有一个方向的机车出、入段走行距离比较长。 （   ）

4. 双线横列式区段站布置图适用于旅客列车对数较多的区段站。 （   ）

5. 双线纵列式区段站解决了双线横列式区段站的主要矛盾。 （   ）

三、简答题

1. 区段站图型分析的目的是什么? 简述分析步骤。

2. 双线横列式区段站图型主要存在哪些交叉干扰? 怎样疏解?

3. 双线横列式区段站各咽喉的最大平行进路有哪几条?

任务5.3 区段站运转设备配置

知识要点

区段站主要运转设备的设置条件和要求,区段站咽喉布置的要求和方法。

重点掌握

区段站主要运转设备的设置条件和要求。

基础知识

区段站的主要设备包括:客运业务设备、货运业务设备、运转设备、机务设备、车辆设备。其中,运转设备包括旅客列车运转设备和货物列车运转设备两种类型。

1. 旅客列车运转设备

旅客列车运转设备,指专供旅客列车使用的旅客列车到发线,当有始发和终到旅客列车时,还应有客车车底停留线。

2. 货物列车运转设备

货物列车运转设备,指专供货物列车使用的货物列车到发线、调车线、牵出线或驼峰、机车走行线、机车出入段线、机待线等。

一、货物列车到发线

1. 数量及长度

影响货物列车到发线数量的主要因素有列车对数及其性质、衔接线路方向数及相邻区段的闭塞方式、车站布置图的类型、技术作业过程、作业方式、机车交路等。

《铁路车站及枢纽设计规范》(TB 10099—2017)规定:区段站上为客货列车使用的到发线数量,应根据列车种类、性质、数量和运行方式等确定,设计时可按表5-3-1中的数据确定。

到 发 线 数 量   表 5-3-1

换算列车对数	双方向到发线数量 (正线及机车走行线除外)	换算列车对数	双方向到发线数量 (正线及机车走行线除外)
≤12	3	37~48	6~8
13~18	4	49~72	8~10
19~24	5	73~96	10~12
25~36	6	>96	12~14

注:①对表中到发线数量的幅度,可按换算对数的大小对应取值。
②两个方向以上线路引入(包括按行车办理的铁路专用线)的区段站,考虑到列车同时到发,到发线数量可适当增加。
③换算列车对数少于6对时,到发线数量可减为2条。
④如果采用追踪运行图,到发线数量增加1条。
⑤区段站上尽头式正线按到发线计算。
⑥客、货纵列式区段站的货物列车到发线数量应扣除旅客列车的换算对数后按本表采用;客车到发线数量和有效长可按照客运站到发线数量的有关规定确定。双线横列式区段站的货物列车到发线数量按上、下行分场的换算列车对数按本表分别确定。
⑦区段站某一方向的换算列车对数,等于该方向各类客、货列车对数(可按该方向接发的各类列车数除以2求得)分别乘以相应的换算系数后相加的总额。查表确定到发线数量时,尽端式区段站按接发车一端的各个方向加总后的换算对数确定,但可适当减少;通过式区段站按各个方向加总后的换算对数的1/2确定。列车对数的换算系数:直通、直达、小运转列车为1;有解编作业的直通、直达、区段、摘挂和快零货物列车为2;始发、终到旅客列车为1,停站的旅客列车为0.5;不停站的客、货车不计。

货物列车到发线的有效长根据线路等级和相邻区段统一规定,应满足干线标准有效长度要求。

2.货物列车到发线的布置

(1)到发线应布置在直线上。

到发线有效长范围内,如设有曲线,不仅在接发列车时瞭望条件差,作业不便,而且不利于列检人员进行列车技术检查。

(2)到发线单进路或双进路的设置。

①单线横列式区段站的到发线采用双进路。

②双线横列式区段站的到发线,一般设计为单进路,分别按上、下行方向接发列车。但靠近旅客站台的到发线及靠近调车场的部分到发线,宜设计为双进路。如有第三方向线路引入且有通过的折角车流或位于局交界口的区段站,为了增加线路使用的灵活性,以适应列车密集到达和减少交叉干扰,可将部分到发线设计为双进路,其余作预留。如到发线数量较少或有充分根据,也可全部设计为双进路。

(3)超限货物列车到发线的布置。

除正线必须保证通行超限货物列车外,在单线铁路区段站,应另设有一条到发线能通过超限货物列车;在双线铁路区段站,上、下行应各有一条到发线能通行超限货物列车。

二、旅客列车到发线

1. 数量及长度

除客货纵列式区段站外,区段站的到发线一般是客货列车兼用的,一般使用靠旅客站台的到发线或正线接发旅客列车。旅客列车的停站时间一般较短,对到发线能力的影响不大,旅客列车到发线的数量可将对旅客列车对数换算后与货物列车换算对数相加按表5-3-1中的数据确定。并将其中靠近旅客站台的到发线和正线用于接发旅客列车。

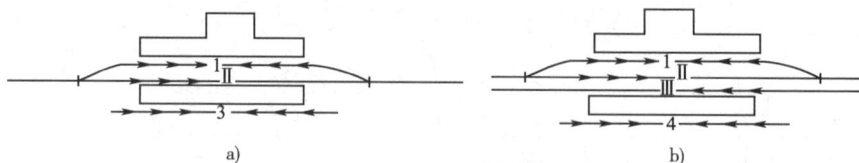

a)   b)

图5-3-1 区段站旅客站台与线路布置形式图

客货兼用的到发线有效长应与货物列车到发线有效长一致。

在客货纵列式布置的区段站上设专用的旅客列车到发场,旅客列车到发线的数量和有效长参照客运站列车到发线的规定加以确定。

2. 到发线与旅客站台的布置形式

选择到发线与旅客站台的合理布置形式,主要需考虑正线布置要顺直;客、货列车能便捷到发,站内交叉少;旅客跨越线路少,横越线路设备建筑费用少;便于货场设置、支线引入及工业企业线接轨;便于线路保养维修以及便于进一步发展,如从单线发展成双线时,便于增加线路等。

图5-3-1a)为单线铁路区段站到发线与旅客站台的布置形式,其特点是旅客基本站台与中间站台夹两条线路。此种布置形式的优点是旅客列车无交会时,各方向旅客列车均可接入1道;有交会时,可分别接入1、Ⅱ道,正线及以下的各条线路均为货物列车使用,客、货列车主要分布在正线两侧,利于作业,同时不论在站房同侧还是对侧设置货场及引入支线、工业企业线都比较方便,修建双铁路线时应与区间综合考虑,将1道或3道改为第二正线。因此,这种布置形式一般应优先考虑采用。

图5-3-1b)为双线铁路区段站到发线与旅客站台的布置形式,其特点是旅客基本站台与中间站台夹3条线路。这种布置形式的优点是正线顺直没有反向曲线,便于线路养护维修,适合于横列式发展为纵列式和客货纵列式站型,且当纵列式图型采用此方案在办理旅客列车三交会时,正线Ⅱ道仍可用来通过货物列车。缺点是基本站台与中间站台夹3条线路,天桥或地道的维修费用高;在未设天桥或地道时,4道上、下车的旅客进出站横越线路较多且与Ⅱ、Ⅲ道接发货物列车发生干扰。在双线铁路横列式区段站图型中,宜优先采用此方案。

3. 客车车底停留线

当区段站有始发、终到旅客列车车底停留时,一般应设置客车车底停留线,以免占用到发线或调车线,影响到发线或调车线的使用。客车车底停留线的位置应与接发旅客列车的到发线有便捷的通路。可设置在站房同侧或调车线外侧,如为市郊旅客列车车底停留,可考虑设在站房同侧。若个别旅客列车立即折返,且停留时间较短,确定到发线已考虑该因素,也可不设客车车底停留线。

三、机车走行线、机待线及机车出入段线

(一)机车走行线

车站内专供机车出入段用的线路称为机车走行线(简称机走线)。机车走行线的数量及设置位置,应根据区段站布置图型的类型、列车对数、机务段位置、机车运转交路制度等因素确定。

1.机车走行线的设置条件

每昼夜通过机车走行线的机车在 36 次及以上的区段站可设一条机车走行线。

纵列式区段站、采用循环交路制的区段站、机务段在站对并位置的区段站以及每昼夜通过机走行线的机车在 36 次以下的区段站,可不设机走线,机车出入段可利用空闲的到发线进行。

2.机车走行线的设置位置

机车走行线的位置,应根据车站布置图,以减少机车出入段与接发车交叉干扰次数以及缓和交叉的严重程度为原则进行确定。

以双线横列式区段站图型为例,机车走行线设置在两到发场之间或到发场与调车场之间。

当机务段设在站对右时,机车走行线应设于上、下行到发场之间,如图 5-3-2a)所示。此时产生的上行货物列车出发与机车出入段的交叉干扰(a 点)性质较缓。若要疏解此交叉干扰,可修建上行外包机务段正线,如图 5-3-2a)中的虚线所示。

当机务段设在站对左时,机车走行线应设于上行到发场与调车场之间,如图 5-3-2b)所示。此时仅产生上行货物列车到达与下行货物列车机车出入段的交叉(a 点)。若有上行正线外包机务段[图 5-3-2b)中的虚线所示],则将机车走行线设置在上、下行到发场之间。

单线横列式区段站机车走行线的设置与双线横列式区段站的相似。

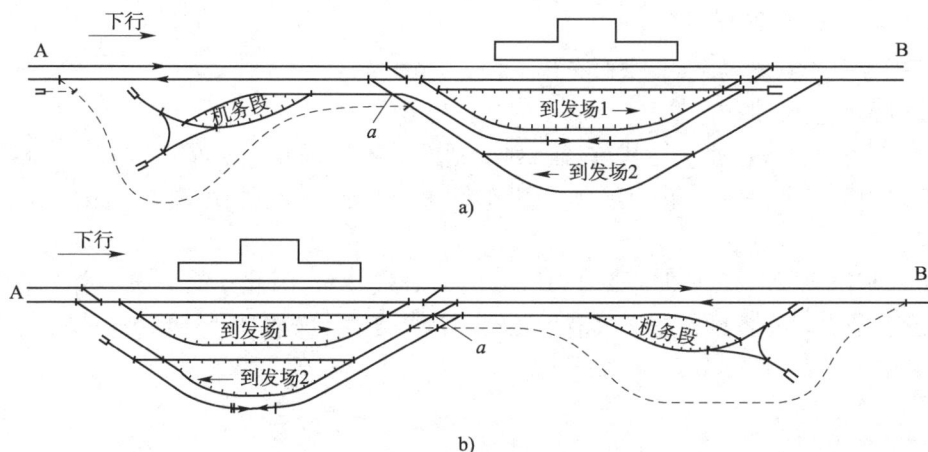

图 5-3-2 横列式区段站机车走行线布置图

(二)机待线

设在非机务段一端,专供牵引机车停留、临时等待的线路称为机待线。

1. 机待线设置条件

在设有机走线的横列式区段站应设机待线。机待线的作用是便于出入段的机车的停留与交会;机待线与机车走行线相配合可以使机车出入段与其他作业平行;当机务段位于站房同侧或与车场并列时可以增加出、入段机车穿越正线或牵出线交叉点的机会和减少占用交叉点的时间;在旅客列车停站的时间短、旅客列车换挂机车比较多的区段站,可使机车争取时间和避免与其他作业干扰,保证列车正点;区段站直通货物列车的比重占70%左右,在采用肩回交路的区段站上,使换挂机车的直通列车保证正点。因此,只有行车量很小,换挂机车较少(通过车场的机车在36次以下)或改建困难的单线铁路区段站可缓设或不设机待线,其他区段站均应设置机待线。

2. 机待线的设置位置

横列式区段站设在非机务段一端的咽喉区,纵列式区段站设在机务段对侧到发场出发一段的咽喉区。

3. 机待线布置形式

机待线布置形式有贯通式(图5-2-1)和尽端式(图5-2-2)两种。

尽端式机待线的优点是:有隔开进路,安全性好,即使司机操纵失误冲击土挡,其损失也比与列车(或转线车列)冲突为轻。缺点是:咽喉较长。

贯通式机待线的优点是:进路比较灵活,咽喉长度短,到发线数量相同时可缩短20~60m,节省占地及铺轨长度。缺点是:无隔开进路,安全性差。

除地形受限制外,一般采用尽端式为好。

4. 机待线的长度

机待线宜位于直线上,以保证有良好的瞭望条件。其有效长度:尽端式的采用45m,困难条件下不应小于牵引机车长度加10m;贯通式的采用55m,困难条件下不应小于牵引机车长度加20m。双机牵引时,上述有效长度应另加一台机车长度。

(三)机车出入段线

设在机务段与到发场之间,供机车出入段使用的线路。

1. 设置条件及数量

机车出入段线数量取决于列车对数,列车到发的不均衡性及机车运转方式。横列式区段站一般出入段线各设有一条,当出入段机车每昼夜不足60次时,可缓设一条。

2. 长度

由于机车出入段时要在机务段出入段处的值班室签点,因此在机务段最外方道岔与站管道岔之间,应有机车停留位置。其有效长度不应小于两台机车长度加10m的安全距离,一般不少于70m。

四、调车线和牵出线

(一)调车线

区段站为了集结车辆、解体和编组区段列车及摘挂列车(有的还办理直通或直达列车的解编作业)、停放本站作业车或其他车辆,需设置调车线。

区段站调车线的数量及有效长,应根据车站衔接线路的方向数、有调作业车数、调车作业方法及列车编组计划等因素来决定。

1. 有编解作业的区段站

(1)每一衔接方向设 1 条调车线,车流大的方向可适当增加,其有效长度不应短于到发线的有效长度。

(2)本站作业车停留线 1 条;待修车和其他车辆停留线 1 条,车数不多可共用 1 条;有岔线接轨且车辆较多可增设 1 条;有危险品车辆时,应设危险品车辆停留线 1 条。上述调车线的有效长度应按照该线所集结的最大车辆数确定。

2. 无改编作业的区段站

调车线应设 2 条,作为本站作业车辆停留及调车之用。有效长度应按最大存车数量确定。

(二)牵出线

牵出线是指设在调车场的一端,并与到发线连接,专供车列解体、编组及转线等牵出使用的线路。它是区段站上主要的调车设备,当解体调车作业量大时,可在牵出线上设置简易驼峰。

1. 牵出线数量

牵出线数量取决于有调作业车数、编组计划要求、调车作业方法、站内调机台数及分工、货场与工业企业线位置及作业量等因素。

区段站调车场两端应各设 1 条牵出线,如每昼夜调车作业量不超过 7 列(解 7 列,编 7 列),可缓设 1 条。如有运量较小的支线或岔线在该站接轨,其位置和平、纵断面适合调车,经允许,可作为次要牵出线。

在纵列式区段站上,如有部分改编货物列车成组甩挂作业,且线路通过能力受到限制,不能用正线调车,可在站房同侧到发场设专用牵出线。

货场取送车作业时,一般可利用调车场牵出线进行。如货场位于站房同侧,装卸作业量又较大,且区间列车对数较多,宜设专用的货场牵出线。

2. 牵出线长度

区段站牵出线的有效长,一般不短于到发线的有效长,以保证整列一次转线。在困难条件下,仅进行部分改编货物列车的增减轴作业时,可适当减短。次要牵出线可以稍短,但不能短于到发线有效长的一半。

3. 牵出线平、纵断面要求

牵出线平面布置应设在直线上。困难条件下可设在曲线上,但应保证有良好的视线,其半径不应小于 1000m;特别困难条件下,其半径不应小于 600m;若仅办理摘挂、取送作业的货场或其他厂、段的牵出线,在特别困难条件下可设在半径不小于 300m 的曲线上。牵出线不应设在反向曲线上。

牵出线在纵断面上,应设在平道或不大于 2.5‰的面向调车场的下坡道上。办理摘挂、取送作业的货场或厂、段的牵出线,宜按上述要求设置,特别困难条件下,可设在不大于 6‰的坡道上。

五、区段站咽喉区的布置

车站咽喉是指从车站两端最外方道岔的基本轨接头处,分别至到发场最内方信号机(或警冲标)的范围。该区域是车站作业最繁忙、道岔最集中之处,往往是车站通过能力的限制区域。车站主要车场咽喉区的布置是否合理,不仅影响车站必要的通过能力和各车场的作业安全、工作效率,而且直接关系到车站的站坪长度、道岔的铺设、钢轨数量以及用地面积等。

(一)区段站咽喉布置的基本要求

一般情况下,区段站咽喉布置应符合以下基本要求:

(1)保证必要的平行作业进路;

(2)作业进路交叉数量应减少到最低限度;

(3)尽量缩短咽喉区布置长度;

(4)力求使各条线路有效长度相等或相近;

(5)道岔数量尽量减少。

(二)区段站咽喉布置的方法和步骤

现以图5-3-3所示区段站为例说明咽喉布置的大致方法和步骤。

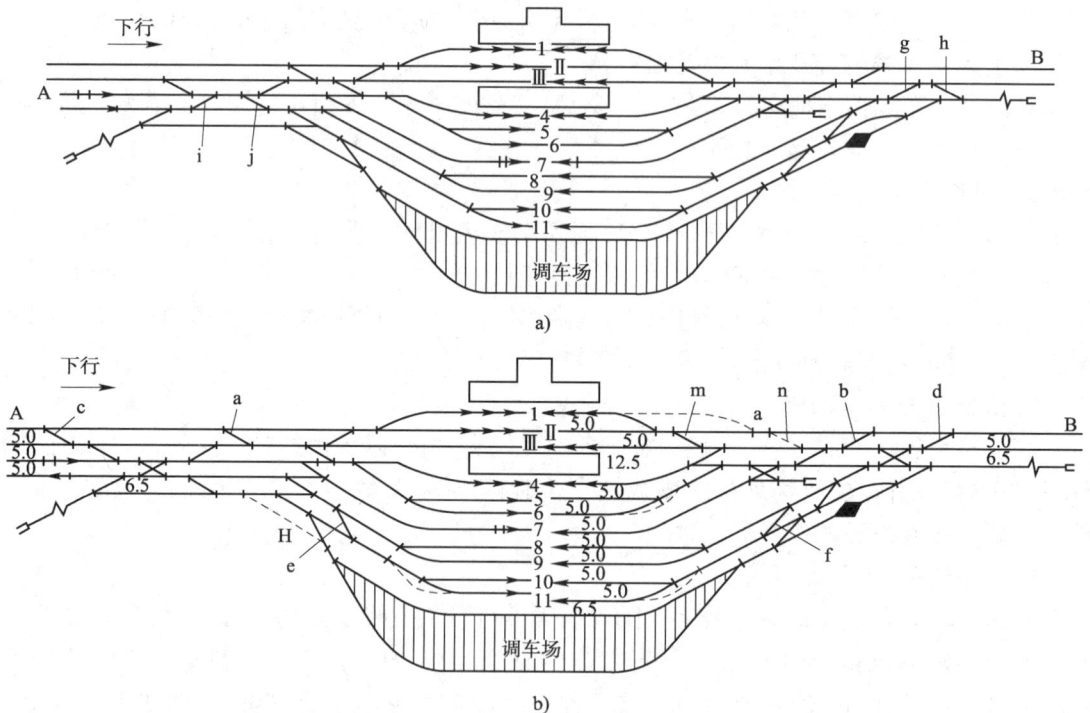

图5-3-3 双线铁路横列式区段站咽喉布置图

1.选择区段站参考图型

根据选定的区段站布置图类型和确定的各项设备的规模、数量及布局,选择近似的区段站详图作为设计车站咽喉的参考。

2. 确定咽喉区平行作业进路的数量

《铁路车站及枢纽设计规范》(TB 10099—2017)规定,采用肩回运转交路的区段站咽喉区,其进路应保证不少于表 5-3-2 中所列的主要平行作业数量,由干、支线接轨时还应适当增加。

区段站咽喉区平行作业数量 表 5-3-2

图型	条 件		咽喉区位置	平行作业数量	平行作业内容
横列式	单线铁路	平行运行图列车对数在 18 对及以下	非机务段端	2	列车到(发)、调车
			机务段端	2	列车到(发)、机车出(入)段
		平行运行图列车对数在 18 对以上	非机务段端及机务段端	3	列车到(发)、机车出(入)段、调车
	双线铁路		非机务段端	3	列车到、列车发、调车或列车到(发)、机车出(入)段、调车
			机务段端	4	列车到、列车发、机车出(入)段、调车或列车到(发)、机车出段、机车入段、调车
纵列式	双线铁路		中部	4	下行列车出发(通过)、上行列车出发、机车出(入)段、调车

图 5-3-3 中,车站 A 端咽喉最多可保证下行旅客列车到达、上行旅客列车出发、机车出段、机车入段、牵出线调车 5 项平行作业;B 端咽喉最多可保证下行旅客列车出发、上行旅客列车到达、机车出(入)段、牵出线调车 4 项平行作业。

3. 确定各车场的合理分工及线路固定使用方案

确定下行到发场负责接发下行方向的无改编中转列车、上行到发场负责接发上行方向的无改编中转列车及上、下行方向的改编货物列车。

因为车站上、下行改编列车不多,固定在上行到发场靠近调车场的线路(10、11 道)上办理,可疏解改编车列转线与无改编中转列车到发之间的交叉干扰。

靠近基本站台的 1 道设计为双进路,使双方向的旅客列车均有停靠基本站台的可能;上、下行到发场之间的 7 道固定为机车走行线。

除正线外,确定 4 道、8 道可分别通行下行和上行超限货物列车。

4. 确定线路间距

根据线路固定使用方案,确定相邻线路间办理作业的性质、设置在相邻线路间有关设备的计算宽度、线路中心线至主要建筑物(设备)的距离等,计算确定各相邻线路的间距,并标注在详图上,如图 5-3-3b)所示。

5. 进行到发线分组

到发线按上、下行分场后,应进一步合理分组,这样可以增加咽喉作业的机动性,保证必要的平行作业,有利于调整到发线的有效长。此外,分组还可以形成更多的隔开进路,有利于作业安全。

到发线分组应根据线路数量及作业要求来确定。图 5-3-3a)中下行到发场有 3 条到发

线,由于下行到发场 A 端主要办理下行无改编中转货物列车到达或 4 道的部分上、下行旅客列车到发作业,它们在咽喉区有部分共同径路,这两项作业不能同时进行,对到发线进行分组不能增加列车到、发的平行作业,反而延长了咽喉的长度,所以下行到发场 A 端不分组。下行到发场 B 端按1(条)、2(条)分组,使 4 道列车出发与 5、6 道上机车出(入)段作业能同时进行。

上行到发场有 4 条到发线,A、B 两端均为 2-2 分组,能使 8 道(或 9 道)在接发列车时 10 道(或 11 道)可以同时进行车列转线作业。

6. 合理布置道岔和渡线

布置道岔和渡线时,应保证咽喉区各项作业进路的要求,同时尽量减少道岔的数量,缩短咽喉长度及作业进路的走行距离,坚持"通、活、紧、省"的布置原则。

"通"是指按作业要求布置一定数量的进路,保证必要的作业能畅通无阻,无须之字走行。图 5-3-3a)中,两端咽喉区上、下行客货列车到达及出发、机车出段、改编车列转线、牵出线调车等主要作业的进路均畅通,符合要求。

此外,两端咽喉区还应布置必要的道岔和渡线,保证上行到发场能反向接发列车;两个到发场部分线路接发列车时,其余线路可以进行转线调车作业;调车场能直接向区间发车;旅客列车到发线与牵出线有直接通路等作业进路,以增加咽喉的机动性。图 5-3-3b)中两端咽喉分别设置渡线 a、b,就是为了使下行货物列车能在下行到发场办理到发,这是必需的作业进路。但此时下行改编货物列车仍无法利用上行到发场,调车场与下行正线也无直接通路,故需设置渡线 c、d。

"活"是指在已设有主要进路的基础上,增设渡线或道岔来增加咽喉的机动灵活性,增加更多的平行作业组合。图 5-3-3b)中两端咽喉如不设置 a、b 渡线,虽然接发上、下行货物列车的进路仍然走得通,但不能保证上、下行同时接发货物列车;在 A 端咽喉增设渡线 e,可保证 10、11 道列车到、发与左端牵出线调车的平行作业;同样,在 B 端咽喉增设渡线 f,可避免在 10、11 道上 B 方向列车到发与驼峰迂回线上作业的干扰。

"紧"是指咽喉区布置要紧凑,在保证"通""活"的前提下,力求车站咽喉长度为最短。通常采用的办法是:咽喉区道岔配列按规定相邻道岔中心间距离最小长度设计,并采用交叉渡线或交分道岔;在保证相同进路前提下,调整道岔配列顺序。图 5-3-3b)中,A 端将渡线 j 与 i 合并成交叉渡线,B 端将渡线 g 和 h 合并成交叉渡线,从而缩短了两端咽喉区的布置长度。

"省"是指节省工程费用,将不必要的梯线、渡线、道岔尽量压缩,将不必要的线路分组省略,以进一步缩短咽喉长度,减少工程投资。图 5-3-3a)中下行到发场 A 端没有分组,这是由于下行改编货物列车按线路固定使用方案接入了上行到发场的 10、11 道,下行到发场没有将无改编中转货物列车与改编车列转线进路分开的必要,从而省略了一条梯线。图 5-3-3b)中 A 端设有渡线 e 之后,10、11 道列车到发与牵出线调车同样可以同时进行,平行梯线 H 可以省去,从而达到既满足作业需要又节省工程费用的目的。

技能训练

【训练任务】画出双线横列式区段站(机务段设于站对右)机车走行线布置位置示意图。完成训练任务 5-3。

【操作步骤】

第一步：按一定的比例尺画出车站站房及基本站台。

第二步：自站房基本站台边缘向对侧依次画出下行正线Ⅰ道、上行正线Ⅱ道、下行到发场、上行到发场。

第三步：将两到发场分别于下行正线和上行正线相连。

第四步：在第Ⅲ象限画出机务段的大致位置。

第五步：在两到发场之间画出机车走行线，使其左端与机务段相连，右端设置机待线。

拓展知识

区段站货场平面布置

区段站货运量较大，一般都设有专门的货场。货场的主要任务是办理货物的承运、保管、装卸和交付等作业。货场内用来办理货运业务的设备称为货运设备，主要包括：货物线、货物站台、仓库、货棚、堆放场、装卸机械、检斤设备和办公房屋等。

货运设备的总体布置，即为货场布置图。货场设备布置应力求紧凑、合理、充分利用场地、便于作业，并留有发展余地。

货场的布置图按货物线的布置形式，可分为尽端式、通过式和混合式3种。

（1）尽端式货场

尽端式货场的货物线为尽端式布置，如图5-3-4所示。尽端式货场的优点是：占地少，铺轨及道路长度短，工程投资少，易于地形结合，也便于与城市规划相配合；货物线与道路交叉少，零星车辆取送方便，货场改建比较容易。缺点是：车辆取送作业均在货场一端进行，咽喉负担较重，取送车作业与装卸车作业有干扰。

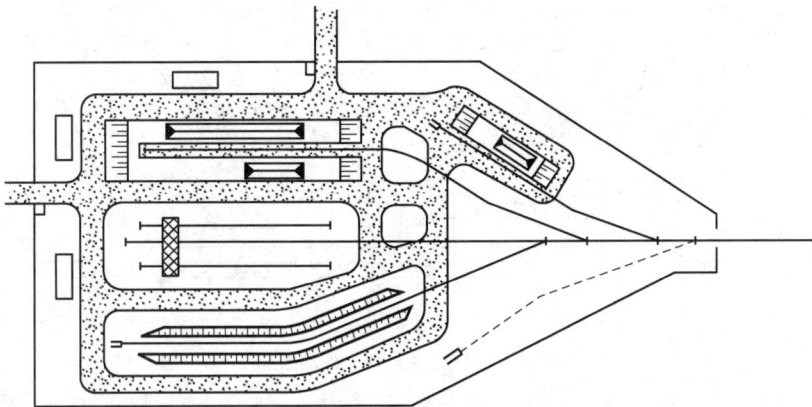

图5-3-4 尽端式货场平面布置图

（2）通过式货场

通过式货场的货物线为通过式布置，如图5-3-5所示。通过式货场的优点是：取送车作业在货场两端进行，互不干扰，取送方便，能力大；有可能利用货物线办理整列装卸。缺点是：占地大，铺轨及道路均较长，工程投资大，零星车辆取送不便，货场道路与货物线交叉较多，取送车作业与地方搬运有干扰。

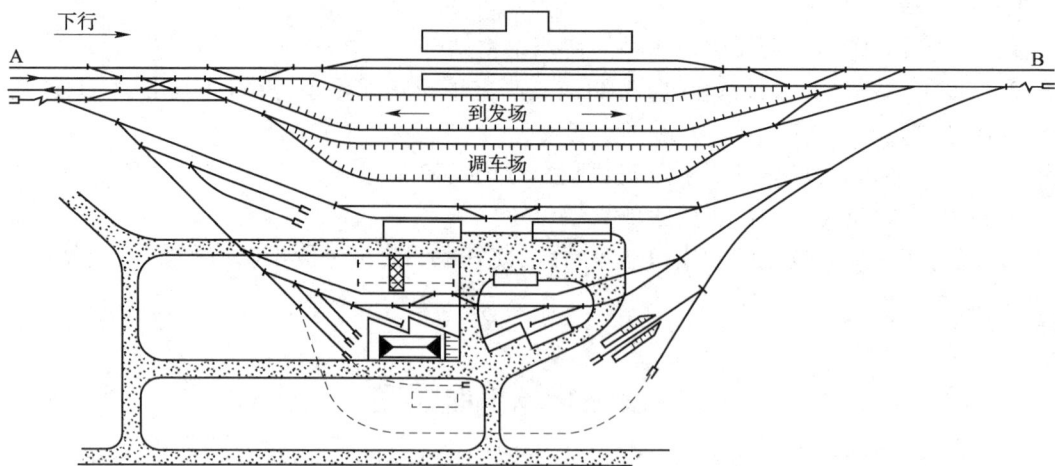

图 5-3-5　通过式货场平面布置图

（3）混合式货场

混合式货场的货物线部分是通过式、部分为尽端式布置，如图 5-3-6 所示。它兼有通过式与尽端式货场的优点和缺点。

货场的布置形式，应根据作业量、货物品类、作业性质及当地条件等因素，通过全面比较选择来确定。区段站货场装卸量一般不很大，宜采用尽端式或混合式货场，只有当运量较大、品类单纯，有条件组成大车组装卸和货场设在站对并位置时，才采用通过式货场。

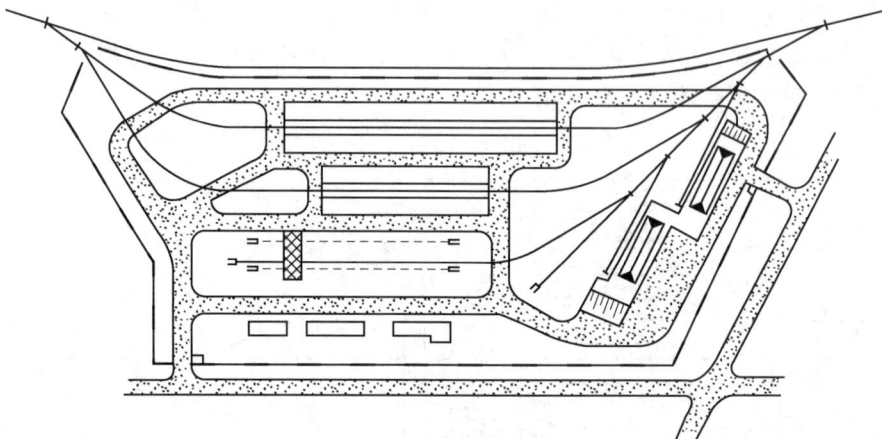

图 5-3-6　混合式货场平面布置图

复习思考

一、填空题

1. 车站内专供机车出入段用的线路称为_____。

2. 每昼夜通过机车走行线的机车在 36 次及以上的区段站可设_____条机车走行线。

3. 设在非机务段一端，专供牵引机车停留、临时等待的线路称为_____。

4. 区段站牵出线的有效长，一般不短于_____有效长，以保证整列一次转线。

5. _____是指从车站两端最外方道岔的基本轨接头处,分别至到发场最内方信号机(或警冲标)的范围。

二、判断题

1. 牵出线不应设在反向曲线上。 （　　）

2. 牵出线应设在平道或小于2.5‰的面向调车场的下坡道上。 （　　）

3. 机待线布置形式有贯通式和尽端式两种。 （　　）

4. 双线横列式区段站的到发线一般设计为双进路。 （　　）

5. 当机务段位于站对右时,机车走行线应设在上、下行到发场之间。 （　　）

三、简答题

1. 区段站的运转设备包括哪些?

2. 在双线横列式区段站上,当机务段设在第Ⅲ象限或第Ⅳ象限时,机走线应分别设在何处? 为什么?

3. 区段站牵出线的数量由哪些因素决定? 在设置时,其平、纵断面有何要求?

4. 何谓车站咽喉? 简述车站咽喉布置的方法步骤。

项目 6

编组站

项目导入

亚洲作业量最大的列车编组站——郑州北站

郑州北站(图6-0-1)位于河南省郑州市,是中国铁路郑州局集团有限公司管辖的特等站,京广铁路和陇海铁路交会处,于1963年建成运营。

图 6-0-1 郑州北站

郑州北站是我国第一个综合性现代化编组站,实现了车站各项业务运营管理的自动化,被称为全国设计布局最科学的编组站,有"编组站教科书""京广、陇海铁路交会处的璀璨明珠"的美誉。郑州北站连接了我国华北、华东、华南、西北和西南铁路,是我国铁路交通的重要枢纽,同时也是亚洲最大的列车编组站。

郑州北站站型为双向纵列式三级八场,日均办理货车达36000辆,主要担负着南北京广、东西陇海四个方向货物列车和郑州枢纽地区小运转列车的到达、解体、编组及出发作业和装载鲜活易腐货物车辆的加冰上水任务。

从建站初期仅21条股道的小车场,到站场规模在亚洲首屈一指的大型编组站;从原始人工作业到实现综合自动化;从日均办理5900多辆到36000辆、作业量和解编效率跃居世界领先水平,郑州北站的发展就是中国铁路发展的缩影。

项目描述

编组站属于技术站,设于铁路网的干线或干支线的交汇点,通常位于枢纽地区,主要承担大量货物列车的解编任务,并配有完善的调车设备。本项目主要介绍编组站的作业、设备配置、车站图型分析、调车驼峰的组成及分类等相关知识。

1. 知识目标

(1) 了解编组站的主要任务；

(2) 熟悉编组站的主要作业、主要设备及其位置；

(3) 掌握编组站布置图型的分析方法；

(4) 掌握编组站折角车流的处理方法；

(5) 熟悉编组站驼峰的组成及分类。

2. 技能目标

(1) 能够分析编组站各类布置图型的优缺点；

(2) 能够绘制车辆在编组站内的作业流程图；

(3) 能够识别调车驼峰及调速设备。

3. 素质目标

(1) 树立职业意识，具备工匠精神、吃苦精神和奉献精神；

(2) 具有质量意识、环保意识、安全意识和信息素养；

(3) 具备爱岗敬业、诚实守信、精益求精、服务奉献精神。

知识树

```
                                        ┌─ 编组站的作业
                        ┌─ 编组站基本认知 ┼─ 编组站的主要设备
                        │               ├─ 编组站的分类
                        │               └─ 调车驼峰
            编组站 ──────┤
                        │               ┌─ 单向一级三场横列式编组站图型
                        │               ├─ 单向二级四场混合式编组站图型
                        └─ 编组站布置图型分析 ┼─ 单向三级三场纵列式编组站图型
                                        └─ 双向三级六场纵列式编组站图型
```

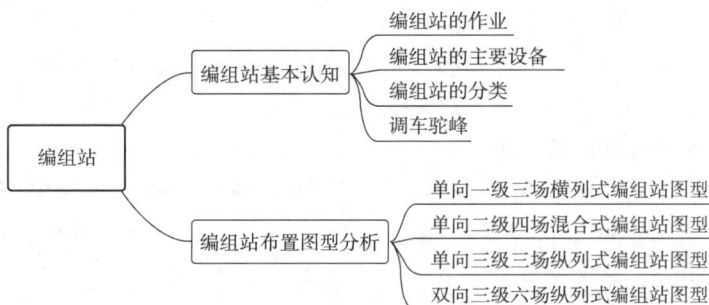

任务6.1　编组站基本认知

知识要点

编组站的概念，编组站主要作业及设备，编组站的分类，调车驼峰。

重点掌握

编组站的主要作业及设备，调车驼峰的类型及组成。

基础知识

编组站是在铁路网上办理货物列车解体、编组作业，并为此设有比较完善的调车设备的

车站。

编组站和区段站统称为技术站。如果仅从技术作业上看,编组站和区段站办理的技术作业种类基本相同,都办理列车的接发、解编、机车整备及机车乘务组更换、列车技术检查及车辆检修等作业。其实,二者在作业的数量、质以及设备的种类和规模上均有明显的区别。区段站以办理无改编中转货物列车为主,办理少量区段、摘挂列车的改编作业。而编组站则按照编组计划要求,除办理通过车流外,主要是解体和编组直达、直通、区段、摘挂及小运转等各种货物列车。车辆经过编组站改编后,又重新组成各种列车开出,故编组站有"列车工厂"之称。

编组站的调车以重力驼峰为主。驼峰调车作业过程是从驼峰调车机车挂上欲解体的车列开始推峰起,至各车组在调车线内安全连挂为止的过程。在这个过程中需要解决的主要问题是溜放车组的速度控制、溜放车组的进路控制及推峰机车的速度控制。

一、编组站的作业

根据编组站在路网和枢纽内的作用和所承担的任务以及作业对象,编组站主要办理以下几项作业:

1. 改编货物列车作业

这是编组站最主要的作业,包括解体列车的到达作业和解体作业,始发列车的集结、编组作业和出发作业。这类作业的数量既多又复杂,是分别在不同的地点和车场办理的。

2. 无改编中转货物列车作业

无改编中转货物列车作业主要是换挂机车和列车的技术检查,时间短,办理地点只限于到发场(或专门的通过车场)。

3. 部分改编中转货物列车作业

部分改编中转货物列车作业除进行无改编中转货物列车的作业外,有时还要变更列车重量、变更列车运行方向或进行成组甩挂等少量调车作业,一般在到发场或通过车场进行。

4. 本站作业车的作业

本站作业车(地方作业车)是指到达本站及工业企业线或段管线内进行货物装卸或倒装的车辆。其作业过程比改编中转列车增加了送车、装卸和取车等内容,其中重点是取送车作业。

5. 机务作业

编组站的机务作业和区段站一样,包括机车出段、入段、段内整备及检修作业。

6. 车辆检修作业

编组站的车辆作业包括在到发线上进行的列车技术检查及不摘车维修;在列检或调车过程中发现车辆损坏需摘车倒装后送往车辆段或站修所进行修理(即站修);根据任务扣车送车辆段维修(即段修)。

7. 其他作业

根据当地需要,编组站有时还需要办理以下作业;

(1)客运作业,包括旅客乘降及换乘。

(2)货运作业,包括货物装卸、换装、保温车加冰加盐、牲畜车上水、清除粪便,鱼苗车换水等。

（3）军运列车供应作业。

为了减少对编组站解编作业的干扰,确保主要任务的完成,应尽量不在编组站上办理或少办理客、货业务。

二、编组站的主要设备

为完成上述各项主要作业,编组站应设置以下设备:

1. 调车设备

调车设备是编组站的核心设备,包括调车驼峰、调车场(线)、牵出线、辅助调车场等几部分,用以办理列车的解体和编组作业。

2. 行车设备

行车设备主要是指接发货物列车的到发线,用以办理货物列车的到达和出发作业。根据其作业量的大小和作业性质的不同,可设置到发场或到达场、出发场(包括通过车场)。

为保证各衔接方向列车同时到发,避免与其他作业进路的干扰,一般应将上、下行到发线分别设置。编组站作业量较大时,应将到达场与出发场分开,以提高作业的流水性。为加速无改编中转列车作业,减少对其他作业的干扰,有时需单独设置通过车场。

3. 机务设备

机务设备,即机务段。编组站一般均设有机务段,而且规模较大,供本务机车和调车机车办理检修和整备作业。机务段位置应根据编组站主要车场的配置形式,结合地形、地质和风向等条件确定。路网性的双向编组站,为减少机车出入段的走行距离及其他作业的交叉干扰,可以增设第二套整备设备。

4. 车辆设备

车辆设备,包括列检所、站修所和车辆段。

5. 货运设备

编组站一般不设专门的货运设备,按照具体情况可设零担中转站台、冷藏车加冰设备以及牲畜车、鱼苗车的上水设备。

6. 其他设备

（1）客运设备:编组站的客运业务很少,一般利用正线办理客车到发(通过)。旅客列车较多时,也可以设置1~2条到发线及1~2个旅客站台。

（2）站内外连接线路设备:如进出站线路、站内联络线和机车走行线等。

此外,编组站还设有信联闭、通信和照明等设备。

三、编组站的分类

编组站根据其在路网中的位置、作用和所承担的作业量,可分为路网性编组站、区域性编组站和地方性编组站。

1. 路网性编组站

路网性编组站是指位于路网、枢纽地区的重要地点,承担大量中转车流改编作业,编组

大量技术直达和直通列车的大型编组站。路网性编组站一般衔接 3 个及以上方向或编组 3 个及以上方向列车，编组两种以上去向的技术直达列车或技术直达列车和直通列车去向之和达 6 个，日均有调中转车达 6000 辆，设有单、双向纵列式或混合式的站场，其驼峰设有自动或半自动控制设备。

我国目前有 12 个路网性编组站：哈尔滨南、沈阳西、丰台西、郑州北、武汉北、新丰镇、济南西、南京东、阜阳北、向塘西、株洲北、成都北。

2. 区域性编组站

区域性编组站是指位于铁路干线交会的重要地点，承担较多中转车流改编作业，编组较多的直通和技术直达列车的大中型编组站。区域性编组站一般衔接 3 个及以上方向或编组 3 个及以上方向列车，编组 3 个及以上去向的技术直达列车和直通列车，日均有调车中转车达 4000 辆，设有单向混合式、纵列式和双向混合式的站场，其驼峰设有半自动或自动控制设备。

我国目前有 14 个区域性编组站：山海关、南仓、石家庄、大同、徐州北、淮南西、鹰潭、江村、柳州南、重庆西、贵阳南、昆明东、襄阳北、兰州西。

3. 地方性编组站

地方性编组站是指位于铁路干支线交会点、铁路枢纽地区或大宗车流集散的港口、工业区，承担中转、地方车流改编作业的中小型编组站。地方性编组站一般编组 2 个及以上去向的直通和技术直达列车，日均调中转车达 2500 辆，设有单向混合式、横列式布置的站场，其驼峰设有半自动或其他控制设备。

我国目前有 12 个地方性编组站：牡丹江、三间房、通辽、太原北、包头西、芜湖东、南翔、乔司、怀化南、安康东、宝鸡东、饮水桥。

若在一个铁路枢纽内设有两个或以上的编组站，则根据作业分工和作业量，可将其分为以下两类：

(1)主要编组站：主要担当路网上中转车流改编任务，以解编直达、直通列车为主。

(2)辅助编组站：协助主要编组站作业，以编解地区小运转车流为主，个别情况也编组少量直达列车。

编组站还可根据布置图形的不同分为若干类。

四、调车驼峰

编组站作业中的一项主要内容是调车，所以，在编组站设备中，调车设备占据十分重要的地位，编组站的调车设备除了区段站中所介绍的平面牵出线外，还主要有驼峰、辅助编组场。

驼峰是指将调车场始端道岔区前的线路抬到一定高度，主要利用其高度使车辆自动溜到调车线上用来解体车列的一种调车设备。

(一)驼峰的分类

驼峰按每昼夜解体能力和技术装备可分为 3 种类型：

1. 大能力驼峰

大能力驼峰每昼夜解体能力 4000 辆以上，调车线不少于 30 条，设 2 条溜放线，并配有机车推峰速度、钩车溜放速度和溜放进路自动控制系统。

2. 中能力驼峰

中能力驼峰每昼夜解体能力 2000 ~ 4000 辆,调车线应设 17 ~ 29 条,设 2 条溜放线,并配有溜放进路自动控制系统,宜配有机车推峰速度自动控制系统和钩车溜放速度自动或半自动控制系统。

3. 小能力驼峰

小能力驼峰每昼夜解体能力 2000 辆以下,调车线应设 16 条以下,设 1 条溜放线,并配有溜放进路自动控制系统,宜配置机车信号和钩车溜放速度半自动控制系统,也可采用简易现代化或人工调速设备。

(二) 驼峰的组成

驼峰的范围是指峰前到达场(不设峰前到达场时为牵出线)与调车场头部之间的部分线段,如图 6-1-1 所示。它包括推送部分、溜放部分和峰顶平台。

1. 推送部分

推送部分是指经由驼峰解体的车列,其第一钩车位于峰顶平台始端时,车列全长所在的线路范围。其中,由到达场出口咽喉的最外方道岔警冲标到峰顶平台始端的线段叫作推送线。设置这一部分的目的是使车辆得到必要的高度,并使车钩压紧,以便摘钩。

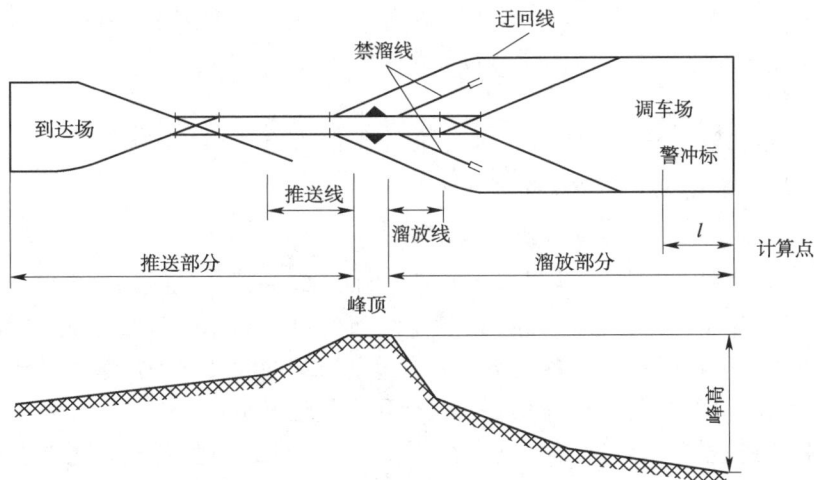

图 6-1-1 驼峰各组成部分示意图

2. 溜放部分

溜放部分是指由峰顶(峰顶平台与溜放部分的变坡点)到计算点的线路范围,这个长度也叫驼峰的计算长度。

计算点是指确定驼峰高度时,保证难行车在溜车不利条件下溜到调车场难行线某处停车或具有一定速度的地点。驼峰调车场的调速制式不同,计算点的位置也不同。

3. 峰顶平台

峰顶平台是指驼峰推送部分与溜放部分的连接部分,设有一段平坡地段。峰顶平台包括压钩坡和加速坡两条竖曲线的切线长,不包括竖曲线的切线长时叫作净平台。

(三)驼峰调速系统及调速工具的作用

1. 驼峰调速系统

驼峰调速系统是指为调整溜放车辆的速度而设置的一套设备。

(1)点式调速系统。在驼峰溜放部分和调车线内,钩车溜放的调速设备全部采用减速器的调速系统。

(2)点连式调速系统。在驼峰的溜放部分和调车线的始端采用减速器,在调车场内采用连续式调速设备的调速系统。

(3)连续式调速系统。在驼峰的溜放部分和调车线内,钩车溜放的调速设备连续布置在线路上实现对车辆的连续调速。

2. 调速工具的作用

调速工具用来调控溜放车辆的速度,按其在驼峰调车中的作用可分为间隔制动、目的制动和调速制动。

(1)间隔制动

间隔制动,是保证前后溜放钩车间有必要的间隔距离。该距离能确保道岔来得及转换,使减速器能及时转换制动或缓解的状态,以便车辆顺利通过溜放部分进入调车线。

(2)目的制动

目的制动,是为调车场内的停车制动创造条件,使车辆能停在调车线内的预定地点,不与停留车辆发生冲撞或相距太远而造成过大的"天窗"。

(3)调速制动

调速制动,是用以调整溜放钩车的速度,使车辆溜入道岔和减速器时不超过容许速度。

(四)驼峰调车场头部平面布置

1. 驼峰调车场头部平面布置的基本要求

(1)尽量缩短由峰顶至每一条调车线警冲标的距离,并使各条线的这个距离相差不大。

(2)尽量减少车辆由峰顶溜向每一条调车线所经过的道岔数和曲线转向角(包括侧向通过道岔时的辙叉角)度数,并使各条调车线的道岔数和曲线转向角度数相差不大。

(3)尽量减少车辆共同溜行径路的长度,使钩车能迅速分散。

(4)根据设备技术要求分别留出减速器、道岔轨道电路、道岔转辙装置及测速等设备安装的位置。

(5)应留出峰顶连接员室、信号楼、动力室等生产用房和设置道路、平过道、电缆槽、风管沟、排水沟的位置。

2. 驼峰调车场头部平面布置的具体规定

(1)推送线和溜放线

峰前设有到达场时,应设2条推送线;如采用双溜作业,可设3~4条推送线;峰前不设到达场时,根据解体作业量的大小,可设1条或2条推送线(即牵出线)。

设有2条推送线,调车场线束在4个及其以上的驼峰,应设2条溜放线。

根据推送线和溜放线的布置数量,驼峰解体方式主要有单推单溜、双推单溜和双推双溜3种方式。

（2）道岔类型

为了缩短由峰顶到调车场计算点的距离，并便于车场内股道呈线束形对称布置，一般在调车场头部采用6号对称道岔或三开道岔。当调车场内股道较多时，最外侧线束的最外侧道岔可采用交分道岔或9号单开道岔。

（3）调车场线路布置

调车场的线路一般都采用对称的线束布置，每线束内调车线的数量以6～8条为宜。在调车线较多的调车场，由于中间线束的股道比较顺直、曲线阻力小，其股道数量可比外侧线束增多，以平衡各股道的溜放阻力。

（4）曲线设置

为缩短调车场头部的长度，曲线半径一般采用200m，困难时可采用180m。如条件允许，应尽可能采用稍大的曲线半径，以利于车辆溜放并减少钢轨的磨耗。应尽量避免反向曲线，必须设置时，两曲线间应有不短于10m的直线段，以便车辆的两台转向架不同时位于两条曲线上。

为缩短调车场头部的长度，曲线可以直接与道岔辙叉跟相连，不设直线段。其轨距加宽可以在曲线范围内处理。

（5）线路间距的规定

线路间距的规定见表6-1-1。

驼峰及调车场线路间距　　　　　　　　　　　　　　　表6-1-1

序号	名　　　称		线间距（mm）
1	推送线与其提钩地段侧相邻线路间、牵出线与其相邻线路间		6500
2	峰顶平台两相邻线路间		6500
3	编发线间	线间有列检小车通道	5500
		线间无列检小车通道	5000
4	调车线间		5000
5	调车场各线束间	有制动员室	7000
		无制动员室	6500
6	迂回线与禁溜线间		5000
7	梯线与其相邻线间		5000
8	非同一道岔分开两相邻线间在道岔至警冲标范围内		4000
9	非同一道岔的两相邻线间在警冲标以后		4000

（6）迂回线和禁溜线

迂回线是指将禁止过峰顶及减速器的车辆绕过峰顶送往调车场的线路。在作业量不大，只有一个峰顶时，可考虑设一条迂回线。此时，迂回线应设在不进行提钩作业的一侧。在作业量大，设有两条推送线和两个峰顶时，一般应设两条迂回线，其在推送线上的出岔位置，应尽可能避开经常提钩地段，如不能避开，应在跨越道岔处铺设平过道，以利于调车作业人员的安全。

禁溜线是指在解体过程中暂时存放禁止从驼峰溜放车辆的尽头式线路。只设一个峰顶时，要设一条禁溜线；设有两条推送线和两个峰顶时，应设两条禁溜线。禁溜线的长度为150m左右，过短则影响作业安全。其出岔位置应尽量靠近峰顶，并应为提钩人员的作业安

全创造条件,一般是将道岔的尖轨或辙叉设在峰顶平台上。

(五)驼峰线路纵断面布置要求

(1)大、中能力驼峰及溜放部分设调速设备的小能力驼峰峰高应保证在溜车不利条件下,以5km/h的推送速度解体车列时,难行车溜至难行线的计算点。

计算点的位置应根据采用的驼峰调速系统确定。

溜放部分不设调速设备的小能力驼峰峰高应保证溜车有利条件下,以5km/h的推送速度解体车列时,易行车溜入调车场易行线警冲标的速度不大于18km/h;调车线设车辆减速器时,易行车溜入车辆减速器处的速度不大于其制动能高允许的速度。

(2)驼峰溜放部分的线路纵断面,应设计为面向调车场的下坡,其坡段组成应符合下列要求。

①加速坡:使用内燃机车不大于55‰,在困难条件下,不应小于35‰。

加速坡与中间坡的变坡点宜设在第一分路道岔基本轨前。

②中间坡:可设计成多段坡或一段坡。设有车辆减速器地段的线路坡度不宜小于8‰。

③道岔区坡:平均坡度不宜大于2.5‰;边缘线束不应大于3.5‰。

④驼峰溜放部分的线路纵断面设计应根据采用的调速系统,按下列要求进行检算:

a.以5km/h的推送速度连续溜放"难-中-难"单个车或采用调速顶"难行车组-单个易行车"通过车辆减速器、各分路道岔和警冲标时,应有足够的间隔。

b.车辆进入车辆减速器的速度,不应超过规定值。

c.车辆通过各分路道岔的速度,不应大于计算保护区段长度所采用的速度。

(3)驼峰推送部分的线路纵断面应保证在任何困难条件下用1台调车机车能起动车列。峰顶前应设一段不小于10‰且长度不小于50m的压钩坡。

(4)连接驼峰线路各坡段的竖曲线半径,峰顶邻接压钩坡不应小于350m;邻接加速坡应为350m;其余溜放部分和迂回线分别不应小于250m和1500m。

(5)峰顶净平台长度宜采用7.5~10m。

(6)禁溜线的纵断面应为凹形,始端道岔至其警冲标附近应设计为下坡,中间停车部分宜设计为平坡,距车挡10m范围内应设计为10‰的上坡。

一线微观

襄阳北站制动员当班离岗翻越车辆伤亡事故

2007年11月18日17时50分,襄阳北站峰尾车间调车一班制动员李某,在参加完班前点名会后,按照连结员安排,到1号防溜房待令。李某到达1号防溜房后,将对讲机和安全带放在凳子上,未向任何人讲明去向,便独自携带信号灯离开防溜房。18时05分左右,峰尾调车一班制动员郑某发现李某躺在14道南端第三位车辆东面,左腿已从大腿根部被轧断,经抢救无效死亡,构成铁路交通一般B1类人员死亡事故。

制动员李某在待令时间内,违反"作业人员严格遵守劳动纪律和作业纪律,严禁串岗"规定,自行离开待令处所;横越线路翻越车辆时,违反《铁路车站行车作业人身安全标准》"横越停有机车车辆的线路时,先确认机车车辆暂不移动,然后在机车车辆3米以外通过"规定,在未确认停留车动态的情况下翻越车辆,是事故发生的主要原因。

技能训练

【训练任务】画出驼峰组成部分示意图。完成训练任务6-1。

【操作步骤】(参照图6-1-1)

第一步:按一定的比例尺画出峰顶平台,长度为10m。

第二步:画出连接到发场和峰顶平台的推送线,要求推送线的长度不小于车列全长(800m)。

第三步:画出溜放部分。

拓展知识

武汉北编组站

武汉北编组站(图6-1-2)位于湖北省武汉市黄陂区横店街道境内,是我国目前一次性新建规模最大的编组站,是全国主要路网性编组站之一,是中国铁路武汉局集团有限公司下辖的特等站。

图6-1-2 武汉北编组站

武汉北编组站按双向三级七场规模建设,于2009年5月18日正式投入使用。俯瞰车站外形,大致呈葫芦状,平均宽度为800~1000米,占地纵深约5公里,共有站线112条,总长约222公里。其日处理货车量初期为1.17万辆,后期为1.57万辆,最终达到2.2万辆,高峰期可达3万辆。该站开创性使用了编组站综合集成自动化控制系统(CIPS),通过控制系统与信息的综合集成,实现了大型编组站管控一体、信息资源共享以及决策智能化、指挥数字化和执行自动化,使我国编组站整体技术达到世界领先水平。图6-1-3为武汉北编组站CIPS系统调试现场图。

图6-1-3 武汉北编组站 CIPS 系统调试现场图

武汉北编组站的投入运营,使部分货车不必再穿行武汉市区,减轻了武汉长江大桥的压力,也改变了华中地区路网原来因能力限制而产生的不合理运输组织方式,保证了武汉铁路枢纽及长江两岸铁路运输的畅通,在适应全路生产力布局调整和提高全路运输能力和效率方面发挥了重要作用。

复习思考

一、选择题

1.(   )是铁路网上办理货物列车解体编组作业,并为此设有比较完善的调车设备的车站。

A. 会让站　　　　　B. 越行站　　　　　C. 区段站　　　　　D. 编组站

2.素有"列车工厂"之称的是(   )。

A. 中间站　　　　　B. 区段站　　　　　C. 编组站　　　　　D. 货运站

3.用来办理列车的解体和编组作业的设备是(   )。

A. 调车设备　　　　B. 行车设备　　　　C. 机务设备　　　　D. 车辆设备

4.编组站无调中转列车的作业办理地点是(   )。

A. 到达场　　　　　B. 出发场　　　　　C. 调车场　　　　　D. 通过车场

5.(   )是指到达本站及工业企业线或段管线内进行货物装卸或倒装的车辆。

A. 改编货物列车作业车　　　　　　　　B. 无调中转列车作业车

C. 本站作业车　　　　　　　　　　　　D. 检修车

二、填空题

1.编组站和区段站统称为_____。

2._____是编组站最主要的作业,编组站的核心设备是_____。

3.编组站按其在路网中的位置、作用和所承担的作业量,可分为_____、区域性编组站和地方性编组站。

4._____是指驼峰推送部分和溜放部分的连接部分,设有一段平坡地段。

5.驼峰的范围包括_____、_____和峰顶平台三部分。

三、简答题

1.编组站的主要作业和设备有哪些?

2.编组站根据其在路网中的位置、作用和所承担的作业量,可分为哪几类?

3.驼峰分为哪几种?各有何要求?

4.驼峰由哪几部分组成?各部分的范围是如何规定的?

5.驼峰调车场头部平面布置有哪些具体要求?

任务6.2　编组站布置图型分析

知识要点

编组站布置图类型,单向横列式、单向混合式、单向纵列式及双向纵列式编组站图型的分析方法、图型特点和使用条件,编组站辅助调车场和箭翎线。

重点掌握

各种编组站图型的特点和适用条件。

基础知识

编组站所处的路网位置、衔接干支线的数目、运量及车流性质、车站作业特点、城市规划要求及工程条件不同。在满足前述配置要求的前提下,根据编组站各项设备相互位置的不同,可构成不同的配置图型。

1.按照调车设备的套数及调车驼峰方向分类

(1)单向编组站布置图。只有一个调车场,上、下行合用一套调车设备(包括驼峰、调车场、牵出线),其驼峰溜车方向一般顺主要改编车流运行方向(也称顺向)。

(2)双向编组站布置图。有两个调车场,上、下行各有一套调车设备。一般情况下,两系统的调车驼峰应朝向各自的上行和下行调车方向。

2.按照每一套系统内车场的相互位置和数目分类

(1)横列式编组站。上、下行到发场与调车场并列配置。

(2)纵列式编组站。到达场、调车场、出发场等主要车场顺序纵向排列。

(3)混合式编组站。到达场与调车场纵列,出发场与调车场并(横)列。

因此,我国编组站布置图的基本类型,归纳起来有6种:单向横列式、单向混合式、单向纵列式、双向纵列式、双向混合式、双向横列式。其他类型都是在此基础上派生的。

此外,在铁路现场习惯上把编组站图型称为"几级几场"。所谓"级",是指同一调车系统中到、调、发车场纵向排列数(纵向数),一级就是指车场横列,二级就是指到、调纵列,三级就是指到、调、发纵列。所谓的"场",是指全站主要车场的总数,有几个车场就叫作几,如"一级三场""二级四场""三级三场""三级六场"等。

一、单向一级三场横列式编组站图型

(一)设备布置特点

(1)上、下行到发场并列在共用调车场的两侧,上、下行共用一套调车设备。这是单向一级三场横列式编组站布置图型的基本特征,如图6-2-1所示。

(2)正线外包,并分别与各方向到发场相连通,消除了横列式区段站图形的客、货交叉,避免了站内调车作业干扰正线。

(3)上、下行通过车场设在到发场外侧,无改编中转列车接发与改编列车转线互不干扰,且与尾部牵出线连通,便于进行成组甩挂和坐编作业。为了增加线路使用的机动灵活性,减少定员,节省开支,常将通过车场和到发场合并在一起,使用时,一般尽量将无改编中转列车接在靠近正线的车场外侧,以保持上述特点。

(4)机务段设在接发列车较多方向的到发场出口咽喉处,以方便该方向列车本务机车及时出入段,另一方向列车的本务机车经机走线由机务段另一端出入段。这样,可减少机车出入段与其他作业进路的交叉干扰,并使各方向机车在站内的总走行距离最小。

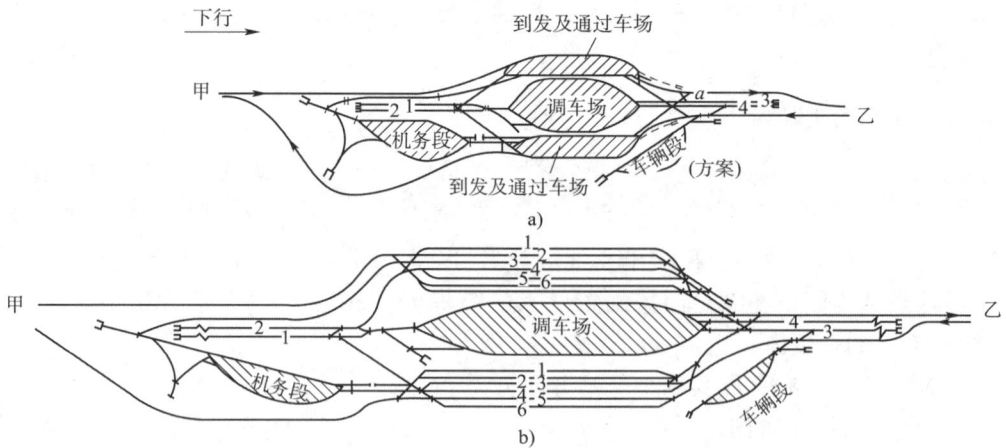

图 6-2-1 单向一级三场横列式编组站布置图型

（5）车辆段设在调车场尾部正线外侧，便于利用尾部调机取送检修车。站修所一般设在调车场外侧的线路上。

（6）调车场头尾各设两条牵出线，驼峰的位置根据主要改编车流方向、地形、风向以及进一步发展条件确定。

（7）两到发场与调车场之间通过 4 条联络线连接，便于改编车列转场。

（二）作业进路分析

1. 列车在站内的作业流程

无调中转列车及改编列车在站内的作业流程如图 6-2-2 所示。

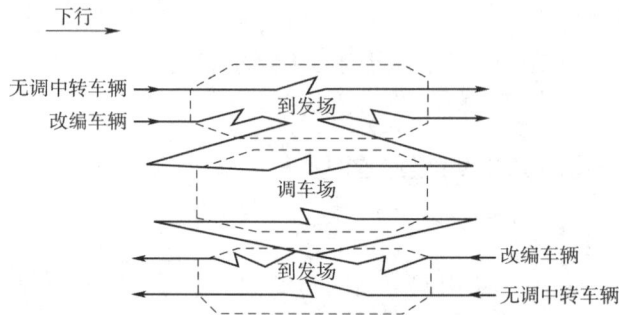

图 6-2-2 车辆在一级三场编组站中作业流程图

由图 6-2-2 可知，上、下行无调中转货物列车作业方便，在站内走行距离短。由于调车场和上、下行到发场并列布置，因此任何一个方向的改编车辆在站内都有折返走行，走行距离相当于车站长度的两倍，从而增加了车辆在站内的停留时间，而且在车列转线时，驼峰（或牵出线）作业中断，影响车站解编能力。

2. 下行到发场两端咽喉区作业进路

该车场内机车走行线可布置在办理无调中转列车和改编列车的两组线路之间，以便与该场咽喉区进路相配合。这种布置虽然会使机车出入段与改编列车进路产生交叉，但可避免与解体车列的牵出线转线作业相互干扰。

下行到发场进场咽喉一般应有三条平行进路:

(1)列车到达进路。

(2)机车出(入)段。

(3)解体车列的转线作业。

下行到发场出场咽喉一般应有三条平行进路:

(1)列车出发进路。

(2)本务机出(入)段(经由尽头线)。

(3)自编车列的牵出转线作业。

3. 上行到发场两端咽喉区作业进路

该车场靠近机务段一端出场咽喉,作业比较繁忙,而且解体车列的牵出线以及本务机车出入段与到发场内侧股道的自编列车出发进路间有交叉干扰。

上行到发场出场咽喉一般应有三条平行进路:

(1)部分列车出发进路。

(2)本务机车出(入)段。

(3)解体车列的转线作业。

上行到发场进场咽喉一般应有两条平行进路:

(1)列车到达进路。

(2)自编车列的牵出转线作业。

(三)主要优缺点和适用范围

1. 主要优点

站坪长度短,投资省;车场较少,布置紧凑,作业灵活,方便集中管理;无上、下行客,货列车进路交叉及车列转线交叉。

2. 主要缺点

(1)改编列车解体转线困难。调车场位于两到发场之间,整个站场短而宽。由于驼峰峰高的要求,使峰前牵出线与到发场两者高程相差较大,因而场间联络线既有小半径曲线,又有较大坡度。当牵引定数较大时,向驼峰牵出较为困难。加之调机牵引力一般较小,当天气较差时,甚至需分两次牵出或头尾同时牵出解体,极大地降低了改编能力。

(2)改编车流折返走行严重。由于到发场往调车场的牵出和转线距离增加,且有折返行程,增加了车辆在站作业的中转时间和调机行程。

(3)改编能力不能充分发挥。由于改编列车分别在两侧到发场上接发,解编作业分别由上、下行两侧相应的牵出线担任,设备的互换性较差,上、下行车流不均衡时,两侧的调机和牵出线会出现不均的现象,从而影响能力的发挥。

(4)作业效率低。改编车流在站内往返走行停留,有调中转时间长,需 6.8 ~ 7.7h,在所有各类型编组站中是最高的。

3.适用范围

单向一级三场编组站图型适用于双方向改编车流较均衡,解编作业量在 3200 ~ 4700 辆之间,站坪长度受到限制或远期无较大发展,且牵引定数小的中、小编组站,也可作为远期大型编组站的初期过渡图型。

二、单向二级四场混合式编组站图型

(一)设备布置特点

单向二级四场混合式编组站布置图的基本特征是各衔接方向的共用到达场和调车场纵列配置,而上、下行出发场并列设在调车场的两侧,如图6-2-3所示。其布置特点如下:

(1)共用到达场与调车场纵列配置,到达场与调车场之间设有中小能力驼峰,担当上下行全部改编列车的解体作业,一般实行双推单溜作业方式。调车场尾部设有两条牵出线,通常配有两台调机,担负编组作业,并预留加铺一条牵出线的位置。

(2)上、下行通过车场分别设在两个出发场的外侧。通过车场与出发场既可共用列检设备,又可增加线路使用的机动灵活性,也便于利用调车场尾部牵出线进行成组甩挂或坐编作业。

(3)如果没有其他条件限制,机务段一般设在到达场旁反驼峰方向一侧,除顺向无改编中转列车和自编始发列车外,其他大部分机车出入段均比较便捷。作业量大时可修建峰下机走线,用以解决顺驼峰方向本务机车出入段横切到达场出场咽喉,干扰驼峰作业的问题。

反向到达解体列车的本务机车经到达场入口咽喉机待线入段。反向无改编中转列车和自编始发列车的本务机车经由反向出发场出场咽喉及出入段线进出机务段,径路便利且顺直。

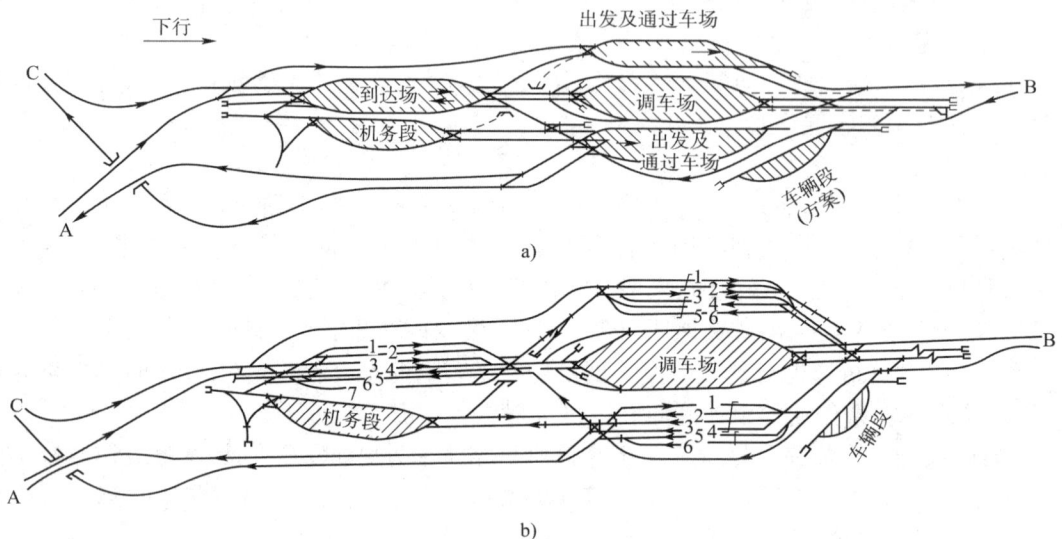

图6-2-3 单向二级四场混合式编组站布置图

(4)车辆段位置与一级三场相同,设在调车场尾部适当地点。

(二)作业进路分析

1.列车在站内的作业流程

无调中转列车及改编列车在站内的作业流程如图6-2-4所示。

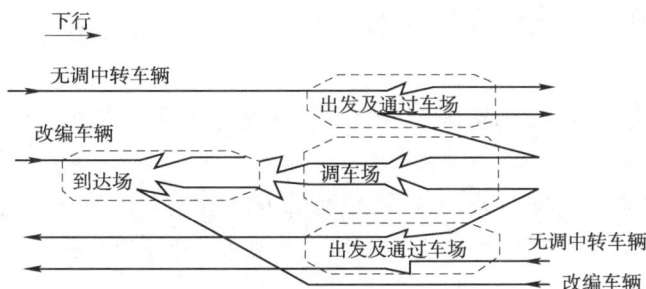

图 6-2-4 车辆在二级四场编组站中作业流程图

由图 6-2-4 可知,无调中转列车在出发场外侧股道办理作业,消除解体车列转线与其他作业的交叉。自编列车使用靠近调车场的股道,上、下行改编车辆的径路仍有折返走行,尤其是反驼峰方向的改编车辆走行距离长。

2.到达场两端咽喉区的作业进路

到达场入场咽喉区应能保证三项平行作业:

(1)入口各方向同时接车。

(2)待解车列连挂调机。

(3)反接列车本务机车入段。

到达场出场咽喉区应能保证四项平行作业:

(1)推送解体车列上峰。

(2)调机返回。

(3)反驼峰方向列车到达。

(4)顺驼峰方向本务机车入段。

3.顺驼峰方向出发及通过车场两端咽喉区的作业进路

顺驼峰方向出发及通过车场入场咽喉区应能保证两项平行作业:

(1)无调中转列车到达。

(2)本务机车出入段。

顺驼峰方向出发及通过车场出场咽喉区应能保证三项平行作业:

(1)顺驼峰方向列车出发。

(2)自编列车转场作业。

(3)本务机车出(入)段(经尽头线)。

4.反驼峰方向出发及通过车场两端咽喉区的作业进路

反驼峰方向出发及通过车场入场咽喉区应能保证两项平行作业:

(1)无调中转列车到达。

(2)自编车列的转线作业。

反驼峰方向出发及通过车场出场咽喉区应能保证三项平行作业:

(1)部分列车出发进路。

(2)本务机车出(入)段。

(3)反向改编列车到达。

(三)主要优缺点及适用范围

1. 主要优点

(1)由于顺反方向改编列车均接入与调车场纵列配置的峰前到达场,克服了一级三场布置图整列转线困难的问题。

(2)改编车辆和调车作业行程均较短,顺驼峰方向改编车流的作业是"半流水式"的,即到达和解体作业是"流水式"进行,而编组和出发作业是"折返式"进行。反向改编车流的作业流程则是逆向"半流水式"的。

(3)列车解体作业时分较短,驼峰作业效率较高,解体能力较大。

(4)车站站坪长度较纵列式布置图短,可减少工程量,节约用地。

2. 主要缺点

(1)调车场尾部能力较低。由于调车场与上、下行出发场横向排列,编、发转线折返走行,增加了尾部牵出线的负担和车辆走行距离,尾部牵出线的编组能力和横列式编组站大致相同。虽然驼峰能力较大,还可以用改造调车设备的方式进一步提高解体能力,但会造成调车场头尾能力不协调,从而影响设备能力的发挥。为提高二级四场编组站尾部编组能力,可以采取如下加强措施:

①部分调车场线路直接发车,即采用编发线布置,使部分列车直接从编发线出发,减少编成车列向到发场的转线作业,使尾部能力得到提高。

②调车场尾部设置小能力驼峰。当多组列车、摘挂列车和枢纽小运转列车的编组作业量较大时,为加速这些列车的编组,提高牵出线的作业效率,可在调车场尾部选择与相应线束连接的牵出线设置迂回线的小能力驼峰。必要时,还可考虑在调车场内设置箭翎线或增设辅助调车场,以提高牵出线的能力。

③将尾部牵出线与出发场间的联络线在出发场前面一段设置成下坡,加速转场作业,以节省转线时间。

④增加尾部调车机台数和牵出线数量。二级四场编组站调车场尾部一般设置2条牵出线,配备2台调机。若配备3台调机,其中1台用于替班,因为能够减少整理作业、交接班或取送车而耽误的时间,牵出线的能力将有所提高,但调机的有效工作时间较短,效率较低。若采用3条牵出线、3台调机同时进行编组作业,尾部编组能力可有较大提高。但因出发场分设在调车场两侧,中间牵出线编成车列的转线与外侧牵出线的编组作业互相干扰,中间牵出线的能力不能充分发挥,应注意咽喉设置的灵活性。

⑤出发场后移,如图6-2-5所示。将两侧出发场向调车场尾部靠拢布置,尽量缩短编组车列的转线距离,从而减少转线时分,提高尾部能力。但是,这种布置造成出发场部分线路设在曲线上,会增加列车启动阻力,对发车作业带来不便。

⑥调车场尾部采用"燕尾式"布置,如图6-2-6所示。将调车场尾部按线束左右分开,分别于两侧出发场并拢。这样,上、下行可各设两条互不干扰的尾部牵出线,并可缩短牵出线与出发场的距离,减少转线时分,从而提高尾部能力。但这种布置两侧牵出线协作较困难,作业机动性较差,可能会出现忙闲不均现象。当货场及工业企业线在尾部一侧接轨时,会增加另一侧取送作业的复杂性,而且不利于将来向纵列式发展。

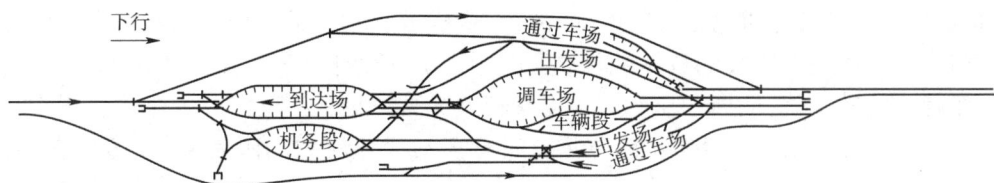

图 6-2-5　单向二级四场混合式编组站(出发场后移)布置图

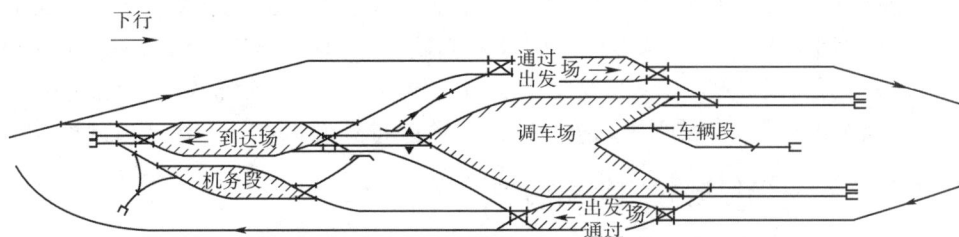

图 6-2-6　单向二级四场混合式编组站(调车场尾部燕尾式)布置图

⑦调车场尾部咽喉区采用对称道岔、线束布置,可使尾部咽喉长度有较大缩短,从而减少车列转线的调车作业时分。其缺点是当调车场头部采用四线束、尾部采用三条牵出线时头尾咽喉布置配合较复杂。

⑧调车场尾部采用调车集中控制设备,其优点是可保证调车作业安全,提高平面调车效率(压缩钩分、减少作业联系时间、提高调机牵引速度和减少岔前折返时间),节省定员,减小劳动强度,且投资较少,有利于既有站场改造。

以上各项措施,均能不同程度地解决二级四场编组站调车场头尾能力不协调的矛盾。

(2)反向改编列车到达与发车的进路交叉。反驼峰方向到达的改编列车可以从到达场出场咽喉处接入,称为反接。也可以从到达场入场咽喉处接入,称为环接。二级四场编组站图型反向改编列车到达进路按反接设计。

反驼峰方向改编列车到发进路的交叉是各衔接方向共用峰前到达场的单向编组站图型的"固有"缺点。由于二级四场编组站的能力受尾部牵出线控制,这一交叉不构成能力的限制因素,因此当运量不太大时,允许其以平交形式存在;当运量上升时,则采用立体疏解形式。

①平面疏解。这种布置是将反向改编列车的接车进路分为两条,一般情况下,利用反向出发场外侧正线反接列车进入峰前到达场。此时,反方向改编列车横切反向出发场出场咽喉,将会干扰反向列车出发和本务机出入段。但是,由牵出线向反向出发场的转线作业,可以顺利进行。如果反向列车正在发车,为保证接发车同时进行,反向改编列车可经反向出发场内侧靠近调车场的线路接入到达场,这时,横切反向出发场进场咽喉,可能会与反向车列转线发生交叉。

把反向改编列车接车与其他作业的交叉分散在反向出发场的两端咽喉,是二级式编组站减少这一交叉的主要措施。

②跨线桥立体疏解。从理论上分析,当运量继续上升、交叉点负荷严重、平面疏解不堪重负时,应修建跨线桥疏解反向改编列车接发车进路的交叉。但由于受机务段和反向出发场位置的限制,在站内很难完成,必须把跨线桥设在站外,修建反向改编列车的环接正线,此

时，反向改编列车的接车进路由反接改为环接。这样虽然增加了工程费用和列车走行公里，恶化了进出站线路平纵断面的技术条件，但可同时解决反向列车到发交叉和部分反向到达列车与推峰作业的干扰，能力和作业效率均有较大提高。只有当反向改编车流量很大，对反向出发场和推峰作业的交叉干扰严重，并造成对车站解编能力的限制时，才考虑采用立体疏解。

3. 适用范围

单向二级四场混合式编组站图型一般适用于解编作业量较大或解编作业量大而地形条件困难的大、中型编组站。当顺向改编车流较大或顺、反向改编车流较均衡而顺向车流为重车流时，在运营上是有利的。当头部设置小能力驼峰，配置 2 台调机，实行双推单溜作业方式，尾部设 2 条牵出线时，二级四场编组站图型可适应每昼夜 4500～5200 辆的解编作业量。

三、单向三级三场纵列式编组站图型

（一）设备布置特点

（1）所有衔接方向共用 1 个到达场、1 个调车场和 1 个出发场。3 个车场到、调、发依次纵向配置，如图 6-2-7 所示。

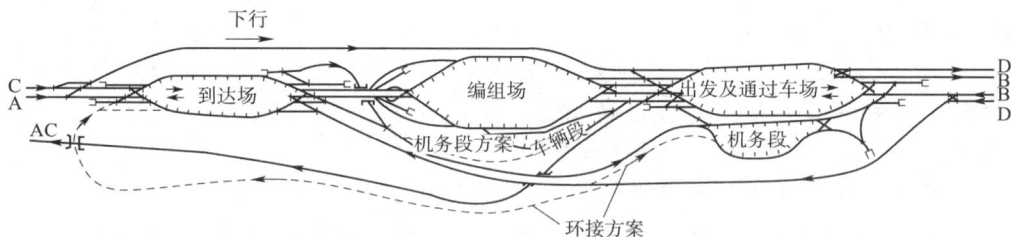

图 6-2-7　单向三级三场纵列式编组站布置图

（2）上、下行无调中转列车到发线一般设在出发场两外侧，使出发列车的技术作业集中在一起，可减少定员，方便作业。

（3）上行到达的改编列车由到达场出场咽喉反驼峰方向接入，称为反接；上行自编列车由出发场入场咽喉反驼峰方向发车，称为反发。为疏解反接和反发的进路交叉，可设置跨线桥，以使各部分通过能力协调一致并保证安全。

当反驼峰方向衔接的线路较多和改编车流较大时，会造成到达场出场咽喉布置更复杂，作业干扰大。若进路合并引入，遇到作业干扰可能造成机外停车，影响列车运行秩序，甚至造成前方站堵塞。这时可考虑将反接进路改建为环接进路。

（4）机务段设在出发场反驼峰方向通过车场外侧，这样可使全部的出发列车机车出段和无调中转列车到达机车入段比较方便，特别是便于出发列车及时挂机，保证列车正点出发。但到达场的本务机车入段走行距离长，顺向改编列车机车经驼峰下跨线桥入段，反驼峰方向到达的机车经到达场内机车走行线入段，不仅走行距离长，有时会干扰作业。

（5）车辆段可设在调车场尾部任意一侧，便于取送车。

（二）作业进路分析

1. 列车在站内的作业流程

无调中转列车径路比较顺直，但在站内的走行距离比横列式和混合式都要长。图 6-2-7

中 A、C 两方向之间有折角无调中转列车时,在站内走行距离更长,并且在发车时将横切出发场入场咽喉,影响调车场尾部牵出线调车作业。当 A、C 两方向之间的折角无调中转列车较多时,可考虑在到达场办理这些列车的接发作业。

各方向的改编列车在站内的作业流程都是按到达、解体、编组、出发的顺序进行的。顺驼峰方向的车流是"流水式"作业,反驼峰方向车流的站内作业也是"流水式"的,只是列车到发的走行距离较长,如图 6-2-8 所示。

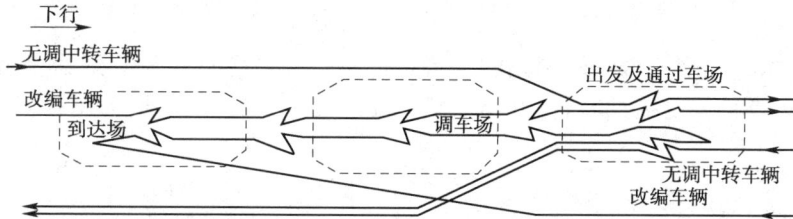

图 6-2-8　车辆在三级三场编组站中作业流程图

2. 到达场两端咽喉区的作业进路

到达场两端咽喉区的平行作业与二级四场编组站的到达场基本相同。

3. 出发场两端咽喉区作业进路

出发场入场咽喉区应保证四项平行作业:

(1)顺向无调中转列车接车。

(2)各牵出线上办理的调车作业,或将编成车列向出发场内转场。

(3)反向发出无调中转列车或自编列车。

(4)顺反两方向本务机车出入段。

出发场出场咽喉区应保证四项平行作业:

(1)顺驼峰方向列车出发。

(2)调车机转线。

(3)反驼峰方向无调中转列车到达。

(4)顺向本务机车出入段等。

(三)主要优缺点和适用范围

1. 主要优点

(1)为车站各方向的改编列车的改编作业创造了良好的作业条件,到达、解体、编组和出发作业完全是"流水式"的。

(2)各方向改编车辆在站内行程短,无多余的走行,缩短了车辆的在站停留时间,所以改编能力大。

(3)站内交叉较横列式和混合式都少,通过能力较大。

(4)同类车场集中布置,线路使用的灵活性大,同时,也可使全站作业自动化方案大大简化,为实现编组站综合自动化创造了条件。

2. 主要缺点

(1)反驼峰方向的改编列车走行距离长,相当于到达场中心至出发场中心距离的两倍。

(2)占地长,投资费用多。

3.适用范围

单向三级三场纵列式编组站布置图,一般适用于顺驼峰方向改编车流较强,改编作业量大,或衔接线路方向多,要求具有较大的灵活性以及地形允许,远期有较大发展、具有重大作用的大型编组站。

四、双向三级六场纵列式编组站图型

1.主要特征

双向三级六场纵列式编组站图型的主要特征是:上、下行各有一套到达场、调车场、出发场,每套三个车场均依次纵列布置,并组成两个相应并列的独立系统,如图 6-2-9 所示。

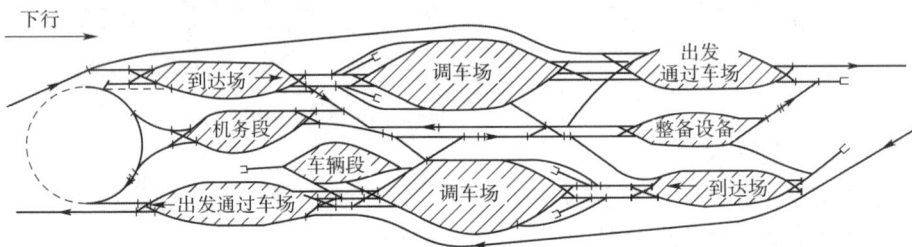

图 6-2-9 双向三级六场纵列式编组站布置图

办理无调中转列车的通过车场,一般分别设在各系统出发场的外侧,使出发场技术作业集中在一起办理,有利于线路灵活使用和成组甩挂作业。

机务段设在两改编系统之间,并靠近机车出入段次数较多的一端。机车走行线也应设在两改编系统之间,一般铺设两条。为了减少机务段另一端本务机车出入段的走行距离,以及机车出入段与站内其他作业的干扰,必要时在车站另一端设置第二套整备设备。

车辆段可设在两改编系统之间调车场的附近。

2.主要优点

双向三级六场编组站与单向编组站相比,其主要优点是:

(1)反向改编车流作业条件大大改善。主要是保证上、下行改编列车都按照到、调、发顺序流水作业,除折角车流外,不需要牵出转场,无多余的折返行程,且两改编系统平行作业,互不干扰。上、下行两方向改编列车作业条件完全相同,如图 6-2-10 所示。

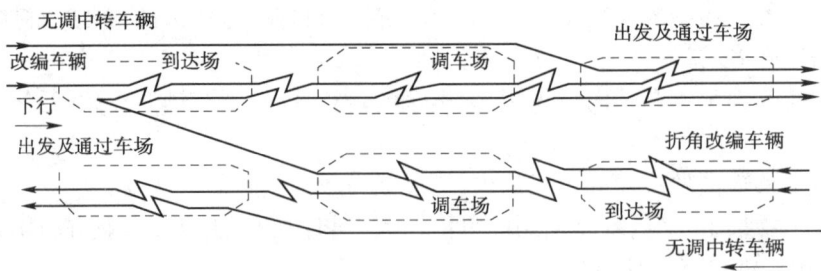

图 6-2-10 车辆在双向三级六场纵列式编组站的作业流程

(2)通过能力和改编能力都很大。一般情况下可适应每昼夜 14000 ~ 16000 辆的解编作业量。

3. 主要缺点

双向三级六场纵列式编组站布置图的主要缺点如下：

(1)折角改编车流重复解体作业。

(2)占地太长,站坪长8~10km。

(3)占地面积大,工程投资多,车站定员增加。

4. 适用范围

该布置图型适用于解编作业量很大,且上、下行改编车流比较均衡,折角车流在总改编车流中所占比重较小(不大于15%),地形条件不受限制的路网性编组站。

技能训练

【训练任务】画出车辆在单向二级四场混合式编组站内作业流程示意图。完成训练任务6-2。

【操作步骤】

第一步:画出车站到达场、调车场、上下行出发及通过车场的相对位置。

第二步:在上、下行出发及通过车场的外侧分别画出上、下行无调中转车辆的作业流程线。

第三步:画出顺驼峰方向(下行)改编车辆在站内的作业流程线。

第四步:画出反驼峰方向(上行)改编车辆(按反接方式)在站内的作业流程线。

第五步:对各作业流程线标注车辆性质类型。

拓展知识

辅助调车场与箭翎线

在编组站编发的各种列车中,按编组的要求和内容分类,有直达、直通、区段、零摘和小运转列车。前三种列车编组作业简单,一般只需串车、连挂(或邻线车组转线连挂)、牵出转线就完成了编组作业。而零摘和小运转列车属于多组列车,列车组成组号多,每个组号的车流强度小,通常按照方向在一条调车线上集结。编组时需重新牵出解体,按编组计划选编成组,有的还要按站顺连挂成列,然后才能转线腾空调车线。编组复杂,作业时间长,占用调车线和牵出线时间较多,干扰、影响其他列车的编组作业,降低调车场尾部整体编组能力。因此,解决好这部分列车的编组问题,对于处理好调车场头尾能力协调,提高解编系统的整体能力是十分重要的。

要提高调车场尾部的编组能力,除前述几种措施外,目前国内外广泛采用的是设置辅助调车场、箭翎线。

(1)辅助调车场

辅助调车场简称辅助场,或称子场。它是在主调车场外另设的专门用于零摘和小运转列车编组的小型调车场。作业时,由辅调场调机从主调车场调车线上将组成零摘和小运转列车的车辆依次牵出调车场,然后在辅调场上进行分解、编组作业。这样零摘和小运转列车的重复解编作业不会影响主调车场尾部调机在牵出线上的作业,主调车场调机只需进行直达、直通、区段列车的连挂和转线,作业简化,交叉干扰减少,作业能力大大提高。

①辅助调车场的设置位置。

辅助调车场一般设在主调车场尾部牵出线一侧,其位置根据编组站图型、车流的性质及比例的不同而有所差异。

一般情况下,三级式编组站辅调场可设在主调场旁、地区车流比重较大的一侧,布置成尽头式,如图6-2-11a)所示。其多组车流在主调车场内靠辅助场一侧调车线预分,利用调车场尾部牵出线(或另设)在辅调场进行编组作业。当地区车流量较大时,可在调车场一侧按预分场—辅调场纵列,布置成通过式,如图6-2-11b)所示。

a)

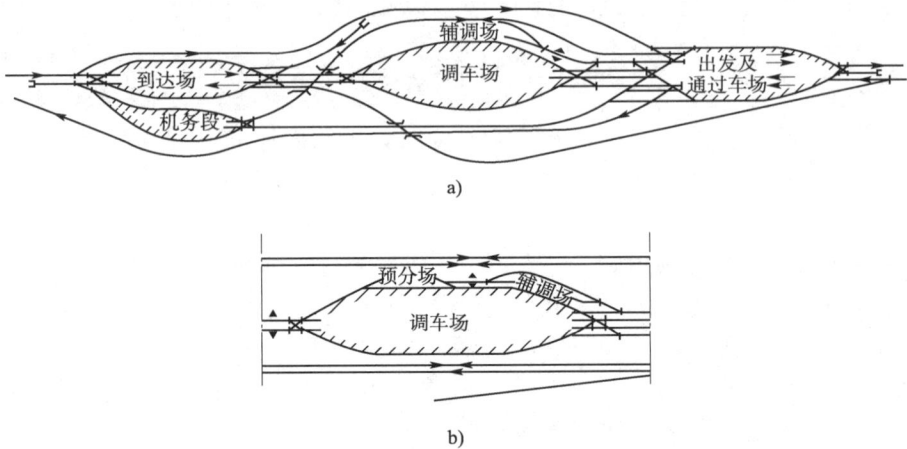

b)

图6-2-11 三级三场编组站辅调场位置示意图

车流较小时,二级式编组站辅助场可设在场间联络线外、地区车流比重较大的牵出线一侧。辅调场尾部还可与出发场连通,以缩短一侧多组列车转线行程,如图6-2-12所示。地区车流较强时,可采用主调车场燕尾式布置,辅助场设在主调场燕尾中间空地处。

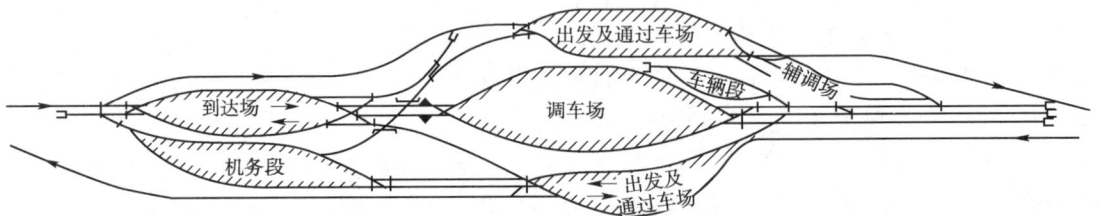

图6-2-12 二级四场编组站辅助调车场位置示意图

通常情况下,在单向编组站图型中设置两套辅调场是不经济的,一般设置一个辅调场即可满足全站多组列车编组作业的需要。至于双向编组站,则应视车流量等具体情况而定。

②辅助调车场线路数量及布置。

根据对我国摘挂列车、小运转列车车流组号不完全的统计和分析,在采用合理的调车作业方法条件下,辅调场一般有5~6条调车线即可满足需要,其有效长一般采用400~500m。辅调场线路可设计为尽端式(图6-2-13),也可设计为通过式。为加速编组作业,辅调场的牵出线上一般应设小能力驼峰,场内应结合纵断面设计采用减速顶、可控顶、停车顶、停车器等不同调速设备。

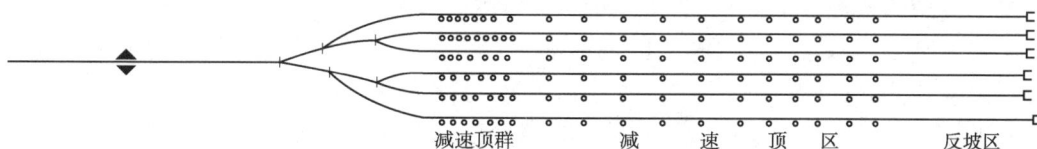

图 6-2-13 尽端式辅助调车场布置图

（2）箭翎线

在解决调车场尾部能力紧张时，还可以在调车场尾部设置箭翎线。箭翎线有单向箭翎线和双向箭翎线两种。

①单向箭翎线。

单向箭翎线有3条尽头线组成，如图6-2-14所示。单向箭翎线中间为走行线，两侧为编组存车线，其一端连牵出线，另一端为车挡。由于选编、连挂牵出作业只能在一端进行，同时线路布置像"箭翎"，故称其为单向箭翎线。

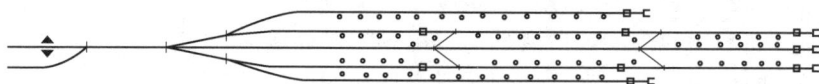

图 6-2-14 单向箭翎线减速顶方案平面图

编组存车线各分成3~4段，每段有效长一般为150m，可容纳10辆车。在箭翎线头部设1条大组车存车线、1条禁溜车存车线。箭翎线的分路道岔一般采用三开道岔。编组存车线的末端设挡车器或停车器。挡车器能自动起落，溜放车辆时能自动立起挡车，连挂车辆时能自动落下，不影响车辆通过。场内应结合纵断面设计调速制式，采用减速顶等不同的调速工具。

与尽端式辅调场相比，单向箭翎线作业效率较高，能力较大。但是铺轨、铺岔、用地都多，所需设备（如挡车器）较复杂，工程投资相应也较大，因此，只有在零摘车流较大时，方可采用。

②双向箭翎线。

与单向箭翎线不同的是，双向箭翎线设在调车场内，也由3条线组成。双向箭翎线中间为走行线，两侧为编组存车分段线。其一端与解体主驼峰直接连通，另一端与尾部牵出线相连。由于主驼峰可直接向编组存车分段线溜放固定到站的车辆，尾部牵出线调机又可去各线段连挂车辆，两端都可作业，故称其为双向箭翎线。

编组存车线可分为3~4段，每段有效长180~220m，可容纳12~15辆车。走行线分路道岔一般采用三开道岔，每段存车线终端设挡车器。

总之，随着编组站综合自动化程度的提高和设备的完善，调车场尾部能力以及整个编组站通过能力可得到进一步提高。

复习思考

一、选择题

1. 单向纵列式编组站是（　　）。

A. 一级三场　　　　B. 二级四场　　　　C. 三级三场　　　　D. 三级六场

2.单向编组站设计中,确定调车方向的主要依据是( )。

    A.折角直通车流   B.折角改编车流   C.转线车流   D.主要改编车流

3.反驼峰到达的改编列车从到达场出口咽喉处接入,称为( )。

    A.反发   B.反接   C.环接   D.环发

4.单向编组站有( )个调车场。

    A.1   B.2   C.3   D.4

5.单项纵列式编组站的到达场、调车场、出发场依次( )配置。

    A.横向   B.纵向   C.混合   D.并列

二、填空题

1.单向二级四场混合式编组站布置图的基本特征是各衔接方向的共用_____和_____纵列配置,而上、下行出发场并列设在调车场的两侧。

2.单向三级三场纵列式编组站图型共用一个_____、一个_____和一个出发场。

3.单向二级四场编组站中机务段一般设在到达场旁_____一侧。

4.反驼峰方向到达的改编列车从到达场出场咽喉处接入,称为_____。

5.反驼峰方向到达的改编列车从到达场入场咽喉处接入,称为_____。

三、简答题

1.编组站图型中的"向""级""场"的概念是什么?

2.单向横列式、单向混合式、单向纵列式编组站的布置特征各是什么?各自的车流特点是什么?

3.加强混合式编组站尾部编组能力的措施有哪些?

4.双向纵列式编组站图型的布置特点是什么?其主要优缺点是什么?

项目7

客运站与货运站

📖 项目导入

高速铁路武汉站

武汉站(图 7-0-1)位于湖北省武汉市,由中国铁路武汉局集团有限公司管辖,与武昌站、汉口站等车站及线路共同构成"米"字形武汉铁路枢纽,是京广高铁、武九客运专线、汉十高铁、沪汉蓉快速客运通道等国家高铁干线的枢纽站,也是我国第一个上部大型建筑与下部桥梁共同作用的新型结构火车站,实现了高铁、地铁、公路的无缝衔接。2006 年 9 月 28 日,武汉站及其城市综合配套工程正式开工。2009 年 12 月 26 日,武汉站正式启用。

图 7-0-1　武汉站

武汉站的立面造型设计结合了武汉独具的特色,建筑外观富有多层寓意:车站主站房犹如一只展翅飞翔的黄鹤,寓意"千年鹤归",立面水波状的屋顶体现了武汉的"江城"特色,寓意"千湖之省",九块重檐组成的无柱雨棚寓意"九省通衢",中部高耸的 60 米高的穹顶象征湖北武汉"中部崛起",有着蒸蒸日上的势态和趋势(图 7-0-2)。

图 7-0-2　武汉站俯瞰图

项目描述

客运站和货运站是主要办理旅客运输和货物运输的场所,并配有相应的运输设备,以便提供高质量的运输服务。本项目主要介绍客运站和货运站的类型、主要作业、设备配置、高速铁路车站的布置、重载运输方式等相关知识。

学习目标

1.知识目标
(1)了解客运站、货运站的分类;
(2)掌握客运站主要作业和设备、客运设备的配置、客运站布置图;
(3)掌握高速铁路车站的类型、布置图;
(4)掌握货运站作业及设备、货运站布置图;
(5)熟悉集装箱办理站的分类、作业及设备,重载运输方式。
2.技能目标
(1)能够分析客运站、货运站各类布置的优缺点;
(2)能够绘制高速铁路车站平面布置示意图。
3.素质目标
(1)树立职业意识,具备工匠精神、吃苦精神和奉献精神;
(2)具有质量意识、环保意识、安全意识和信息素养;
(3)具备爱岗敬业、诚实守信、精益求精、服务奉献精神;
(4)具有"人民铁路为人民"的职业情操。

知识树

```
                                    ┌── 客运站分类
                                    ├── 客运站的作业及设施
                        ┌─ 客运站基本认知 ─┼── 客运站布置图
                        │                 ├── 客运设施的配置
                        │                 └── 高速铁路车站
         客运站与货运站 ─┤
                        │                 ┌── 货运站的作业
                        │                 ├── 货运站的设备
                        └─ 货运站基本认知 ─┼── 货运站布置图
                                          ├── 货运站运转设备的配置
                                          ├── 集装箱办理站
                                          └── 重载铁路车站
```

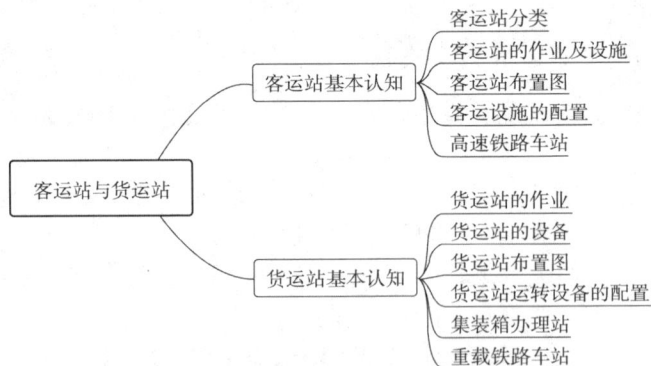

任务7.1　客运站基本认知

知识要点

客运站分类,客运站主要作业和设备,客运设备的配置,客运站布置图,高速铁路客运站布置。

重点掌握

客运站主要作业和设备,客运站布置图。

基础知识

在客流较大的大、中等城市,专门为旅客办理客运业务并设有旅客乘降设施的车站称为客运站。以办理客运为主,兼办少量货运作业的车站,也称为客运站。客运站是铁路旅客运输的基本生产单位,它的主要任务是组织旅客安全、迅速、准确、方便地上、下车,办理行包、邮件的装卸搬运,组织旅客列车安全、正点到发和客车车底取送,为旅客提供高质量的服务。

客运工作具有鲜明的不同于货运工作的特点,具体表现在以下3个方面:

(1)客运工作的对象是旅客,必须坚持以"旅客为本"的理念,满足旅客在旅行中的需要和提高客运服务质量是客运工作的首要任务。

(2)由于客流波动性和旅客列车到发昼夜间或平时与节假日间的不均衡性较大,特别是为实现大城市间旅客列车"夕发朝至"或"朝发夕至"以及"城际运输公交化",要求客运站必须有较大的通过能力储备。

(3)客运站有大量的客流进出站,有大量的行包、邮件搬运,有城市各种交通工具的流动,形成了各种流线,这些流线必须合理地进行组织和疏解。

一、客运站分类

1.按所衔接铁路线的运输性质分类

(1)客货共线铁路客运站。设在客货共线运行的铁路线上,主要办理客运技术作业和客运业务。

(2)客运专线铁路客运站。设在客运专线铁路线上,专门办理客运技术作业和客运业务。

2.按客运站布置图分类

(1)尽端式客运站,其站场线路为尽头式。

(2)通过式客运站,其站场线路为通过式,两端咽喉均连通正线。

(3)混合式客运站,部分站场线路为通过式,部分线路为尽头式。

3.按办理客运作业量大小分类

日接发换算旅客列车30对及以上,日均上、下车旅客人数45000及以上,旅客列车到发线7条及以上。符合这三个条件者为大型客运站,其他为一般客运站。

换算旅客列车对数 = 始发、终到旅客列车对数 × 1 + 通过旅客列车对数 × 0.5

4.按建筑规模大小分类

根据旅客站房的建筑规模大小可把客运站分为特大型、大型、中型和小型四类。

5.按办理列车种类分类

(1)以办理始发、终到列车为主的客运站:以办理始发、终到列车为主,不办理或仅办理少量中转列车。

(2)以办理中转列车为主的客运站:以接发中转旅客列车为主,不办理或仅办理少量始

发、终到旅客列车。

(3)办理始发、终到和中转列车的客运站:既办理始发、终到旅客列车,又接发中转旅客列车。

6. 按技术作业性质分类

(1)越行站:专门办理本线旅客列车越行跨线作业。

(2)中间站:主要办理旅客列车通过和越行作业、客运业务和少量列车折返作业。

(3)始发站:主要办理列车的始发、终到作业及客运业务并设有动车段(所)。

二、客运站的作业及设施

1. 客运站作业

(1)客运服务

客运服务包括旅客上下车、候车、问询、小件行李寄存,以及对旅客文化生活、饮食、住宿、购物和卫生等方面的服务。

(2)客运业务

客运业务包括发售客票,行李、包裹的承运、装卸、保管和交付,以及邮件的装卸和搬运等作业。

(3)技术作业

按列车种类不同,客运站办理以下技术作业:

①对始发、终到旅客列车:包括列车的接发、机车换挂、列车技术检查、车底取送、动车组出入段、个别客车甩挂以及餐车整备等作业。

②对通过旅客列车:包括列车的接发、机车换挂或整备、列车技术检查、客车上水。个别情况下还办理个别客车的甩挂、变更列车运行方向、办理餐车供应及上燃料等作业。

③对市郊(通勤)列车:包括列车的接发、机车换挂、列车技术检查、动车组出入段或车底取送等作业。

④某些客货共线的铁路客运站还办理少量货物列车的到发和通过作业。

2. 客运站设施

(1)旅客站房

旅客站房(简称站房)是客运站的主体,也是城市的门户,包括为旅客服务的各种房屋(售票厅、候车厅、行包房及旅客服务设施等)、技术办公用房及职工生活用房等。

(2)站场

站场是办理客运技术作业的地方,包括线路(到发线、机车走行线、车辆停留线等)、站台、雨棚、跨线设施等。

(3)车站广场

车站广场是铁路客运站与城市的结合部,是客流、城市交通和行李集散地点,也是旅客活动和休息的场所,包括站房平台、旅客车站专用场地、旅客活动地带、人行通道、车行道、公交站点、商业服务设施、绿化与景观用地等。

三、客运站布置图

客运站的布置图按线路配置的不同可分为通过式、尽端式和混合式 3 种。

（一）通过式客运站布置图

通过式客运站如图 7-1-1 所示,其全部旅客列车到发线为贯通式,设有两个咽喉区,站房在正线一侧,高架候车室为跨线式,基本站台与中间站台用地道相连。图 7-1-1a)为客车整备所和客运机务段布置在正线一侧,图 7-1-1b)为客车整备所和客运机务段布置在两正线之间。

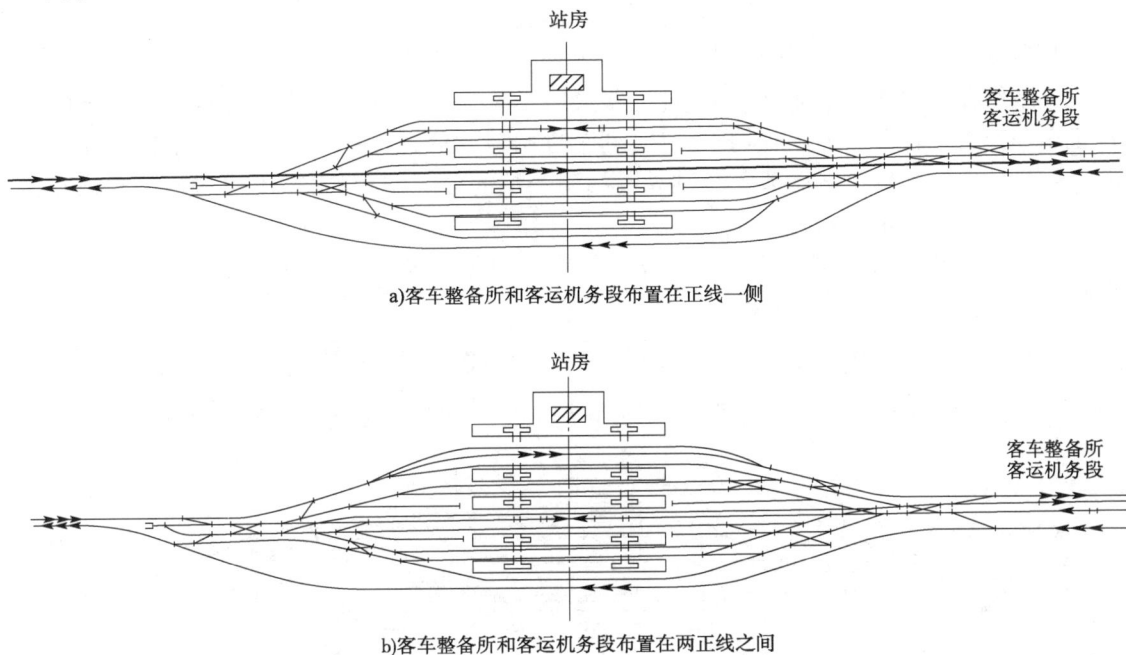

a)客车整备所和客运机务段布置在正线一侧

b)客车整备所和客运机务段布置在两正线之间

图 7-1-1　通过式客运站布置图

1.通过式客运站布置图的优点

车站有两个咽喉区,能分别办理接发车作业,减少旅客列车到发与车底取送和机车出入段之间的交叉干扰,通过能力较大,运营条件较好;通过式旅客列车到发线能接入和通过较多方向的列车,除折角列车外,不必变更列车运行方向,到发线使用机动灵活,互换性大;便于设计为跨线式高架候车室,便于组织旅客进出站,缩短旅客进出站走行距离;旅客进出站与行包搬运流线交叉干扰少。

2.通过式客运站布置图的缺点

与城市道路干扰较大,不宜深入市区;由于有两个咽喉区,站坪较尽头式长,占用城市用地要多。

新建客运站应按通过式图形设计。

（二）尽端式客运站布置图

尽端式客运站如图 7-1-2 所示,其全部旅客列车到发线为尽头式,站房设在到发线尽端或一侧,中间站台用分配站台相连接。

1.尽端式客运站布置图的优点

车站容易深入市区中心,旅客出行乘车方便,可缩短出行时间;与城市道路交叉干扰较少;站坪较短,占地少;旅客出入站可不必跨越线路。

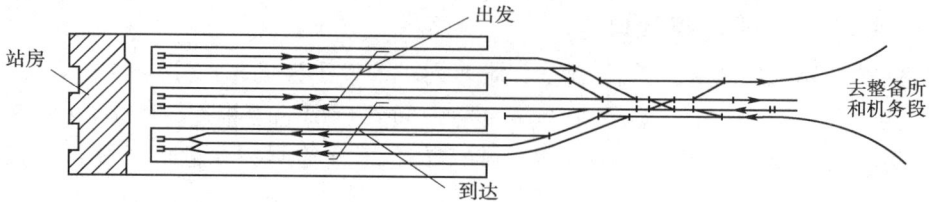

图 7-1-2　尽头式客运站布置图

2. 尽端式客运站布置图的缺点

车站作业集中在一端咽喉区进行,进路交叉干扰大,车站通过能力小;对通过列车的换挂机车和变更运行方向等作业均不方便;列车进站速度低,占用咽喉时间长;站房设在端侧时,旅客进、出站和行包搬运都要经过靠近站房一端的分配站台,旅客流线与行包流线互相交叉;旅客进、出站走行距离长。

全部办理始发、终到旅客列车并位于正线终端的客运站,可采用尽端式布置图。

(三)混合式客运站布置图

混合式客运站布置图的特点是一部分线路为贯通式,另一部分线路为尽端式,如图 7-1-3 所示。贯通式线路供接发长途旅客列车用,尽端式线路供接发市郊旅客列车用。

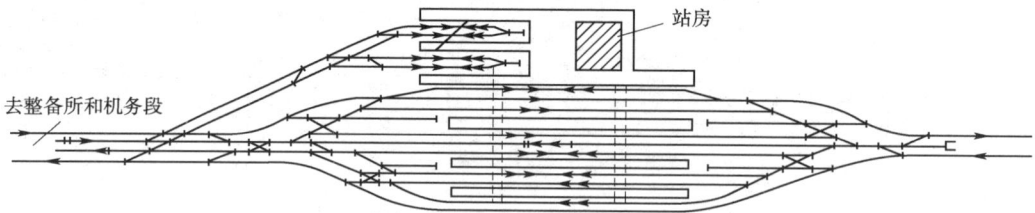

图 7-1-3　混合式客运站布置图

1. 混合式客运站布置图的优点

当车站衔接的某一方向市郊列车较多时,设置部分有效长较短的尽端式线路,可节省投资和用地;市郊旅客与长途旅客进、出站流线互不干扰。

2. 混合式客运站布置图的缺点

到发线互换性差,使用不灵活;在市郊旅客列车进、出车站咽喉区时,市郊与长途旅客列车产生到、发交叉;当两者共用整备所时,又产生市郊车底取送与长途旅客列车的到达交叉。

因此,在改、扩建既有客运站且有充分依据时,可采用混合式客运站布置图。

在混合式客运站上,为了方便地接发市郊列车,尽头式线路应设在市郊列车到、发较多的一端,并与客车整备所有便捷的通路。

四、客运设施的配置

(一)旅客站房

1. 旅客站房的分类

客货共线客运站旅客站房建筑规模通常按旅客最高集散人数(客运专线车站按高峰小时发送量)分为四等(表 7-1-1)。最高聚集人数是指客运站全年上车旅客最多的月份中,一昼夜在候车室内瞬时(8～10min)出现的最多候车(含送客)人数的平均值。高峰小时发送量是指车站全年上车旅客最多的月份中,日均高峰小时旅客发送量。

客运站站房建筑规模分类表

表7-1-1

建 筑 规 模	旅客最高聚集人数 H(人)	高峰小时发送量 PH(人)
小型	$H < 600$	PH < 1000
中型	$600 \leqslant H < 3000$	$1000 \leqslant$ PH < 5000
大型	$3000 \leqslant H < 10000$	$5000 \leqslant$ PH < 10000
特大型	$H \geqslant 10000$	PH $\geqslant 10000$

2.旅客站房的合理布置

旅客站房的布置应根据站房的等级、类型、服务旅客的性质以及车站工作量等因素确定。小型站房比较简单,大、中型以上站房一般应具有以下三类房屋:一是客运用房,由候车部分[候车区(室)]、营业部分(售票用房、行包房、小件寄存处、问询处、服务处等)、交通联系部分(集散厅、进出站口)三部分组成。二是技术办公房屋,包括运转室、信号楼、站长室、广播室、电视监控室、公安值班室以及各生产段办公室等。三是职工生活用房。

(1)集散厅

集散厅是指用于旅客站房内疏导旅客的大厅,是旅客的主要集散区域。进站口处有进站集散厅,连接各候车区(室),具有分配旅客进站候车的功能;出站口处有出站集散厅,连接地下通道、地铁等,具有疏散旅客出站的功能。在特大型、大型客运站的集散厅内,应设置自动扶梯和电梯、完善的引导系统以及旅客服务设施(问询、小件寄存、邮政、电信等)、安检设备等。客货共线的客运站按最高聚集人数、客运专线车站按高峰小时发送量确定集散厅的面积,人均使用面积不宜小于 $0.2m^2$/人。

(2)候车区(室)

客货共线铁路客运站候车区(室)面积应根据最高聚集人数,按人均使用面积不小于 $1.2m^2$/人确定。根据站房规模、客流量大小和布局不同,候车区(室)的布置方式分为以下两种:

①集中候车方式。其特点是候车与营业厅合设于一个统一空间内,形成综合候车室,如图7-1-1a)所示。优点是站房面积使用灵活,利用率高,旅客办理各种手续和候车地点一目了然。缺点是当候车人数过多时,售票、托运行包与候车混杂,秩序容易混乱,只适用于中、小型站房。

②分线候车方式。其特点是候车与营业厅分开布置。根据旅客的性质和客流方向等特点,分别设置普通、软席、军人(团体)、无障碍候车区及贵宾候车室,并可采用低矮轻质隔断划分各类候车区。适用于客流量大、旅客性质复杂的大型以上站房。

客运专线车站候车区面积应根据高峰小时发送量,按不小于 $1.2m^2$/人确定。

(3)售票处

售票处通常要求布置在旅客流线中靠前且旅客易于找到的明显地方。

①设在综合候车室内,如图7-1-4a)所示。其特点是售票处明显易找,在空间使用上具有较大的灵活机动性,旅客流线行程短,但购票旅客对候车旅客影响较大。此种布置适用于中、小型客运站房。

②设在营业厅内,如图7-1-4b)所示。其特点是旅客购票与候车不干扰。此种布置适用

165

于中型站房。

③在站房外单独设置,如图7-1-4c)所示。售票处与候车室用通廊相连,可避免候车与购票的干扰,但旅客走行流程较长,当车站为多层站房时,售票处宜分层设置。大型、特大型客运站,可在进站通道附近单独设置售票厅。

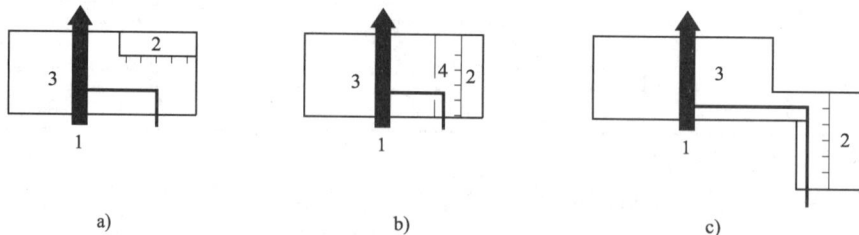

图7-1-4 售票处在站房中的布置位置示意图

1-旅客进站流线;2-售票室;3-候车室;4-营业厅

在市郊旅客较多的客运站,可在检票口附近设置独立的售票处。在中转旅客较多的车可在站台上或出站口处设中转签票处。特大型、大型站应设置无障碍售票窗口。

(4)行包房

客货共线客运站行包房的位置应与旅客托、取行包的顺序及行包流线紧密结合,尽量减少与其他流线的交叉。行包房的位置还应与候车区(室)、站台和广场取得有机联系,与跨线设备及行包运输方式密切配合。

①一个行包房兼办托运和提取业务。根据其不同设置位置又有以下两种形式:

a.设在旅客进、出站流线之间,如图7-1-5a)所示。其特点是旅客上车前托运行包和出站后提取行包的流程较短。但旅客出站流线、行包托取流线和行包专用车辆流线集中,容易堵塞,不利安全,同时也不利于设置室外行包堆放场,故只适用于中、小型站房。

b.设置在站房的右侧或左侧,如图7-1-5b)、c)所示。其特点是旅客流线、行包流线和车辆流线间干扰较少,便于设置室外行包堆放场。图7-1-5b)对来站托运行包的旅客比较方便;图7-1-5c)对离站提取行包的旅客比较方便。但图7-1-5b)旅客出站后立即提取行包与进站旅客流线交叉;图7-1-5c)旅客来站托运行包与出站旅客流线交叉。由于出站后立即提取行包的旅客较少,故大、中型客运站设置一个行包房时,宜采用图7-1-5b)的布置。

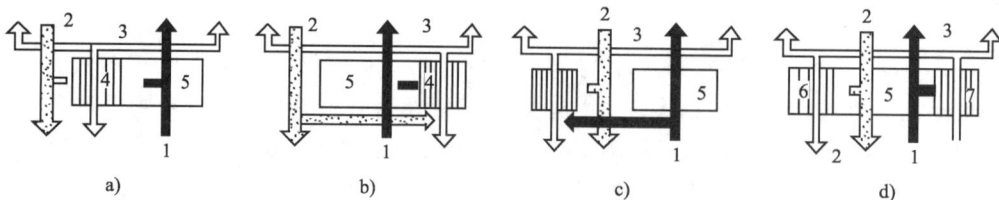

图7-1-5 行包房在站房中的布置位置示意图

1-进站旅客流线;2-出站旅客流线;3-行包流线;4-托、取行包房;5-站房;6-到达行包房;7-发送行包房

②设两个行包房分别办理托运和提取业务,如图7-1-5d)所示。发送行包房布置在站房右侧,到达行包房布置在站房左侧。这种布置既方便了进、出站旅客托、取行包,又避免了旅客流线与行包流线的互相干扰。但这种布置对行包仓库利用不灵活,管理人员需增加,行包搬运不便。这种布置适用于大型或特大型站房。

（5）站房的出口和入口

站房的主要出、入口是站房与车站广场的结合部，是进、出站旅客流线的起讫点，其位置应据车站广场道路分布和交通组织确定。站房入口要面临广场，并靠近公交车到站的停车场，使旅客一进广场就能明显地看到。出站口也要面临广场，并靠近公交车离站的停车场。入站口与出站口间要保持一定的距离，以避免进、出站人流相互干扰。

站房出、入口布置形式有以下几种：

①中、小型客运站入口设在站房中部或偏右部，出口设在站房左侧或偏左部，以便利交通车辆右侧行驶，如图7-1-6a）、b）所示。

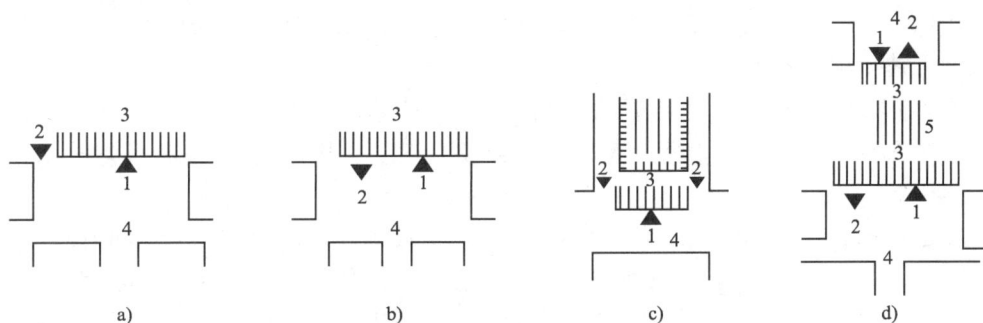

图7-1-6　出、入口在站房中的布置位置示意图
1-入口；2-出口；3-站房；4-广场；5-高架候车室

②到发线按线路别使用的尽端式客运站，可结合城市交通组织和车站广场设计，在站房的正面或侧面分设两个出站口，如图7-1-6c）所示。

③特大型客运站可结合主、副站房和主、副广场的设计，在站房中部和左侧设置两个进站口和两个出站口，如图7-1-6d）所示。

在站房下层或广场设有地下铁道时，可分别设置与地下铁道相连通的出入口。

（二）站场

1.线路

根据其作业的要求，客货共线铁路客运站需设有正线、旅客列车到发线、货物列车到发线、机车走行线和机待线以及客车停留线、行包装卸线等。

（1）正线

客运站正线的位置与站型有关。

对于通过式客运站，货物列车通过正线的位置应根据车站咽喉的进路交叉情况、货物列车的运行条件及其对客运作业的影响等因素予以确定。在双线铁路通过式客运站，当客车整备所与客运站纵列布置且位于靠站房一侧时[图7-1-1a）]，两正线应分别设在上、下行到发线之间和站房对侧的最外侧。这样，一方面可保证下行货物列车或在本站不停车的特快旅客列车通过正线顺直，速度不降低，运行平顺；另一方面也可使下行客车车底的取送不与正线交叉，第一、二站台旅客上、下车及行包邮件装卸等作业都较安全。当客车整备所与客运站纵列且位于两正线之间时[图7-1-1b）]，应将下行正线布置在第一、二站台之间，上行正线布置在站房对面的外侧。这样，可使列车到发、通过与机车出入段、客车车底取送交叉干扰减少，提高咽喉的通过能力。在单线铁路通过式客运站，为了使客车车底取送及机车出入

段与货物列车通过正线不发生交叉,其正线位置宜设在站房对面的最外侧。

位于大城市的主要客运站,结合枢纽总布置图,经过技术经济比较,有条件时可将通过货物列车的正线外绕客运站或设联络线分流经由该客运站的货物列车。

尽端式客运站的正线一般没有货物列车通过,从区间直接引入车站的线路即为正线。

(2)旅客列车到发线

客运站旅客列车到发线的数量与下列因素有关:

①各种旅客列车占用到发线的时间标准;

②运行图规定的旅客列车到达、出发和到发间隔时间标准;

③旅客列车不均衡到发程度及高峰期列车到发密度,这与客运站衔接的方向数、接发旅客列车的性质等因素有关;

④车站到发线与站台的相互位置以及其他列车占用旅客列车到发线的情况等。

旅客列车到发线数量应根据旅客列车对数及其性质、引入线路数量和车站技术作业过程等因素确定。

双线通过式客运站到发线应设计为双进路,以保证到发线使用的机动性和灵活性。

双线引入的尽端式客运站,其到发线可按到达、始发别固定使用,即一部分线路主要是列车到达,另一部分线路主要是列车出发,这样,在咽喉区可避免列车到达与出发进路的交叉以及列车到发与车底取送的交叉。

(3)货物列车到发线

客货共线铁路客运站一般不办理货物列车的技术作业,货物列车沿正线通过车站。当客运站有干、支线接轨或因区间距离长,根据区间通过能力的需要,货物列车在客运站上要办理列车会让、越行或办理其他技术作业时,则必须设置货物列车到发线。旅客列车到发线有效长满足货物列车所需有效长时,可与旅客列车到发线混用;旅客列车到发线有效长不够且延长有困难,列车密度大、货物列车停留次数多时,应在客运站上单独设置货物列车到发线。其设置位置宜远离站房,以减少对客运作业的干扰。

货物列车到发线的数量应根据运量及客运站引入的方向数确定,一般可设1~2条,当引入方向有两个以上时可酌情增加。

2. 站台

为保证旅客上、下车的安全和便利,加快旅客的乘降速度,缩短行包、邮件的装卸时间,在办理旅客乘降的车站和乘降所,均应设置旅客站台。

(1)旅客站台的数量及位置应与站房、旅客列车到发线的布置相适应,站台与线路的相互位置如图7-1-7所示。每两站台之间设一条到发线[图7-1-7a)、b)],能保证旅客由一个站台下车的同时另一个站台的旅客上车,加快旅客上、下车时间。但当旅客到发线较多时,站台增多,占地面积大,对列检作业及更换枕木不方便,站台利用率也低。每两站台之间设两条到发线[图7-1-7c)、d)],可克服上述缺点,是一种最广泛的布置形式。每两站台之间也可布置三条到发线[图7-1-7e)、f)],在通过式客运站上,中间一条用作列车通过或机车走行,在尽端式客运站上,中间一条仅用作机车走行。

(2)旅客站台长度应根据旅客列车编成辆数确定,按550m设置;改、扩建既有客运站,在特殊困难条件下,有充分依据时,个别站台长度可采用400m。仅服务于短途小编组旅客列车和节假日代用旅客列车的站台长度可适当缩短,可按其实际列车长度确定。尽端式客运站站台长度应按上述规定增加机车及供机车出、入的必要长度。其他办理客运业务车站旅客站台长度应按客流量和具体情况确定,但不宜小于300m。

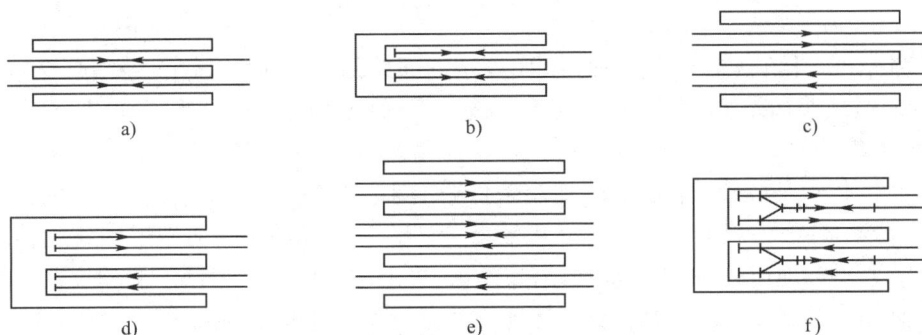

图7-1-7 旅客站台与到发线相互位置示意图

(3)旅客站台的宽度应根据客流密度、行包搬运工具和站台上设置的建筑物和设备的尺寸确定。在旅客站房和其他较大建筑物范围内,基本站台宽度由房屋的突出部分外墙面算至站台边缘,宜采用20~25m。在旅客站房和其他较大建筑物范围以外,基本站台宽度不应小于中间站台的宽度。

设有天桥、地道并采用双面斜道时,大型客运站旅客中间站台的宽度不应小于11.5m,一般客运站不应小于10.5m,其他办理客运业务的车站不应小于8.5m;采用单面斜道的中间站台宽度不应小于9m。不设天桥、地道但需设雨棚时,不应小于6m。路段设计行车速度为120km/h及以上时,靠近正线一侧的中间站台应按上述宽度再增加0.5m。

旅客站台上设有天桥或地道的出入口、房屋和其他建筑物时,站台边缘至建筑物边缘的距离,客运站上不应小于3m,其他办理客运业务的车站不应小于2.5m。

(4)按站台面高出相邻线路钢轨顶面的高度,旅客站台可分为以下三种:

①低站台。低站台的高度为0.3m,站台面在客车车厢阶梯最低踏步以下,旅客上、下车及行包装卸不方便,受线路养护时抬道的影响大。其优点是造价低,通行超限货物列车不受限制,便于进行列检作业。

②一般站台。一般站台的高度为0.5m,站台面与客车车厢阶梯最低踏步基本相平。这种站台克服了低站台的一些缺点,无超限货物列车通过的站台一般都可采用。

③高站台。高站台的高度为1.25m,站台面与客车车厢底面基本等高,便于旅客上、下车,但不便于列检作业,造价贵,且靠站台的线路不能通行超限货物列车,旅客列车不能高速行驶。非邻靠正线或不通行超限货物列车到发线的旅客站台宜采用。

客运专线客运站一般均采用高站台,站台长度应按450m设置,困难条件下不应小于430m。站台的宽度根据车站性质、站台类型、客流密度、安全退避距离、站台出入口宽度等因素确定。

3.跨线设施

跨线设施是指站房与中间站台间或站台与站台间的来往通道。按与站内线路交叉方式的不同,跨线设施分为平过道、天桥和地道。按其用途之不同,跨线设施分为供旅客使用和供搬运行包、邮件使用的设施。

（1）平过道

在客运量较小的通过式客运站上,供旅客使用的平过道布置在站台的中部接近进、出站检票口处。供搬运行包使用的平过道设在站台的两端。平过道的宽度不应小于2.5m。

（2）天桥和地道

①在旅客上、下车人数较多且旅客出、入站的通路经常被通过列车、停站列车或调车作业阻断的通过式客运站上,以及站房设于线路一侧、旅客列车较多的尽端式客运站上,应设置天桥或地道。

②天桥的优点是造价低,受水文、地质条件影响小,维修、扩建方便,排水、通风、采光条件好,但其升降高度较大,斜道占用站台面积较多,遮挡工作人员视线,而地道则相反,故应优先采用地道。天桥和地道的出、入口应与站台、站房、进出站检票口及车站广场的位置相配合,以减少旅客在站内的交叉干扰。其位置应保证旅客通行和行包、邮件装卸作业的安全与便利。

③天桥、地道的数量应根据同时上、下车的客流量和行包邮件量确定。中小型客运站可设置1~2处天桥或地道;大型、特大型客运站可设置2~3处;设有高架候车室时,出站天桥（地道）不应少于1处;当客流和行包、邮件数量很大时,可设置行包、邮件地道1~2处。

④天桥、地道的宽度亦应根据同时上、下车的客流量来确定。客运站天桥或地道的宽度为6~8m,行包、邮件地道的宽度不小于5.2m。旅客地道的净高不应小于2.5m,行包、邮件地道不应小于3m。

⑤天桥和地道的出、入口阶梯或斜道宽度一般与天桥和地道的宽度相同。通向各站台的天桥、地道宜设双向出、入口。出、入口宽度为3.5~4.0m。

（三）车站广场

车站广场是铁路客运站与城市的结合部,是客流、城市交通和行李集散地点,也是旅客活动和休息的场所。车站广场布置案例,如图7-1-8所示。

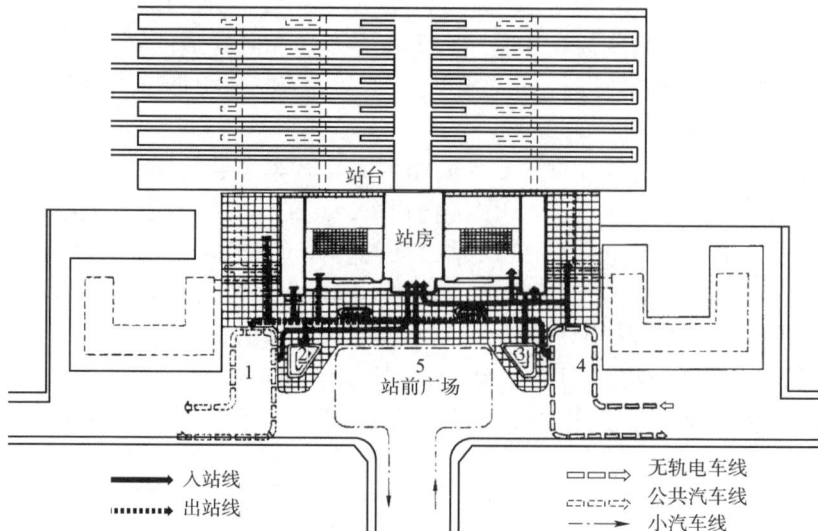

图7-1-8 分散停车场的车站广场平面示意图

1-公共汽车站;2、3-地铁车站;4-无轨电车站;5-小汽车和出租车停车场

1.站房平台

站房平台是指站房室外向城市方向延伸一定宽度,连接站房各个部位及进出口的平台。站房平台长度不应小于站房主体建筑的总长度。

2.旅客车站专用场地

旅客车站专用场地是自站房平台外缘至相邻城市道路内缘和相邻建筑基地边缘范围内的区域,包括旅客活动地带、人行通道、车行道和停车场。

3.公交站点

公交站点包括公共汽车、电车、地下铁道等在站房附近设置的首末和中途站点。

4.绿化与景观用地

绿化与景观用地可美化车站环境,减轻广场噪声及太阳辐射以改善环境。

五、高速铁路车站

(一)高速铁路车站类型

根据《高速铁路设计规范》(TB 10621—2014)规定,我国高速铁路车站按技术作业性质不同分为越行站、中间站和始发站,中间站和始发站都是客运站。按客运量大小分为特大型、大型、中型及小型车站。

越行站是专为办理速度较快旅客列车越行速度较慢旅客列车而设的车站,不办理旅客乘降作业,设于站间距离较长的区间,为中速列车待避高速列车越行的车站。不办理客运业务,仅设2条到发线,为值班员设小站台1座。

中间站主要办理列车通过和越行作业、客运业务和少量的列车折返作业。一般是通过列车多于停站列车,办理旅客上、下车及换乘,一般具有2~4条到发线和2座旅客站台。较大的一些中间站还办理少量始发、终到或立即折返的高速列车作业。

始发站主要办理列车始发、终到作业及客运业务并设有动车段(所),一般位于高速铁路的起讫点。办理全部始发(终到)高、中速列车到发作业,具有全线最大的客运量。没有不停站通过列车,但有少量停站通过列车。

(二)高速铁路车站布置图

1.高速铁路车站平面布置图

高速铁路车站根据其到发线与站台的数量及相互位置,平面布置图有以下4种:

(1)两线布置图,如图7-1-9所示。即设置两条到发线的布置图,其中,正线Ⅰ、Ⅱ办理速度较快,列车通过;到发线3、4办理速度较慢,列车待避。由于不办理客运业务,原则上不设站台。一般适应于越行站。

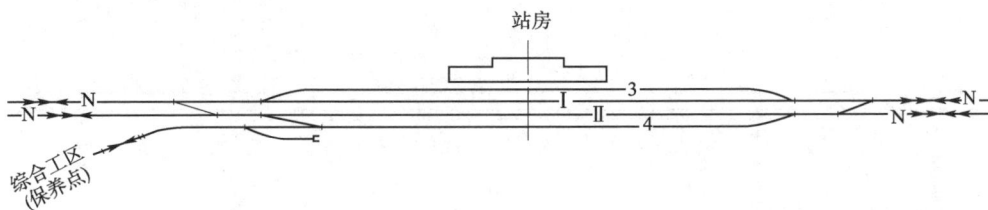

图7-1-9 两线高速车站平面布置图

（2）两线两台布置图。根据站台及线路的相互位置不同又分为以下两种：

①对应式，如图7-1-10a)所示。对应式的两个站台夹4条线，Ⅰ、Ⅱ道为正线，3、4道为到发线。考虑到办理四交会的可能，故设两条停车待避用的到发线。这种布置图的优点是：站台不靠近正线，高速列车自正线通过时，不影响站台上旅客的安全，站台不必加宽。如果客运量较大或某个方向需办理两列停站待避列车，可增加1条到发线，如图7-1-10a)中的虚线所示。

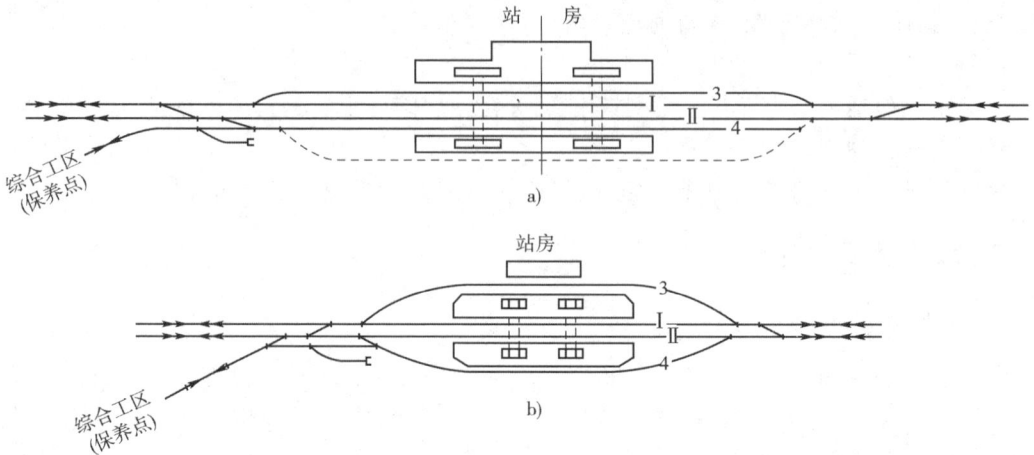

图7-1-10 两台两线高速车站平面布置图

②岛式，如图7-1-10b)所示。岛式的中间站台靠近正线，Ⅰ、Ⅱ道正线为高速列车通过线，3、4道为待避线。这种布置图的缺点是：当有列车在正线停靠站台时，会影响后续追踪列车通过，降低区间通过能力。另外，由于高速列车通过时受列车风的影响，站台需要加宽以保证旅客的安全，并需设置防护栅栏。

这种布置图一般适应于中间站。根据上述比较，一般以采用对应式布置图为宜。

（3）多线多台的布置图，如图7-1-11所示。图7-1-11a)设有3~4条到发线和两个中间站台，适用于有少量动车组折返或夜间停留的中间站。图7-1-11b)设有6个站台、10条到发线，正线从中间穿过，车站一端设有动车段，另一端设有供动车组折返的牵出线，适用于有许多始发、终到列车作业的始发站。若始发站基本没有不停站通过列车，正线与到发线间可设中间站台，如图7-1-11c)所示。

（4）衔接两条客运专线的高速车站布置图，如图7-1-12所示。衔接两条客运专线，设有两个车场，两条正线从各自的车场中穿过，车场间有联络线相通，设有共用的动车段，适用于有两条客运专线交汇，并有部分高速列车通过的高速站。

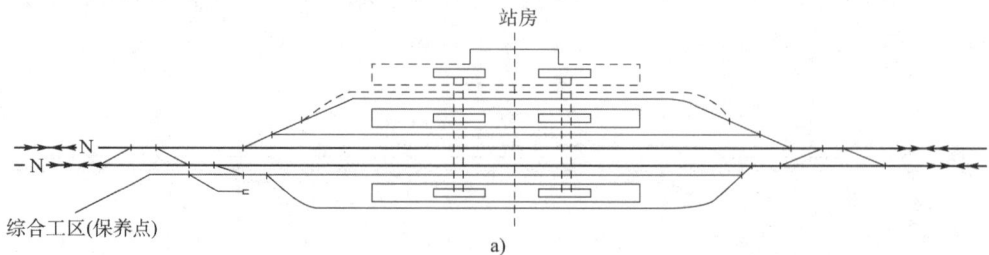

图 7-1-11

b)

c)

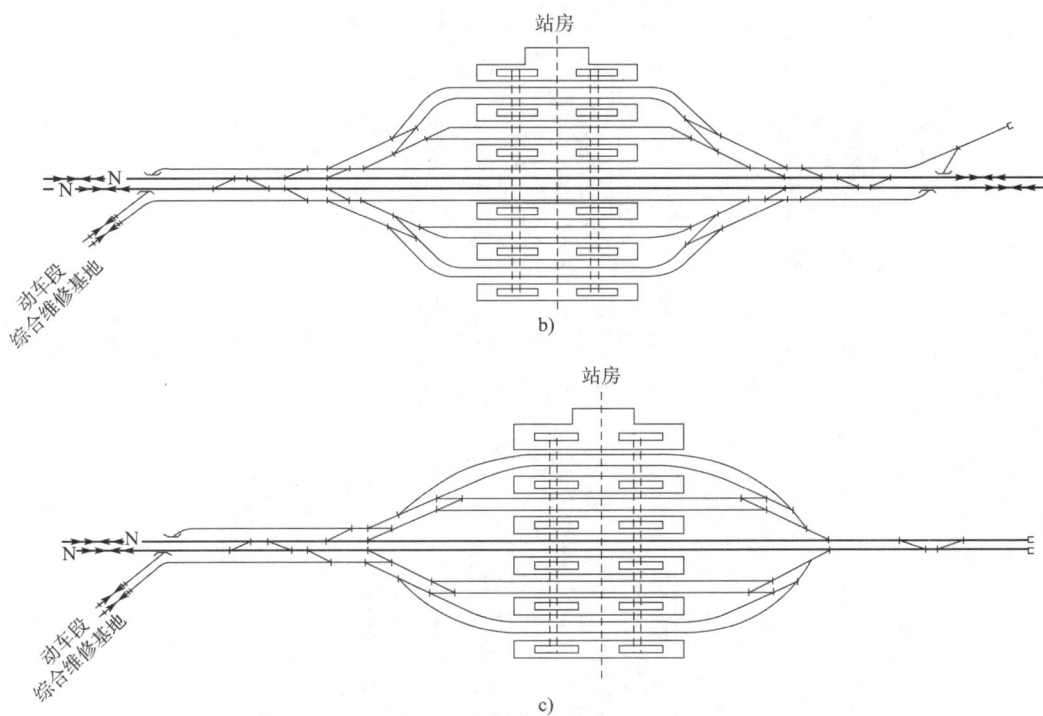

图 7-1-11　多线多台高速车站平面布置图

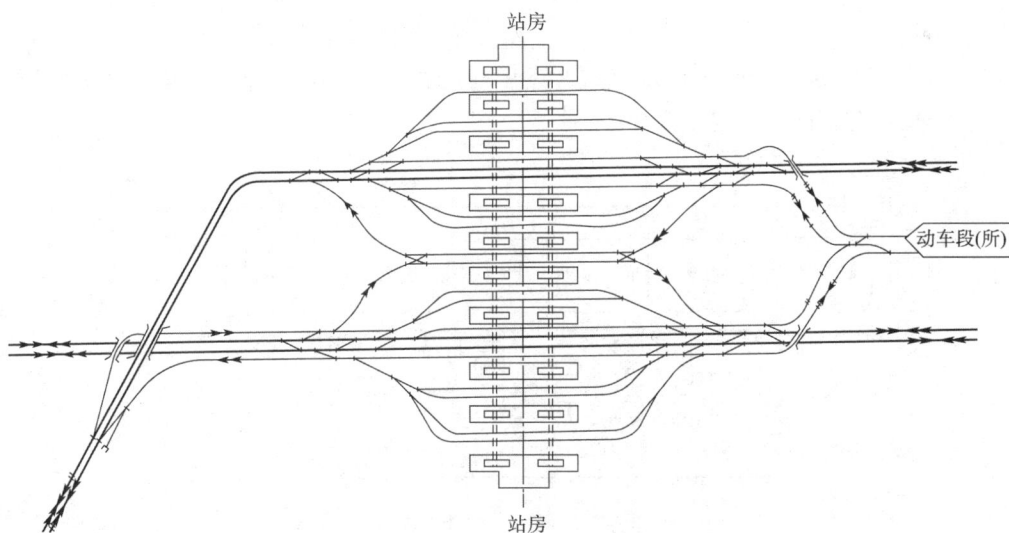

图 7-1-12　有两条客运专线交汇的高速车站平面布置图

2.高速铁路车站竖向布置图

根据旅客站房和线路横断面的相互位置不同,高速车站的竖向布置也可以有不同的方案。

(1)高架下车站,如图 7-1-13 所示。线路在旅客站房之上部,站房地面高程与地表高程一致,上车旅客须经自动扶梯上高架线乘车。

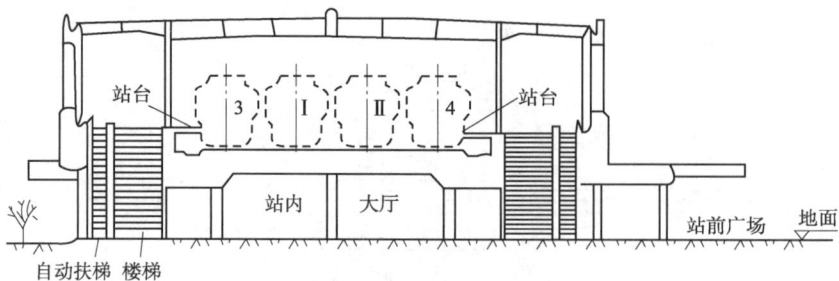

图 7-1-13 高架下车站横断面图

（2）高架上车站，如图 7-1-14 所示。线路在旅客站房之下，轨底高程与地表高程一致，进出站旅客须由站房经自动扶梯上、下站台乘车或出站。

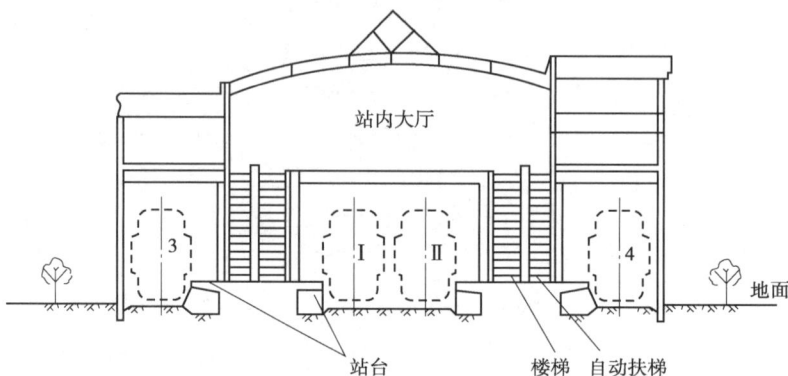

图 7-1-14 高架上车站横断面图

（3）地下车站，如图 7-1-15 所示。旅客站房与线路全部都设在地下，而站房又位于线路的上方，有利于穿越市区，不干扰城市交通。

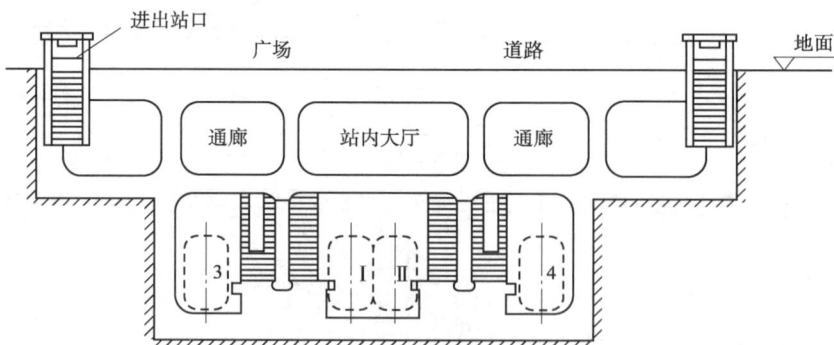

图 7-1-15 地下车站横断面图

技能训练

【训练任务】画出两线两台对应式高速铁路车站平面布置示意图。完成训练任务 7-1。

【操作步骤】

第一步：按一定比例画出上下行两条正线 Ⅰ、Ⅱ 道。

第二步：在 Ⅰ、Ⅱ 道两侧分别画出到发线 3、4 道并与正线连通。

第三步:在两端咽喉分别设置渡线连通两正线。

第四步:在3道一侧画基本站台和站房图例,在4道外侧画出中间站台图例,并在两站台之间画出两处连接通道。

第五步:在线路上标出使用分工标示(进路箭头),在车站左端咽喉上方标示行车方向。

拓展知识

旅客乘降所

在某些铁路区间,如靠近居民区、名胜古迹、旅游地点以及城市市郊有较多客流产生的地段,为方便旅客乘降及职工通勤,可设置乘降所。

乘降所的布置如图7-1-16所示。在单线区间,一般设置一个位于正线居民区一侧的站台,如图7-1-16a)所示。在双线区间,一般设两个相对布置[图7-1-16b)]的站台或两个交错布置[图7-1-16c)]的站台,还要设置必要的跨线设备,以保证旅客安全跨越线路。

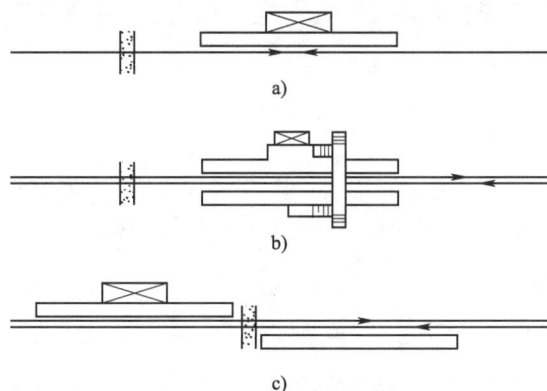

图7-1-16 旅客乘降所布置图

旅客乘降所设在线路的平直地段,必要时可设在能保证旅客列车启动的坡道上。

旅客乘降所不属于分界点。由于旅客列车的停站在一定程度上会影响区间的通过能力,故应严格按照需要予以设置。

复习思考

一、填空题

1._____是铁路旅客运输的基本生产单位。

2.客运站作业主要有_____、_____、_____。

3.客运站站台按高出钢轨顶面的高度分为_____、_____、_____。

4.客运站的布置图按线路配置的不同可分为_____、_____和_____三种。

5.按与站内线路交叉方式的不同,客运站的跨线设施设备分为_____、_____和_____。

6.我国高速铁路车站按技术作业性质不同分为_____、_____和_____。

二、判断题

1.尽端式客运站的站线为尽头式。 (   )

2. 专门办理本线旅客列车越行跨线作业的客运站称为中间站。 （　　）

3. 客运站的设施设备包括站房、站场和线路。 （　　）

4. 客运站一般站台的高度为0.3m。 （　　）

5. 高速铁路中间站的主要作业是办理中速列车待避高速列车。 （　　）

6. 高速铁路车站只有大型客运站。 （　　）

三、简答题

1. 客运站的主要作业和设备有哪些？

2. 客运站布置图型有哪几种？简述各自特点。

3. 客运站站台高度有哪几种？

4. 高速铁路车站有哪几种类型？

5. 高速铁路车站平面布置图有哪几种形式？

任务7.2　货运站基本认知

知识要点

货运站定义与分类，货运站作业及设备，货运站布置图，货运站运转设备的配置，集装箱办理站的分类、作业及设备，集装箱办理站布置图，重载铁路车站。

重点掌握

货运站作业及设备，货运站布置图，集装箱办理站的分类、作业及设备，重载运输方式。

基础知识

凡专门办理或主要办理货物装卸作业的车站，以及专门办理货物联运或换装的车站，称为货运站。

货运站按其工作性质分为装车站、卸车站和装卸站。装车站以办理货物的装车为主，接入空车，发出重车。卸车站以办理货物的卸车为主，接入重车，排出空车。装卸站的装车和卸车工作量大致平衡，可大量组织车辆的双重作业。

货运站也可按其服务对象分为公共货运站、换装站、工业站及港湾站。

货运站按其办理的货物种类又可以分为综合性货运站和专业性货运站。

一、货运站的作业

综合性货运站(简称货运站)主要办理运转作业和货物作业。

1. 运转作业

(1)办理小运转列车和直达列车的接发作业；

(2)按装卸点选编车组、调送车组及按货位配置车辆；

(3)收集各装卸点装卸完毕的车组，并在调车线上进行集结；

(4)个别货运站兼办客、货列车的接发、通过和交会作业。

2.货物作业

(1)货物的托运、交付、装卸和保管;

(2)货运票据的编制;

(3)货物的过磅、分类、搬运、堆码及换装、加固、检衡、检查装载限界;

(4)办理车辆清扫、加冰、铁路与其他运输部门的联运等作业。

二、货运站的设施设备

货运站为完成所担负的各项作业,设有运转设备和货运业务设备。

(1)运转设施设备,包括到发线、调车线、牵出线、货物线、存车线、机走线、简易驼峰等。

(2)货运业务设施设备,包括仓库、站台、货棚、堆放场、装卸机械、检斤设备等。根据需要还可设置加冰、牲畜饮水车辆修理和消毒、洗刷设备。

三、货运站布置图

货运站按其与枢纽内铁路线衔接的不同,可有两种类型:一种是尽端式货运站,另一种是通过式货运站。这两种货运站按车场与货场的布置又均可分为横列式和纵列式两种。

1.尽端式货运站

(1)车场与货场横列的尽端式货运站,如图7-2-1所示。

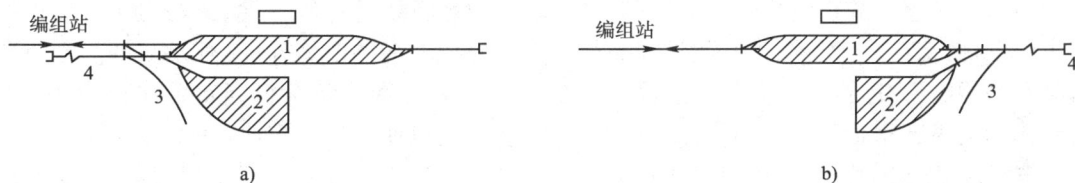

图 7-2-1　车场与货场横列的尽端式货运站布置图

1-到发及调车场;2-货场;3-专用线;4-牵出线

图7-2-1a)为车场与货场横列布置示意图,调车线与到发线合并为一个车场,货场在进口一端的咽喉衔接。这种布置图的接发车与调车作业集中在车站一端咽喉,部分线路调车转线与接发车进路有交叉,因而车站的通过能力及作业能力较低。

图7-2-1b)为车场与货场横列布置示意图,货场及牵出线设在车站尽端咽喉一端。这种布置图的接发车与调车作业分别在车站两端咽喉进行,平衡了车站两端咽喉的负担,通过能力及作业能力均较图7-2-1a)有所提高;但车站尽端设置牵出线会增加对城市交通的干扰。

车场与货场横列的尽端式布置图的优点是站坪长度短,用地经济;搬运机具走行跨越铁线路较少。缺点是转线、调车与取送作业都有折返行程,增加了车辆的走行距离。

(2)车场与货场纵列的尽端式货运站,如图7-2-2所示。

图 7-2-2　车场与货场横列的尽端式货运站布置图

1-到发及调车场;2-货场;3-专用线;4-牵出线

这种布置图的优点是保证了向货场取送车的流水性,缩短了车辆的转线时间,货场与城市联系方便。缺点是当有两台调车机车作业时,货场取送车与车列解编作业互相干扰,调车机车的走行距离较长,到发及调车场出口咽喉区作业干扰严重,用地较长。

2. 通过式货运站

通过式货运站,如图7-2-3所示。

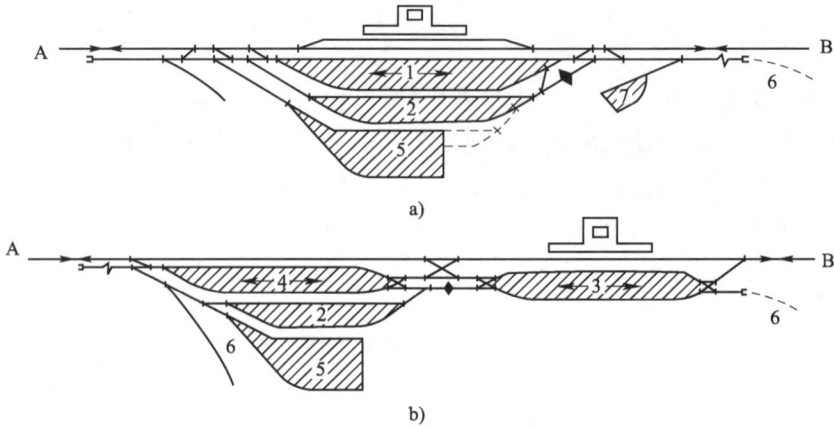

图7-2-3　通过式货运站布置图

1-到发场;2-调车场;3-到达场;4-编发场;5-货场;6-专用线;7-车辆检修设备

通过式货运站的正线是贯通的,货场和车场均设在正线的一侧,可减少站内作业对正线行车的干扰,保证通过货物列车的顺利通行。为了完成较多的改编作业,可设驼峰。当有旅客列车停靠时,尚需设置必要的客运设备。图7-2-3a)的主要车场为横列布置;图7-2-3b)的主要车场为纵列布置。两者的货场均设在调车场一旁,以便利货物作业车的取送。

与尽端式货运站相比较,通过式货运站的优点是车站作业分别在两端咽喉进行,作业能力较大。缺点是与城市干道交叉干扰大,且不易深入城市中心。

通过式货运站一般都和枢纽内的中间站、区段站一并设置,并有许多工业企业线与之接轨,因此在车站设计中要保证干线列车运行或小运转列车向工业企业线的取送车进路与调车进路隔开。作业量大的工业企业线要保证与到发场间有独立的通路。

四、货运站运转设备的配置

货运站的运转设备包括到发线、调车线(编发线)、牵出线等。

1. 到发线

(1)到发线数量

货运站的到发线数量应根据行车量、列车性质和技术作业过程等因素确定。一般情况配置如下:当每昼夜到发小运转列车对数小于6对时,尽端式货运站到发线数量可采用1~2条;7~12对时,采用2~3条;大于12对时,可视具体情况适当增加。通过式货运站且办理正规客货列车通过、到发和引入线路数量较多时,应参照区段站到发线数量确定办法适当增加到发线数量。

(2)到发线有效长

到发线的有效长可根据小运转列车长度加30m附加制动距离确定。但位于干线上或向干线开行始发、终到列车的货运站应满足衔接区段线路规定的到发线有效长度。通过式货运站的到发线有效长因有正规客、货列车到发,应满足相邻区段线路规定的到发线有效长。

2.调车线

货运站调车线应根据作业车数、装卸地点数、办理货物品种和调车作业方法等因素确定。一般一个调车区或一个装卸地点的装卸车数一昼夜在50辆以上时,应设一条调车线;50辆以下时,也可以两个或几个装卸地点(或调车区)合设一条。

调车线的有效长应满足取送车列最大长度的需要,但最短调车线的有效长不宜小于200m。

3.牵出线

货运站和货场的牵出线应根据行车量、调车作业量、调车作业繁忙程度、有无专用调车机车和有无工业企业线用于调车等条件设置。当行车量和调车作业量较小或可利用其他线路进行调车作业时,也可缓设或不设牵出线。

牵出线的有效长应按列车或车组的最大长度确定。在困难条件下,货运站牵出线的有效长不宜小于列车长度的一半;货场牵出线的有效长度不宜小于200m。

五、集装箱办理站

铁路集装箱办理站是指办理集装箱业务的铁路货运站。它是铁路集装箱发送、到达及中转换装的基地,大量的铁路集装箱装卸、保管、集配、承运、交付及维修管理工作都要在办理站完成。它不仅是铁路集装箱运输的起讫点,而且也是铁路集装箱运输与其他运输方式联运的交接点。

(一)铁路集装箱办理站的分类

根据铁路集装箱办理站的地理位置、功能等,可分为中心站、专办站、办理点三种。

1.铁路集装箱中心站

集装箱中心站是特大型的铁路集装箱办理站,是专门办理集装箱班列、枢纽集装箱小运转列车到发和整列集装箱列车装卸及集装箱承运、发送、装卸、中转、保管、到达、交付等铁路货物运输作业的路网性集装箱货运站,主要分布在经济发达、集装箱集疏运量大的区域经济中心和铁路网重要枢纽。集装箱中心站是铁路集装箱运输和干线班列发送、到达、中转的重要基地,同时具有运输、仓储、装卸、搬运、多式联运、信息服务等功能,设备先进,集装箱办理能力强。我国将逐步形成以集装箱中心站为全国和区域的铁路集装箱集疏运中心,连接全国各大经济区域货物集散中心和主要港口的铁路集装箱运输体系。

2.铁路集装箱专办站

集装箱专办站是设在省会城市、大型港口和主要内陆口岸所在地,专门办理集装箱业务的铁路货运站。根据各省级行政区或区域的不同情况,每个省级行政区或区域设置1~4个集装箱专办站,地域广阔而集装箱运输需求量大的地区可以多设置专办站。集装箱专办站是铁路集装箱业务专门办理单位,是中心站的辅助,比中心站等级低、能力小。在集装箱专办站需配备必要的仓储、装卸、搬运、检修、维护设备。

3.铁路集装箱办理点

铁路集装箱办理点是以铁路既有货运站为主要货源地,从中选取若干适箱货运量大的

车站作为集装箱业务办理点,兼办集装箱运输业务。集装箱办理点多为综合性货运站,集装箱货源相对较少,办理能力低,是铁路集装箱中心站和专办站的补充;办理业务不齐全,主要承担铁路集装箱运输揽货、交付、信息咨询等职责,以及"门到门"延伸服务,是直接联系货主的窗口。在集装箱办理点需配备必要的运输组织、装卸、搬运、仓储等设施设备。

根据三级站点功能定位,我国铁路集装箱运输将以中心站为到发及中转基地,以集装箱专办站为辅助,以集装箱办理点为补充,形成覆盖全国的铁路集装箱网络。

(二)铁路集装箱办理站的作业及设备

铁路集装箱办理站的作业主要包括商务作业和技术作业两种类型。

1. 商务作业

商务作业主要包括受理集装箱货物的托运申请;办理装卸箱业务;编制用车计划;向到达站发出到达预报通知;编制有关单证;核收有关费用;装箱、拆箱及加封等。

2. 技术作业

技术作业主要包括提供适合装货、运输的集装箱(空箱);安排集装箱装卸、搬运等机械;安排集装箱装卸搬运机械的检修、清洗作业;联系其他运输方式,开展集装箱门到门运输、多式联运、国际运输;编发、接解成列集装箱列车(中心站、专办站)或枢纽小运转列车(办理点);办理往集装箱场的车辆取送作业。

铁路集装箱办理站为完成上述作业,一般设有列车到发及调车场、集装箱作业场、综合服务及信息系统、装卸和运输机械维修设施等。集装箱作业场一般设有装卸场、拆装箱场及仓储设施,并配备装卸及运输机械。

(三)铁路集装箱办理站布置图

集装箱办理站布置图按到发及调车场与装卸作业场的相互配置分为横列式和纵列式两种,如图7-2-4和图7-2-5所示。

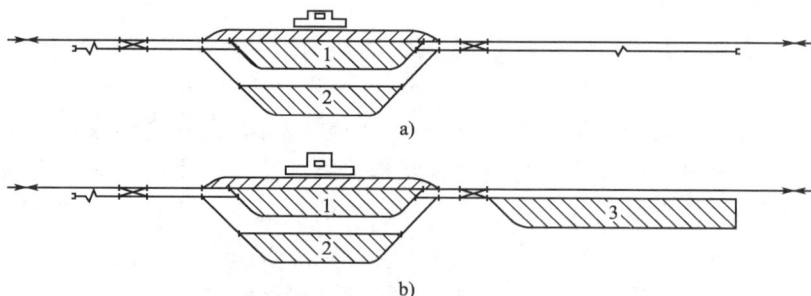

图7-2-4 到发及调车场与装卸作业场横列式布置图
1-到发及调车场;2-装卸作业场;3-车底停留场

横列式的特点是站坪长度短、设备集中、管理方便,但是调车作业不方便,需要牵出线转场;纵列式的特点是可充分利用场地条件,装卸线可直接接发列车,减少转场作业时间,作业效率较高,但站坪较长、设备分散,管理不方便。在选型设计时,应根据办理站的作业量、作业特点及当地条件综合比较确定。

对于规划建设的集装箱专办站,由于作业量较大、班列开行对数多,集装箱装卸场宜与正线连通,可直接进行接发车作业,并根据需要设车底停留场。

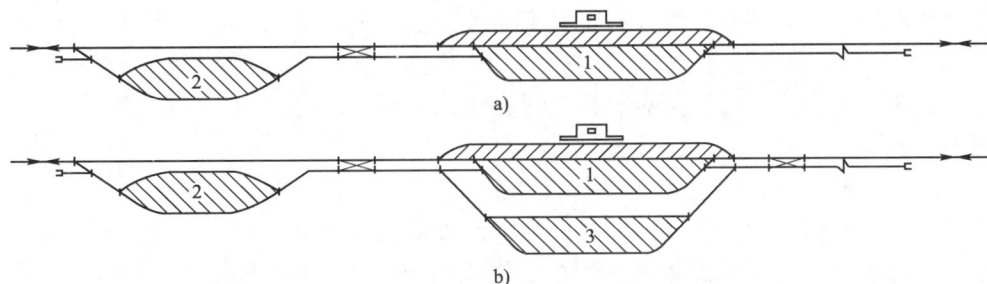

图 7-2-5　到发及调车场与装卸作业场纵列式布置图
1-到发及调车场;2-装卸作业场;3-车底停留场

对于新建的集装箱专办站,由于地形宽阔,宜采用装卸线两端与正线全部贯通的横列式布置图。

对于既有站改建的集装箱专办站,受地形条件限制,装卸场与调车场的相互布置可以设为纵列式,但装卸场应与正线贯通。

装卸线采用与正线贯通的形式,可满足集装箱列车整列到发的需要。作业量较大或开行直达集装箱列车的专办站,为减少列车在站停留时间,装卸线可具有直接接发车的条件。但装卸线直接接发车,需要在装卸线进行列车技术作业,场内作业人员较多,不便于箱场管理,影响装卸机械作业。

六、重载铁路车站

一般来说,采用重载运输方式的铁路称为重载铁路。所谓重载运输,就是使用载重量大的货车,编组长而重的列车,以大功率内燃、电力机车或多机牵引,用来运送大宗货物的一种运输方式。

根据 1994 年国际重载运输年会上制定的标准,凡具备以下三个条件之二者,可视为铁路重载运输:

①车牵引重量至少达到 5000t;
②车列中车辆轴重达到或超过 25t;
③线路长度不少于 150km 的区段,年计费货运量不低于 2000 万 t。

2005 年国际重载协会理事会对新申请加入国际重载协会的国家提出新的重载铁路标准,要求至少应满足下列三个条件中的两个:

①车牵引重量不少于 8000t;
②车列中车辆轴达到或超过 27t;
③线路长度不少于 150km 的区段,年计费货运量不低于 4000 万 t。

(一)重载运输方式

实行重载运输的不同铁路线,应当根据机车车辆、线路设备条件和货物运输要求,采取不同的运输方式。通常有以下 3 种重载运输方式,即单元式、整列式、组合式。

(1)单元式重载运输
以单元式重载列车为主的运输方式称为单元式重载运输。
单元式重载列车是将机车和车辆固定编组,组成一个运输单元,运输固定品类的货物,

在装车地和卸车地之间循环往返运行的重载列车。运输过程中没有改编作业,在装卸地点机车不摘挂,不停车地进行装卸作业。在开行单元式重载列车的货运专线上,部分车站线路要满足重载单元牵引相应重量所需的到发线有效长的要求。装、卸地点设置环线,以满足整列不摘车装卸作业的要求。

(2)整列式重载运输

以整列式重载列车为主的运输方式称为整列式重载运输。

整列式重载列车是采用普通货物列车的作业组织方法,由挂于列车头部的大功率单机或多机牵引,由不同型式和载重货车车辆混合编组,达到规定载重量标准的重载列车。其到达、解体、编组、出发、取车、送车、装车、卸车和机车换挂作业与普通货物列车完全一样,只是牵引重量有显著提高。这种重载运输方式只要求车站的到发线有效长延长以满足重载列车停靠要求,是我国大部分繁忙干线目前发展重载运输的主要方式。

(3)组合式重载运输

以组合式重载列车为主的运输方式称为组合式重载运输。

组合式重载列车是由两列或两列以上开往同一方向的普通货物列车首尾相接合并组成的重载列车。机车分别挂在列车的头部和中部,由最前方货物列车的机车担任本务机车,在运行图上占用一条运行线,运行到前方某一技术站或终到站再分解为普通货物列车。这种列车除了要进行普通货物列车所进行的作业以外,还要进行列车的组合和分解。只有在施工地段以及区间通过能力接近饱和的困难区段上,才根据运输的实际需要开行这种列车。它要求少数中间站的部分线路和技术站、装卸基地站及其前、后方车站的个别线路延长,以适应列车越行、会让、组合和分解的需要。

(二)重载铁路车站的分类及作业

重载运输中不同类型的车站根据功能及列车在站作业性质的不同,站场设备的配置与要求存在很大区别。此外,由于重载列车的组织形式不同,即使相同类型的车站对站场配置的要求也不一样。总的来说,根据车站作业性质和内容的不同,重载铁路车站可以分为装卸站、途中技术作业站(包括组合分解站)、中间站(包括会让站、越行站)等。

1.重载列车装卸站

重载列车装卸站为办理重载列车装卸作业的车站,主要办理的作业有:

(1)重载列车(整列空车)的接发作业;

(2)车辆的技术检查;

(3)重载列车(整列空车)的装卸作业。

2.重载列车途中技术作业站

重载列车途中技术作业站包括区段站、编组站(含专门办理重载列车组合分解作业的车站),主要办理的作业有:

(1)列车途中的机车换挂,机车乘务组换班;

(2)列车的技术检查作业;

(3)少量解编作业,包括组合分解作业。

3.重载铁路中间站(含会让站和越行站)

重载铁路中间站(含会让站和越行站)办理的作业主要有:

（1）重载列车的接发、会让、越行作业，以满足行车及通过能力的需要；

（2）途中技术检查、乘务人员换乘、故障车检修等作业；

（3）客货混运的重载铁路中间站还办理有关的客货运业务。

为了保证重载列车正常的接发、通过、办理相关技术作业及解编和换重作业的需要，重载运输相关车站的站场配置、设备结构和线路有效长度应能满足列车牵引长度的要求，能保证不同类型重载列车的停靠和相关作业需求，如整列式重载列车的到、发、解、编和途中越行及技检作业；组合式重载列车的合并、分解和途中越行及技检作业；单元式重载列车的到发和装卸作业等。

（三）重载铁路车站布置图

以单元式重载运输方式的车站布置图为例。

（1）始发技术站布置图

图7-2-6所示为重载列车装车地始发技术站布置图。该布置图所示为一级三场编组站，A方向衔接干线，B、C方向衔接装车地。上、下行到发场布置在调车场两侧，接发重载列车的到发线紧靠正线。站修所设在调车场尾部。机务段按预留二级四场规划位置设置。重载列车车辆检修基地规模较大，设在一个方向的正线外侧，与正线立交引入上、下行到发场。

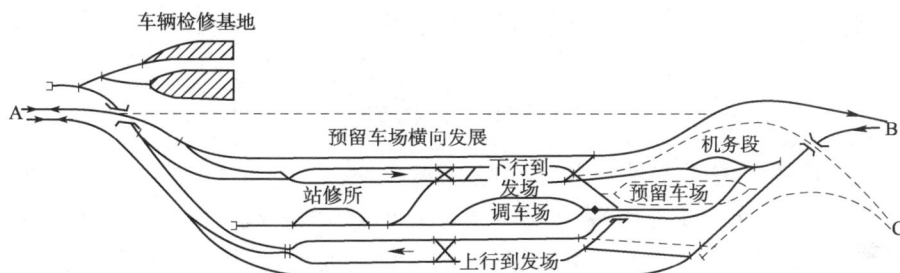

图7-2-6 重载单元式列车始发技术站布置图

（2）终点技术站布置图

图7-2-7所示为重载单元式列车卸车地的终点站。站内设有到发线、调车线、存车线、牵出线、机车走行线、机待线，另根据需要设轨道车停留线及大型养路机械停留线等。车站到发线有效长与开行的重载单元式列车相适应。站内设有机务设备（折返段）及车辆站修所各一处。

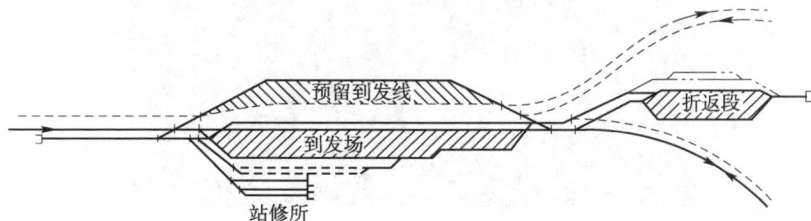

图7-2-7 重载单元式列车终点技术站布置图

（3）终点卸车站布置图

图7-2-8所示为开行重载单元式列车的铁路卸车地的终点卸车站（港口站），也是路、港交接的煤炭转运站。

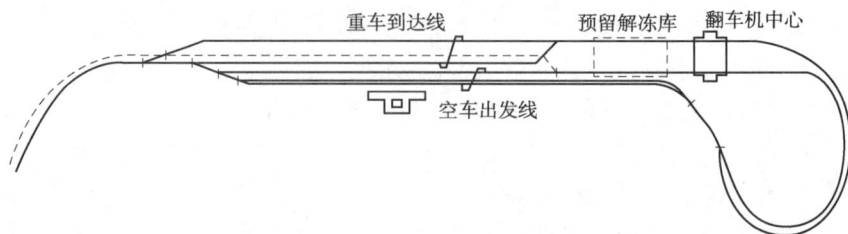

图 7-2-8　重载单元式列车终点卸车站布置图

车站设有重车到达线、翻车机卸煤线、空车出发线。重、空车到发线有效长满足 10000t 重载单元式列车的需要。重车到达线与空车出发线呈纵列环行布置,中部以两条卸煤线连接。两条线各设一台翻车机,在翻车机入口处设拨车机及预留解冻库。空车线 4 条分成两组,每组 2 条,两组呈纵列布置。其中一组与卸煤线衔接,另一组与重车到达场横列布置。

重载单元式列车卸车采用不摘机车连续流水作业方法。列车到达后,路、港双方在重车到达线办理交接作业,列车运行到拨车机固定停车处,机车落下受电弓并处于非工作状态,按规定的翻车机每次卸车数,由拨车机将重车送至翻车机卸煤线,经翻车机连续卸车,卸后的空车列经空车出发线返回铁路技术站。

一线微观

大秦重载精神

大秦铁路(图 7-2-9)西起煤都大同,东至渤海之滨,于 1992 年全线通车,是国家重大民生工程,被誉为"中国第一重载铁路"。几十年来,一代代大秦铁路人不忘初心、牢记使命,不负重托、勇争一流,创造出了从无到有、由弱到强的骄人业绩,铸就了"负重争先、勇于超越"的大秦重载精神,激励了众多铁路人秉承铁路红色基因、赓续铁路优良传统,在交通强国建设中奋勇前行。

图 7-2-9　大秦铁路

1985 年 1 月 1 日,大秦铁路建设正式拉开帷幕。历时近 4 年,1988 年 12 月 28 日,一条拉动全国经济的西煤东运通道大秦线开通运营。一些当初在大秦线上顶风冒雪、披荆斩棘的铁道兵,也换上铁路制服,留在了大秦线上,成了第一代大秦铁路人。刚刚建成的大秦线上,生产生活条件十分艰苦,面对重重困难,第一代大秦铁路人作出了"讲大局、讲奉献"的庄严承诺。他们负重爬坡、艰苦创业,为了尽快适应工作,克服运输生产上的困难,沿线各单位组建骨干队伍,采取现学现教的方式,带动提升整体队伍素质,使大秦铁路从"从零起步"做到了"世界一流"。

大秦铁路人融创新、创业、创造为一体,在没有成熟经验可循的情况下,坚持党建引领,着力创新驱动,自力更生、开拓进取,成立重载铁路技术研究中心,举办中国重载铁路技术交流论坛,形成了具有世界先进水平和中国特色的重载技术体系、运输组织体系、装备运用体系、设备维修体系和组织保障体系,填补了重载铁路的多项空白,抢占"铁路重载技术制高点",在重载技术上拥有了话语权,创下了一系列世界瞩目的先进成果,为确保运输安全和运量不断增加发挥了重要作用。

大秦铁路人汇奋斗、奉献、奋进于一身,心怀大局,从第一代奔赴大秦铁路的职工抱着"扎根大秦"的信念开始,他们喝泥水、住工棚、搬枕木、排障碍、垒围墙、建厂区,人在哪,家就安在哪。每一次重载增运任务,每一次"集中修"施工,都是时间紧、要求高。几十年来,广大党员、干部争先恐后冲在前、干在先,带领广大职工拼搏奋斗、无私奉献,各部门各单位、党工团各级组织同心协力、密切合作,形成了"一切为大局、全力保畅通、齐心干事业"的生动局面。

技能训练

【训练任务】画出车场与货场横列的尽端式(货场设于车站尽端咽喉)货运站布置图,并说明其特点。完成训练任务7-2。

【操作步骤】

第一步:画出到发及调车场;在其右端画出牵出线。

第二步:在到发及调车场左端画出正线通往编组站。

第三步:在到发及调车场右端画出牵出线。

第四步:在到发及调车场右端咽喉外侧画出货场,与到发及调车场并列,并与牵出线相连。

第五步:分析说明车站作业特点。

拓展知识

换　装　站

1.换装站分类

换装站是设在不同轨距铁路的接轨地点,为货物换装和旅客换乘服务的车站。换装站按其设置的地点和担负的作业性质可分为国境换装站和国内换装站两类。

(1)国境换装站

国境换装站设于轨距不同的两国国境铁路衔接地点,办理两国间进、出口货物的交接、换装以及旅客运送作业。

国境换装站有两种设置方式:一种是在两国国境内国界附近的适当地点各设一个换装

站,分别担负本国进口货物的换装;另一种是换装站设在某一方国境的附近,集中办理双方进、出口货物的换装。采用何种设置方式,应根据双方协议及当地条件而定。

(2)国内换装站

国内换装站设在国内两种不同轨距铁路的衔接地点,办理国内两种不同轨距铁路的换装业务。

2.换装站的作业及设备

国内换装站的运量一般不大,其作业及设备都比较简单。

国境换装站除办理货运站所有的技术作业外,还要办理以下作业。

(1)旅客列车作业

①有关边防的检查作业,如公安、边防人员检查护照,海关人员检查行包,卫生防疫人员检查有无传染病,动植物检疫人员检查或化验列车上的动植物等;

②餐车和邮政车的摘挂作业;

③行李的交接与邮政的换装作业;

④全部客车转向架的更换或旅客的换乘作业。

其中②、③两项作业只在餐车、行包邮政车不过轨时办理。

(2)货物列车作业

①边防部门对进、出口货物列车的验收;

②外运代理部门对进、出口货物的报关检验;

③海关、商检、卫生防疫检查、动植物检疫等部门对进、出口货物的检疫、检验;

④货物和车辆的交接、检斤和验收作业;

⑤货运票据的翻译、签封,各种费用(如换装费、验关费等)的核收;

⑥货物的换装,必要时还办理个别特大货物车辆更换转向架的作业。

国境换装站应具备下列主要设备:不同轨距铁路共用的旅客列车到发场;为客车车底过轨而设的旅客列车转向架更换设备;不同轨距的货物列车到发场、调车场;两种轨距共用或分开的机车检修和整备设备、车辆检修设备;两种轨距布置在一起的换装场、货物储存仓库或储存场。

根据所办理货物作业性质的不同,大型换装站可分为成件货物、笨重货物、散装货物、易腐货物、危险货物换装区等。

国内换装站的技术作业主要是办理不同轨距列车到发、调车和取送作业。货运作业只办理货物的换装以及当地货物的装卸。对于旅客列车,一般只办理旅客换乘的作业。国内换装站由于运量小,货物品类不同,一般可根据所办理货物的性质设置几组换装线即可。

复习思考

一、填空题

1.货运站按其工作性质分为_____、_____和_____。

2.货运站设有_____和_____设备。

3.根据铁路集装箱办理站的地理位置、功能等,可分为_____、_____、_____三种。

4. 以单元式重载列车为主的运输方式称为_____。

5. 重载运输方式有_____、_____、_____。

二、判断题

1. 通过式货运站的正线是贯通的。　　　　　　　　　　　　　　　　　（　　　）

2. 整列式重载列车是既有繁忙干线扩能、发展重载运输的主要形式。　　（　　　）

3. 组合式重载列车一般采用固定机车、车底循环运转,途中不进行编解或变轴作业。

　　　　　　　　　　　　　　　　　　　　　　　　　　　　　　　　（　　　）

4. 货运站调车线的有效长不宜超过200m。　　　　　　　　　　　　　（　　　）

5. 铁路集装箱中心站是特大型的铁路集装箱办理站。　　　　　　　　　（　　　）

6. 重载单元列车卸车采用摘机车连续流水作业方法。　　　　　　　　　（　　　）

三、简答题

1. 何谓货运站?

2. 简述货运站的分类。

3. 货运站的主要作业有哪些?

4. 货运站的布置图有哪几种? 简述其优缺点。

5. 重载运输方式有哪几种?

6. 简述重载铁路车站的分类及作业。

项目 8

铁路枢纽

项目导入

武汉铁路枢纽

武汉铁路枢纽内汇集了京广高铁、合武客专、武九客专、汉宜客专、武西高铁等多条高速铁路;京广、武九、武康、长荆、汉麻联络线等多条既有铁路干线;武咸、武黄、武冈、汉孝等城际铁路;武汉、天兴洲、白沙洲(规划)、黄冈四座横跨长江的铁路大桥,是我国中部地区重要的路网性铁路枢纽。结合新一轮中长期铁路网规划、城市发展规划等,修编后的《武汉铁路枢纽规划(2016—2030年)》已获国家批复。

武汉铁路枢纽客运系统将形成包括武汉站、汉口站、武昌站、新汉阳站以及武汉东站(流芳)、天河北站"四主两辅"的客运站布局。

武汉铁路枢纽货运系统将形成"1+2+3"三级物流节点网络。其中,吴家山为一级物流基地;滠口、大花岭为二级物流基地;阳逻(水铁联运)、光谷南、常福为三级物流基地。规划武汉站、新汉阳动车所配套建设高铁快运设施。

编组站将形成"一主(武汉北)一辅(武昌东)"格局。其中,武汉北站为枢纽主要编组站,维持双向三级七场站型,适时建设预留工程;武昌东站为枢纽辅助编组站,维持双向二级五场站型及规模;既有武昌南编组站转变功能,技术作业由武昌东站承担。

项目描述

铁路枢纽是客流、货流的主要中转场地,是连接铁路干线、支线的中枢,设有不同种类铁路线路、专业车站及相关设备。本项目主要介绍铁路枢纽的类型及特点、专业车站的配置、线路引入方式及疏解方案等相关知识。

学习目标

1. 知识目标

(1)了解铁路枢纽的概念、设备及种类;

(2)掌握铁路枢纽的布置图类型及其特点;

(3)熟悉枢纽内专业车站的配置;

（4）理解枢纽线路的引入方式及枢纽联络线的种类。

2．技能目标

（1）能够识别铁路枢纽的布置图类型；

（2）能够简单设计枢纽进出站线路的平面疏解与立体疏解方案。

3．素质目标

（1）具有安全意识和责任意识；

（2）具有良好的社会适应性和交流沟通能力、团队协作意识；

（3）具有质量意识、环保意识和信息素养；

（4）具备爱岗敬业、诚实守信、精益求精、服务奉献精神。

知识树

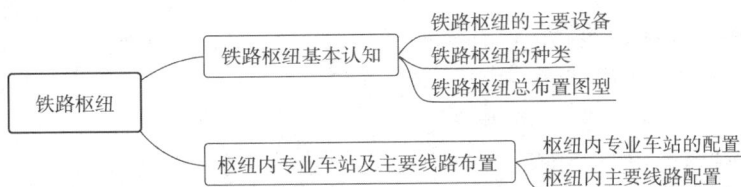

任务8.1　铁路枢纽基本认知

知识要点

铁路枢纽的定义、设备及种类，铁路枢纽的布置图类型及其特点。

重点掌握

铁路枢纽布置图类型及其特点。

基础知识

在铁路干、支线的交汇点或终端地区，由各种铁路线路、专业车站以及其他为运输服务的有关设备组成的总体称为铁路枢纽。

铁路枢纽是连接铁路干线和支线的中枢，是客流、货流从一条铁路线转运到另一条铁路线的中转地区，也是城市、工业区客货到发和联运的地区。铁路枢纽是为城市、工业区或港湾区服务、与国民经济各部门联系的重要纽带，也是交通运输枢纽的主要组成部分。

铁路枢纽一般都是由小到大逐步发展起来的，在各个不同的发展阶段上，枢纽总布置图会有所修正，但都是为了合理确定：枢纽近、远期总体布局；各方向线路的引入方式；枢纽内线路的配置；各主要站（段）的数量、规模、位置及其分工等。

一、铁路枢纽的主要设备

在铁路枢纽内一般应具有下列设备：

（1）线路：包括引入正线、联络线、环线、直径线、专用线等。

（2）车站：包括客运站、货运站、编组站、工业站、港湾站、中间站等。

（3）疏解设备：包括铁路线路与铁路线路的平交和立交疏解、铁路线路与城市道路的跨线桥和平交道口以及线路所等。

（4）其他设备：包括机务段、车辆段、客车整备所、动车段（所）等。

铁路枢纽是随着铁路新线建设和城市及工业发展逐步形成的，上述部分或全部设备应在分析枢纽内客流、货流的基础上，密切配合城市规划、工农业建设、地形条件、工程条件以及既有铁路设备的现状进行总体规划，分期发展。

二、铁路枢纽的种类

按规模大小铁路枢纽大致可分为大、中、小型3类。

1. 大型枢纽

一般位于特大城市或大城市，设有 1 ~ 2 个大型客运站、1 个大型编组站或 2 个以上中型编组站，有众多的其他车站和连接线。

2. 中型枢纽

一般位于大城市或中等城市，设有 1 个大型客运站或 2 个一般客运站、1 个大型编组站或 1 ~ 2 个中型编组站，有一定数量的其他车站和连接线。

3. 小型枢纽

一般位于中等城市或小城市，设有 1 个一般客运站（或客运车场）、1 个小型编组站（或货运车场），有少量的其他车站和连接线。

三、铁路枢纽总布置图型

铁路枢纽按其车站、进站线路、联络线及其他设备的不同位置，可形成不同的类型，一般有：一站枢纽、十字形枢纽、三角形枢纽、顺列式枢纽、并列式枢纽、环形枢纽、尽端式枢纽和组合式枢纽等。

（一）一站铁路枢纽

一站铁路枢纽（枢纽站）一般由一个综合性车站（兼办客、货、改编作业）和 3 ~ 4 条引入线路组成，是铁路枢纽布置图型中最简单的一种结构形式，通常位于中、小城市。

这种布置图型的特点是设备集中、管理方便、运营效率高，但客货运作业互有干扰，能力较小。一般适用于作业量小，引入线路方向不多，城市规模不大的枢纽，如图 8-1-1 所示。

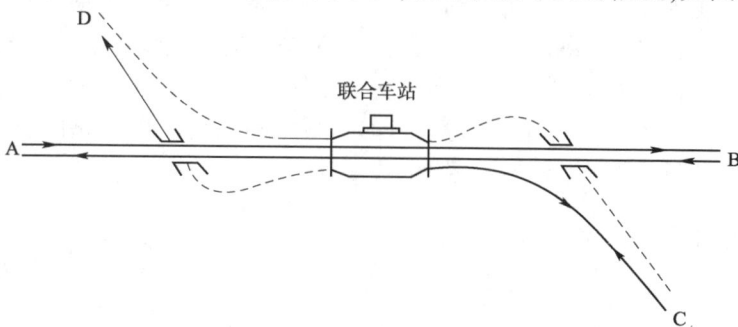

图 8-1-1　一站铁路枢纽布置图

(二)三角形铁路枢纽

三角形铁路枢纽是由三条及以上的干线,从三个方向引入枢纽而形成,如图 8-1-2 所示。在三角形枢纽中,一般各衔接方向间都有较大的客、货运量交流,客运站和编组站应布置在三角形的两条边上,这样有利于进出站线路采用并列式疏解,并便于和城市规划相结合。如果一条边的运量大,其余两条边的运量较小,可以将客运站和编组站设在三角形的同一条边上。

图 8-1-2 中枢纽主干线的主要车流入口处设有一主体编组站,主要办理路网车流的改编作业。在主干线的另一端设有一个辅助编组站,主要办理地方车流的改编作业。靠居民区设有客运站。工业区附近设有工业站,市区边缘设有公共货运站。为使各方向的车流转线方便,保证列车运行便捷,设有必要的联络线和迁回线等设备。

三角形铁路枢纽的主要特点:

(1)各主要方向中转车流转线十分方便。图 8-1-2 中的 A、C 两方向间的中转车流在主体编组站接发,B、C 两方向间的中转车流在辅助编组站接发,均无多余的列车走行公里。

(2)改编车流能顺向前进。图 8-1-2 中到达枢纽内的改编车流可以直接接入枢纽入口处的主体编组站改编,使车流顺向前进,车辆无多余的走行公里。

(3)当枢纽内的客、货列车较多时,可让 A、B 间通过列车经迁回线绕枢纽而行,这样可以减少交叉干扰,扩大通过能力。

三个衔接铁路方向间有大量转线车流时,选用三角形枢纽图型较为有利。

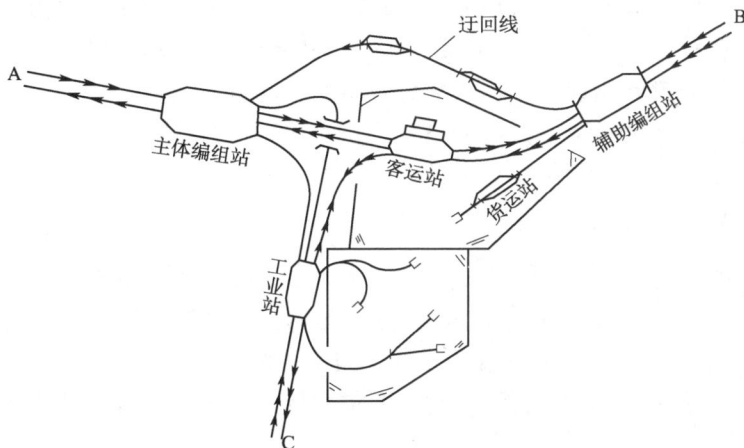

图 8-1-2 三角形铁路枢纽布置图

(三)十字形铁路枢纽

十字形铁路枢纽的主要特征是两条铁路线近似正交,在枢纽中心设有"十字形"的交叉疏解,车站设在各引入线上,根据车流状况和车站布置修建必要的联络线,如图 8-1-3 所示。适用于相互交叉的衔接线路之间交换的客、货运量甚少,而直线方向具有大量的直通客流、货流的铁路枢纽。

图 8-1-3 中的虚线所示为新干线,C 与 D 方向的中转列车可沿着新干线运行,换挂机车作业可以在工业站办理。当 C 与 A 方向有折角无调中转列车时,可修建相应的联络线,便于该方向折角中转列车的运行。此外,必要时还应在 C 方向的车站上修建通过车场及机车整备设备,用以办理该方向的列车到发作业及换挂机车。

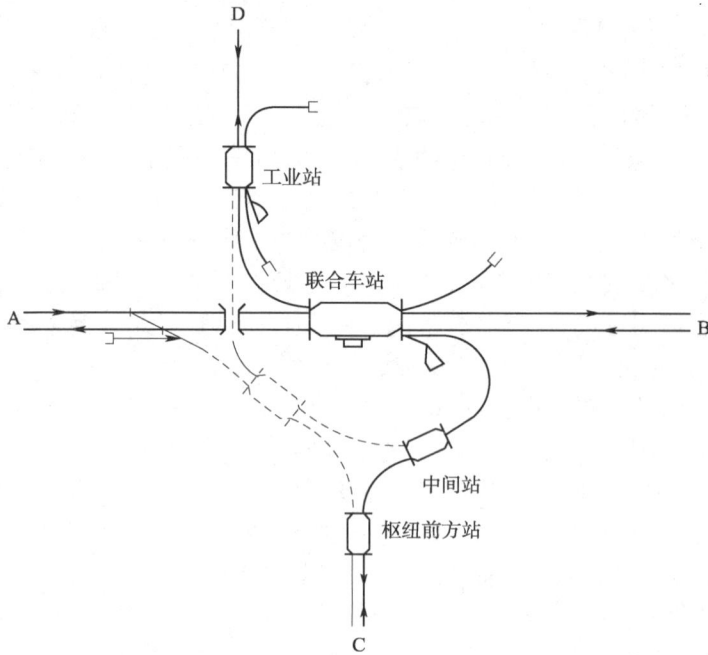

图 8-1-3 十字形铁路枢纽布置图

十字形铁路枢纽一般设一个编组站,该编组站通常设在车流量较大的铁路干线上。如两条线路车流量均较大,也可以根据需要在另一条铁路干线上设置辅助编组站,以便协助主要编组站办理一些通过列车到发作业和部分改编列车的编解作业。

十字形铁路枢纽适用于两条铁路线路交叉,各自具有大量的通过车流,而相互间车流交换甚少的枢纽。

(四) 顺列式铁路枢纽

如图 8-1-4 所示,顺列式铁路枢纽图型的特点是:引入枢纽的线路一般为三个及以上,线路从枢纽两端引入,并配合以相应的立交设备,减少交叉干扰,枢纽内的客运站、编组站、货运站等都顺序纵列布置在枢纽内一条延伸的干线上。顺向车流沿延伸干线运行,折角车流在进入枢纽的前方站作业,不进入枢纽,这就要求在枢纽两端设置编组站或联络线。

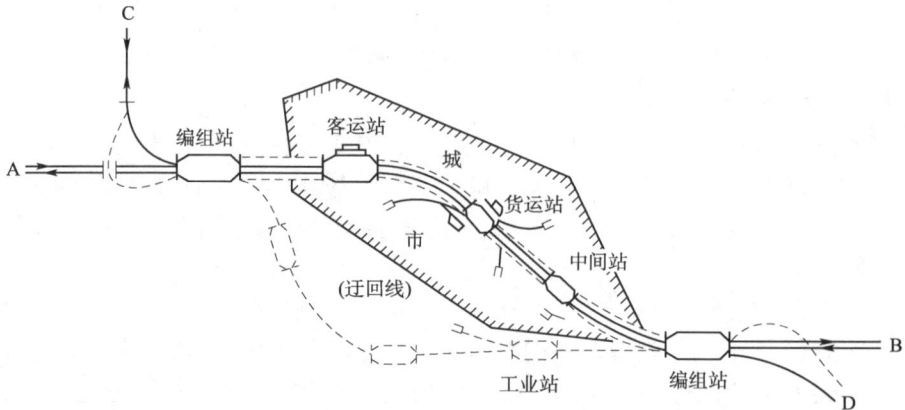

图 8-1-4 顺列式铁路枢纽布置图

顺列式铁路枢纽的主要优点：

(1)便于配合城市规划布置各专业车站。

(2)枢纽灵活性大,便于发展。

顺列式铁路枢纽的主要缺点：

(1)在共用的伸长干线上客、货列车运行有干扰。

(2)枢纽一端的折角列车接入编组站作业时,其行程较长。

(3)通过枢纽的所有列车均集中在伸长干线上运行,区间通过能力紧张,车站咽喉负担过重。

为了增强共用的伸长干线的通过能力,可铺设第三、第四正线,也可在枢纽两端的编组站之间修建迂回线以分流货物列车,在迂回线上修建货运站或工业站为工农业服务,如图 8-1-4 中的虚线所示。

顺列式铁路枢纽图型也是枢纽图型的基础结构之一,适用于引入线路的客货运量较大和城市具有一定规模的枢纽。

(五)并列式铁路枢纽

并列式铁路枢纽如图 8-1-5 所示,是在铁路网上两条铁路干线交汇处,客运站和编组站并列布置,衔接铁路先按线路方向引入枢纽,再按客、货列车种类分成两条进路,分别引入客运站和编组站。

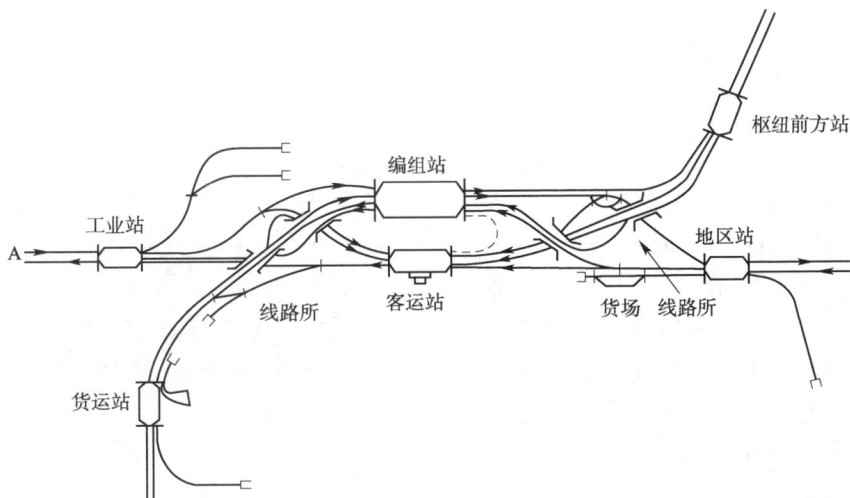

图 8-1-5　并列式铁路枢纽布置图

并列式铁路枢纽的主要优点：

(1)由于客运站和编组站并列,对车站位置选择有较大的灵活性。

(2)客货列车运行互不干扰,通过能力大。

并列式铁路枢纽的主要缺点：

(1)枢纽进出站线路立体疏解结构复杂。

(2)占地面积较大,工程投资费用较多。

(3)不利于枢纽的分阶段发展。

因此,这种枢纽图型只有在地形条件受限制的地区,且城市规划又容许编组站与客运站并列布置,而客、货运量都很大时才适用。

(六)环形铁路枢纽

环形铁路枢纽的主要特征是引入线路方向较多,用环形线路将所有引入线路方向连接起来形成一个整体,各种专业车站布置在环线、半环线上或自环线引出伸入城市中心附近,利用联络线将车站与环线连接,如图8-1-6所示。

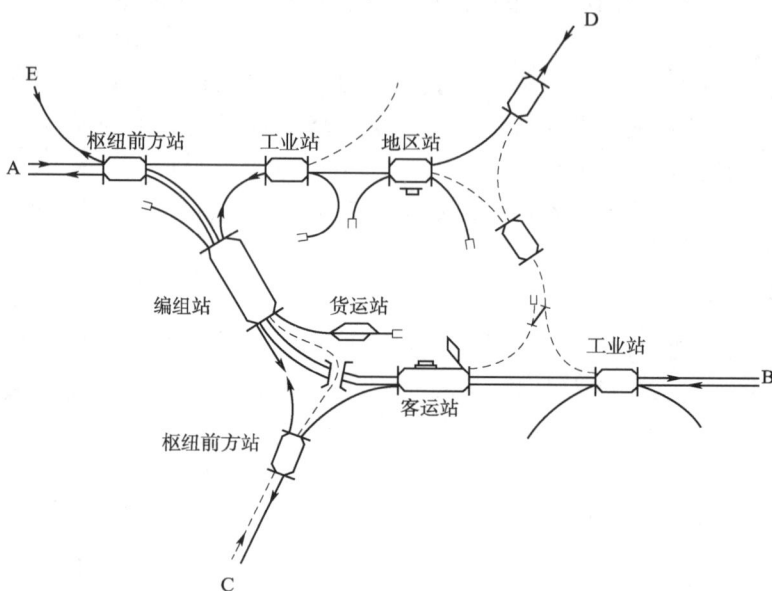

图8-1-6　环形铁路枢纽布置图

环形铁路枢纽的主要优点:

(1)由于引入的各方向线路分散地连接在环线上,避免了接轨过分集中在编组站或枢纽两端而造成的客、货列车运行的相互干扰。

(2)各衔接线之间的折角车流转向可通过环线完成,比较方便、灵活。

(3)各种专业车站站位设置,能更好地结合城市规划和工业建设,有更多的选择余地。

(4)环线能发挥平衡和调节通过能力的作用,枢纽通过能力大。

环形铁路枢纽的主要缺点:

(1)环线修建的工程投资大。

(2)个别方向列车接入编组站或客运站,列车运行的里程较长。

(3)当运量增长、列车增多时,环线的通过能力会出现紧张状况。

环形铁路枢纽布置图,一般适用于有众多的铁路方向分散引入枢纽,且其间有大量客、货运量交流,情况复杂,并要求枢纽内的列车运行径路有较大的机动性和灵活性,需要设置环线或半环线的大城市铁路枢纽。

(七)尽端式铁路枢纽

位于铁路网线路的起讫点或各衔接方向线路均在枢纽一端引入,并地处港埠或大工业城市的枢纽,称为尽端式铁路枢纽。

尽端式铁路枢纽是大宗货物的集散地,以办理大宗货物作业为主,大部分办理地方车流作业以及办理铁路与其他交通运输工具间的联运作业。

图 8-1-7 所示为位于海湾地区的尽端式铁路枢纽图型,编组站布置在枢纽的出入口处,用以控制进出枢纽的车流运行;客运站布置在市中心,便于为旅客提供服务;为了便于办理货物的联运、换装和装卸作业以及各作业点间的车流交换,港湾站、工业站及货运站则分布在相应的港湾区、工业区及仓库区的附近,并与编组站问有便捷的通路。

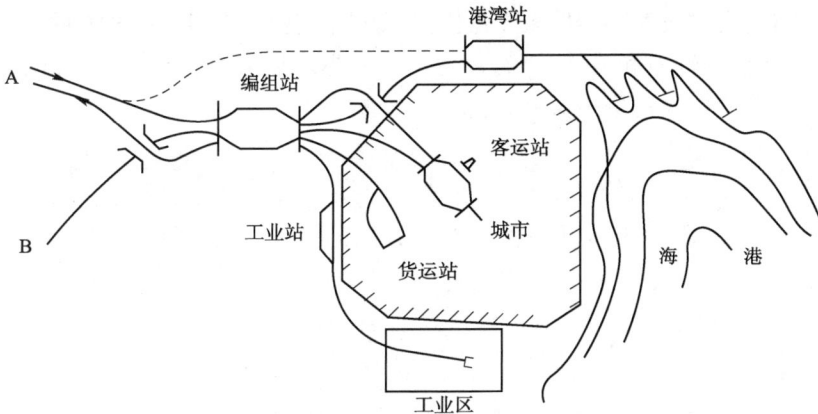

图 8-1-7 尽端式铁路枢纽布置图

(八)组合式铁路枢纽

组合式铁路枢纽是由几种类型的枢纽组合而成的一种枢纽总布置图型。它是随路网、城市、地方工业和工程条件等因素逐渐发展演变而成。当某一类型枢纽的各项设备不能满足运输需要时,可以从枢纽现状出发,扩建成与枢纽所负担的作业量和作业性质相适应的组合式铁路枢纽。图 8-1-8 所示为组合式铁路枢纽图型,它是由三角形、顺列式及十字形三种类型铁路枢纽组合而成的。

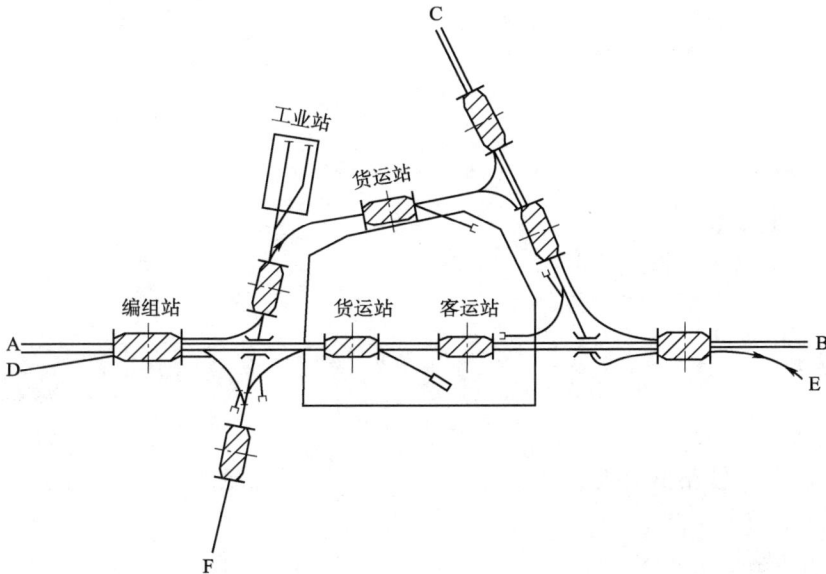

图 8-1-8 组合式铁路枢纽布置图

图中 A、B、C、D 四个引入方向原为顺列式铁路枢纽。由于铁路网的发展,新干线 E 方向接轨于辅助编组站,为了便于 E 至 A、C 方向折角车流的运行,修建了相应的联络线,因而形成了三角形铁路枢纽。AB 和 CE 两大干线及其间的立体疏解设备、联络线等,又使枢纽总图具有十字形铁路枢纽形式,从而构成了以上三种类型枢纽组成的组合式铁路枢纽。

总之,形成一个枢纽总布置图的因素既多又复杂,由于各因素的相互制约和多种变化,就会有多种不同的组合,因此,某种图型专门适用于某一枢纽的特定情况是不切合实际的,在研究枢纽总布置图方案时,应从全局出发,综合分析枢纽在路网中的作用、各引入线路的技术特征、客货运量的性质和流向、既有设备状况和当地地形、地质条件,并配合城镇规划和其他交通运输系统等全面地进行方案比选。

技能训练

【训练任务】分析图 8-1-9 所示铁路枢纽布置图的特点。完成训练任务 8-1。

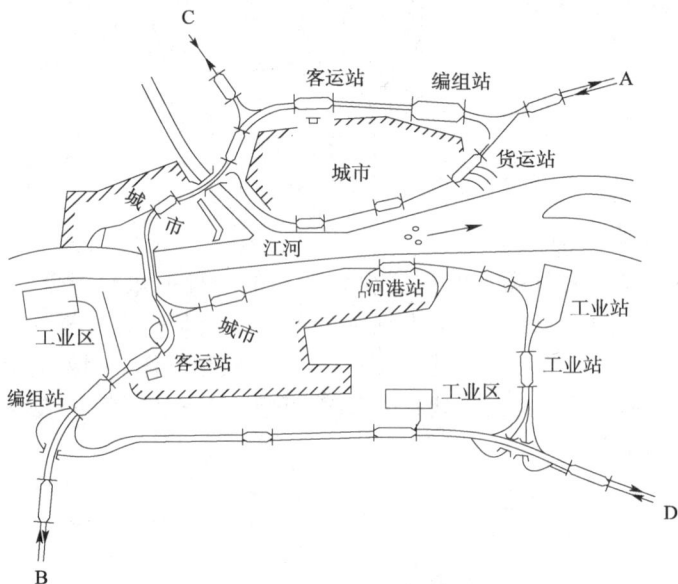

图 8-1-9 铁路枢纽布置图

【操作步骤】

第一步:指出布置图的类型。

第二步:分析枢纽布置的特点。

第三步:说明布置图的使用条件。

复习思考

一、填空题

1. 按规模大小,铁路枢纽大致可分为_____、_____和_____三类。

2. 铁路枢纽的主要设备有_____、_____、_____和_____。

3. 顺列式铁路枢纽内的_____、_____、_____等都顺序纵列布置在枢纽内一条延伸的干线上。

4.三角形铁路枢纽是由_____条及以上的干线,从三个方向引入枢纽而形成。

5.十字形铁路枢纽一般设_____个编组站。

二、判断题

1.三个衔接铁路方向间有大量转线车流时,选用三角形枢纽图型是不利的。 （　　）

2.十字形铁路枢纽图型适用于两条铁路线交叉,各自具有大量的通过车流,而相互间车流交换甚少的枢纽。 （　　）

3.并列式铁路枢纽内的客货列车运行互不干扰,但枢纽通过能力较小。 （　　）

4.环形铁路枢纽的缺点是各衔接线之间的折角车流转线不够灵活。 （　　）

5.顺列式铁路枢纽一端的折角列车接入编组站作业时,其行程较长。 （　　）

三、简答题

1.何谓铁路枢纽?

2.铁路枢纽的主要设备有哪些?

3.铁路枢纽的布置图类型有几种? 每种铁路枢纽的主要特点是什么?

任务 8.2　枢纽内专业车站及主要线路布置

知识要点

枢纽内专业车站的配置,枢纽线路的引入方式及枢纽联络线的种类。

重点掌握

枢纽内专业车站的配置。

基础知识

铁路枢纽内除各种车站办理的有关作业外,在货物运转方面,有各铁路方向之间的无改编列车和改编列车的转线,以及担当枢纽地区车流交换的小运转列车的作业。在旅客运转方面有直通、管内和市郊旅客列车的作业。在货运业务方面,办理各种货物的承运、装卸、发送、保管等作业;在客运业务方面,办理旅客的换乘。此外,还要供应牵引动力、进行机车车辆的检修等作业。

因此,枢纽内应设置不同业务性质的专业车站,主要有编组站、客运站和货运站。

一、枢纽内专业车站的配置

(一)编组站的配置

编组站在枢纽中的布置有集中设置和分散设置两种方式。

编组站集中设置方式投资省,调车设备利用率高,消除编组站分设时的交换车流,机务设备集中,消除编组站间单机走行。但加大了小运转列车的走行距离,折角车流在枢纽内走行距离加大,改编能力小,作业不机动灵活。

编组站分散设置能有效克服集中设置存在的问题,当枢纽引入的线路多、工业企业布局

分散(地方车流大)、路网中转车流及地方车流均大、引入线路的汇合点在两处以上且相距较远(顺列枢纽)时,应采用分散设置方式。

1.编组站分散设置时的作业分工

(1)分工原则

编组站的分工应根据车流性质不同,遵循下列原则:

①对于无调中转车流,应结合进站线路和机车交路的配置,在一个编组站进行一次作业,折角直通车流就近折返或不改变运行方向,以保证其在枢纽内的停留时间最短。

②对于有调中转车流,应充分利用现代化的调车设备,尽量减少编组站间交换车的重复解体作业。

③对于地方车流,应就近作业,便利取送,减少往返走行。当到达某些工业区的地方车流较大时,应尽量由前方编组站编组直接到达该地区编组站或工业站的直达列车。

④对于机车交路的配置,应合理运用机车,便利乘务人员换班,力求减少编组站间的单机往返走行距离。

(2)分工方案

①按改编车流的性质分工。设主要编组站和辅助编组站,如图 8-2-1 所示。编组站 1 解编中转车流,编组站 2 解编地方车流,这要求车流进入本枢纽前先将两类车流分开成为不同列车。

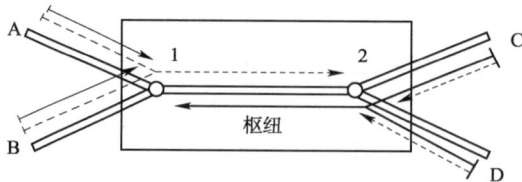

图 8-2-1 编组站按改编车流分工作业示意图

1-主要编组站;2-辅助编组站;——中转车流;---地方车流

②按衔接线路别分工。各编组站分别担当与该站衔接线路的车流改编作业,包括到达和发送的中转车流和地方车流的改编作业,这种分工方案对处理衔接线路间的折角车流的作业较为有利,如图 8-2-2 所示。编组站 1 解编 A、B 两线路方向上的车流,编组站 2 解编 C、D 两线路方向上的车流,这样使枢纽内折角车流走行距离短;在两编组站间开行小运转列车处理不同线路间的交换车流。

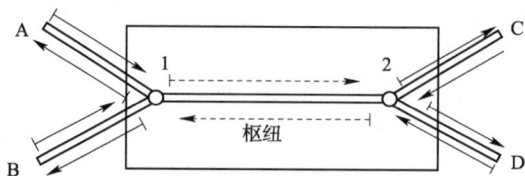

图 8-2-2 编组站按线路别分工作业示意图

1、2-编组站;——中转、地方车流;---小运转车流

③按线路运行方向别(上行和下行)分工。这种分工方案按各运行方向又可分为"把入口"和"把出口"两种方案,如图 8-2-3 所示。

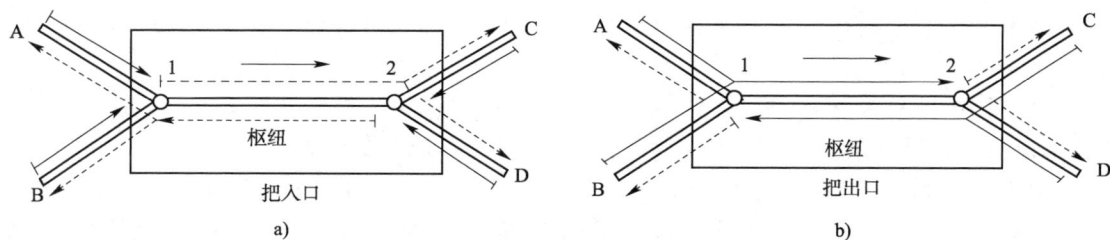

图 8-2-3 编组站按上下行分工作业示意图

1、2-编组站；——上(下)行进入枢纽车流；- - -上(下)行由枢纽发出车流

"把入口"方案是由枢纽入口处的编组站担当同一运行方向的车流改编作业。如图 8-2-3a)所示,编组站 1 担当上行方向进入枢纽的列车的解体作业和由枢纽往上行方向发出列车的编组作业,而编组站 2 担当下行方向进入枢纽的列车的解体作业和由枢纽往下行方向发出列车的编组作业。

"把出口"方案是由枢纽出口处的编组站担当同一运行方向的车流改编作业。如图 8-2-3b)所示,编组站 2 担当上行方向进入枢纽列车的解体作业和由枢纽往上行方向发出列车的编组作业,而编组站 1 担当下行方向进入枢纽列车的解体作业和由枢纽往下行方向发出列车的编组作业。

该方案当衔接方向较多时,会增加进站线路疏解布置的复杂性,同时增加折角车流在枢纽内的走行距离,尤其以"把出口"方案更为严重。

④按作业需要综合分工。根据枢纽内影响编组站作业分工的各项因素综合分析确定,一部分中转和地方车流由一个编组站担当改编作业,另一部分中转和地方车流由另一个编组站担当改编作业。

总之,枢纽内的编组站分散设置时,按车流性质分工采用较多,按线路别分工采用少,当按线路运行方向别分工时应取"把入口"方案。

2. 枢纽内编组站的设置位置

(1)以解编中转车流为主的编组站设置位置,应使主要车流(大量车流)的路径顺直,如图 8-2-4 所示。

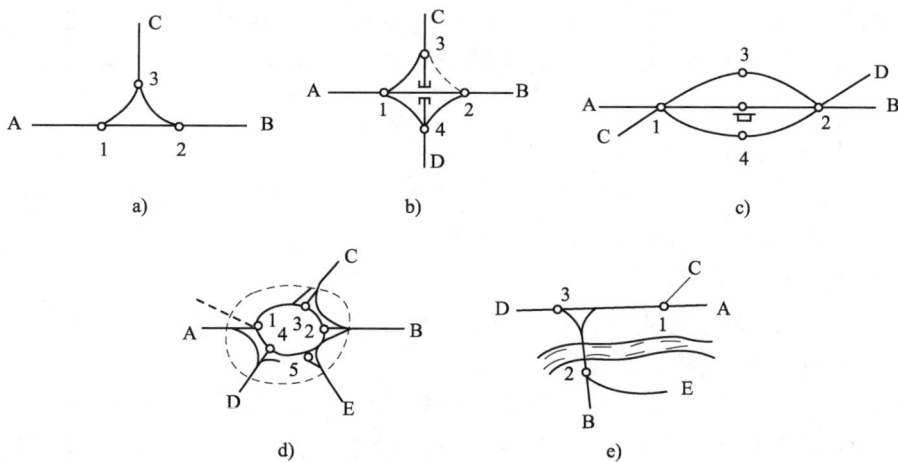

图 8-2-4 以解编中转车流为主的编组站位置选择

图 8-2-4a)中,若 AB 方向车流强大,编组站不设在 3 处,只设在 1、2 处。此时,若 AC 车流较大,编组站设在 1 处;若 BC 车流较大,设在 2 处。

图 8-2-4b)中,若 AB 车流为主要车流,编组站不设在 3、4 处。此时,若 AC、AD 车流较大,不设在 2 处而设在 1 处;若 BC、BD 流较大,不设在 1 处而设在 2 处。

图 8-2-4c)中,若 AB 为主要车流,此时若 AC 车流较大,编组站不设在 2 处而设在 1 处;若 BD 车流较大,不设在 1 处而设在 2 处;若 AC、BD 车流均较大,1、2 处各设一个编组站,以减少折角车流走行。当 1、2 处因地形无法设编组站时,将其设在 4 处,若将客、货分流,3、4处分设客站及编组站,为并列枢纽。

图 8-2-4d)中,当 AB 为主要车流时,编组站设在 1、2 处;当 CD 为主要车流时,设在 3、4处,使主要车流路径顺直。

图 8-2-4e)中,若 AD 为主要车流,编组站设在 1、3 处;若 AB 为主要车流且 AC、BE 间有大量车流,在 1、2 处各设一个编组站。

(2)兼顾中转与地方车流作业的编组站设置位置,除考虑中转车流的顺直和折角车流的方便外,还应尽量缩短与所服务地区的小运转列车的走行距离。

如图 8-2-5 所示,枢纽有三个方向引入,结合城市规划,建有绕越城市的迂回线,并在其上分设了货运站、工业站,并有专用线接轨,因此将编组站设在环线及铁路专用线的外方与各方向引入线路的汇合处。如此既有利于路网车流的组织,又减少了地方车流的迂回。

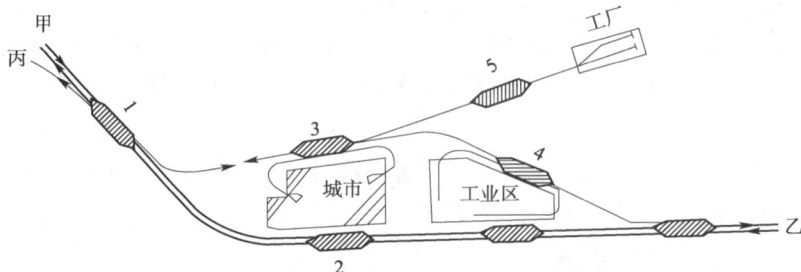

图 8-2-5 兼顾中转与地方车流作业的编组站位置选择
1-编组站;2-客运站;3-货运站;4-工业站;5-企业站

(3)主要为地方车流服务的编组站设置位置,即枢纽中为港湾、大工业企业、工业区服务的编组站,以及尽端式枢纽内的编组站,都属于此类型。编组站应设于线路交汇处,并靠近主要工业区或港埠区。

(二)客运站的配置

客运站在枢纽内的配置应方便旅客乘降,与各引入线路方向有便捷的通路,并与市区主要干道以及办理客运业务的车站间有便利的交通联系。

1. 枢纽内客运站的数量

枢纽内客运站的设置数最必须结合客流性质(长途和短途、中转和地方)、数量和方向、城市规模、当地地形条件、枢纽结构等情况确定。

一般情况下,在中、小城市的铁路枢纽内设置一个客运站即可满足要求。对于大城市或特大城市,设置一个客运站将产生下列一些问题:不便于城市旅客就近乘车,增加了部分旅客出行时间;客运组织工作复杂,人流、车流、行包流交叉干扰严重,车站秩序不易维持;旅客集中在一个车站上、下车,会加重城市交通的负担,引起高峰期城市交通堵塞;枢纽引线较多时,进站线路疏解复杂,会引起进路交叉干扰,车站通过能力紧张;节假日客流波动很大时,机动性差,无调节余地。因此,在下列条件下,大城市或特大城市的枢纽可考虑设置两个及以上的客运站:

(1)在有较多铁路线引入的大城市中的枢纽,客流量较大且客流性质又复杂时;

(2)当城区分散,或新开发区兴起,各地区的客流量均很大,且具有单独办理客运作业的条件时;

(3)改建既有枢纽,原有客运站无发展余地,无法承担枢纽内全部客运量而需新建客运站时。

2.枢纽内客运站的设置位置及分工方案

(1)设置位置

中、小城市的枢纽设置一个客运站时,车站应尽可能地靠近城市居民区,并与城市交输系统有方便的联系,且有利于客运站今后发展的地方。

在大城市或特大城市设置两个及以上的客运站时,可设置一个为各衔接方向共用的客运站,其位置应考虑在距市中心 2~4km,市内交通方便,又有发展余地的适当地区。第二客运站距市中心的距离可比上述距离稍大,但应考虑各自客流的吸引范围,把客运站布置在有利于客运分流,旅客就近乘降、疏解城市交通的适当地区;也可以选择在枢纽内具有一定数量旅客列车通过的中间站上,加强其客运设备,分散办理一定的客运业务。

我国铁路枢纽设置两个及以上的客运站时,枢纽内客运站的布局概括起来有以下 5 种形式:

①主要客运站布置在几个深入枢纽的干线尽端。

枢纽内客运站可以采用尽头式或通过式布置,便于将客运站深入市区。在客运组织分工中,一般为一个客运站分别承担枢纽衔接的几个方向。采用这种布置和分工方式时,各站之间的列车在枢纽内的运行交叉干扰少,枢纽客运能力大,始发、终到旅客出行便利。同时旅客列车进出枢纽比较顺直便捷,迂回走行少。但此种布置和客运组织方式对于换乘旅客非常不便,旅客只得利用市内交通工具,由一站转至另一站,增加了城市交通的负担。此种布置形式和作业组织方式产生的另一个问题是中转行包问题,即在枢纽内存在着跨越两个车站衔接方向的行包需要中转,由此而产生行包在枢纽内重复装卸,延缓了中转行包的周转,有时要开行两站间的专用行包列车,加重了枢纽区间通过能力的负荷。因此,这种布置形式和分工方式,比较适用于枢纽衔接方向多,客运量大,以始发、终到为主的大城市枢纽。

②主要客运站顺列布置在贯通枢纽的铁路干线上。

两客运站顺列布置,比较适合于城市发展分散,城市工业区和市区沿铁路干线两侧布置,或大型城市受江河分隔发展成两个市区的枢纽。采用此种布置形式时,在两站之间的枢纽干线上,不仅要走行旅客列车,而且还要通过货物列车,再加上枢纽内小运转列车取送、单机走行,往往使枢纽干线成为枢纽内区间能力最为紧张的地段。因此,从整体上看,此种布置形式的枢纽客运能力往往受到区间能力的限制。

③主要客运站分别布留在枢纽衔接干线的折角边上。

枢纽内大部分始发、终到及列车通过作业由主要客运站担当。为避免某些方向的通过

旅客列车在枢纽内折角迂回到发,需在枢纽内适当地点设置辅助客运站,主要承担某两方向间通过枢纽列车的到发作业。采用此种枢纽布置及作业分工方式,可避免旅客列车都接入主要客运站而引起部分通过列车的折角接发,比较适合三角形和十字形铁路枢纽采用。这种布置及作业分工的缺点是两站之间换乘旅客需借助市内交通工具或其他旅客列车往返两站之间,对旅客中转不便。

④主要客运站布置在枢纽环线上。

采用此种客运站布置形式时,两站的分工和旅客列车开行组织比较机动灵活,可以采用旅客列车经环线走行两站都到发的"套袖式"组织,也可以按照引入枢纽各方向列车接入各客运站走行远近和路径顺直及交叉情况由两站分工负责几个方向;或是由主站主要办理始发、终到,另一站辅助办理一些客运通过作业;或采用以上几种组织方法的不同组合,使某些方向或某些列车按"套袖式"组织,另外一些方向或另外一些列车只在主站或辅助客运站始发、终到,一方面尽量方便旅客就近上下车,另一方面也要避免旅客列车经环线走行造成太多的迂回和对环线能力占用太多。

采用此种布置形式时,旅客列车和干线间货物列车都要经过环线走行,同时枢纽内小运转列车单机走行也要占用环线。因此,环线上的列车组织比较复杂,部分环线区段能力紧张。当客货运量均较大时,需分设货运走行线,往往需修建绕过枢纽主要客运站的迂回线、联络线或外环线。

⑤主要客运站布置在枢纽客运直径线上,枢纽干线间货物列车经环线或迂回线走行。

采用此种客运站布置形式时,两站的分工和旅客列车开行组织可以根据两站距离、旅客乘降方便程度,采用类似于两客运站沿贯通枢纽干线顺列布置的作业组织方式。由于枢纽干线货物列车不再穿过两客运站,两站咽喉能力提高,区间负荷减轻,因而在作业组织上可以更好地照顾旅客就近乘降,方便旅客,吸引客流,此种布置方式的客货列车在枢纽内交叉干扰较少,客运通过能力较大。

（2）分工方案

枢纽内有两个以上客运站时,可有下列四种不同的分工方案。

①按衔接线路分别办理始发、终到旅客列车。

按衔接线路分别办理始发、终到旅客列车,各客运站还办理枢纽内其他客运站始发、终到及通过本客运站的列车。这种方案无论对始发、终到旅客还是中转旅客都能就近上下车或原站换乘,并能减轻市内交通的负担。但增加了两客运站间线路通过能力的负荷,延长了列车在枢纽内的运行和停留时间。

②按办理始发、终到和通过旅客列车分工。

有的客运站仅办理始发、终到旅客列车作业,而枢纽内其他的客运站仅办理通过旅客列车作业。这种分工方案不便于中转旅客换乘,可能造成部分旅客列车多余走行或折角行程。

③按办理快、慢车分工。

有的客运站办理始发、终到的快车,而枢纽内其他的客运站办理始发、终到的慢车。这种分工方案也不利于旅客换乘,并会增加市内交通负担。

④按办理长途和市郊旅客列车分工。

只有当市郊客流量较多且集中时,方可采用此种分工方案。

枢纽内客运站应尽量按衔接线路分工(长途旅行、中转时兼旅游、休息),一般不宜按快、慢车分工(因为铁路主要是长途客流且易发生快、慢车换乘),市郊客流大且集中时可按长途、市郊分工。

(三)货运站及货场的配置

枢纽内货运站或货场的数目、配置及其分工,应根据货运量、货物品种、作业性质、运营要求、城市规划及当地交通运输条件等因素比选确定。

1. 枢纽内货运站及货场的数量

位于中、小城市的枢纽,可设置一个货运站或货场,集中办理货物运输。这种城市的地方货运最小,年货运量约 1Mt,除去工业企业专用线的运量,货场运量仅几十万吨。货物装卸作业量集中在一个货运站或货场办理,有利于货运设备的利用,缩短货物集结时间,减少编组站的改编和车辆取送作业量,缩短货物和车辆的周转时间,并可节省工程投资,减少用地,由于城市范围不大、货物运距较短,因而对城市服务的条件也较好。

位于大型或特大城市的枢纽,地方运量较大,一般年运量从 3Mt 到几千万吨,而且城市范围较大,设一个货运站不仅给城市交通带来很大压力,还增加货物搬运距离,给货主带来不便;货运作业过分集中,货运站的能力往往不能适应,对铁路本身管理也带来不便,甚至造成货场堵塞,影响编组站的取送作业,出现货车积压现象。因此,位于这种城市的枢纽,一般应根据货运量的大小及作业的需要,设置两个及以上的货运站或货场。

当一个枢纽内只设一个货运站或货场时,由于该货运站需办理整个枢纽地区的所有货物,故应设计为综合性货运站。但站内可设置专门为大宗货物装卸、储存的专用线路和设备。只有在大型或特大枢纽内需设置几个货运站或货场时(除设置综合性货运站外),才可结合城市规划、货物集散等情况在适当地点设置几个专业性货运站。

2. 枢纽内货运站及货场的合理设置位置

(1)在枢纽线路上的位置选择

①在编组站和客运站上,一般应避免设置大型的货场或衔接过多的工业企业专用线,以免造成客、货干扰,影响编组站的解编作业和客运站的客运业务。但在某些中、小城市的客、货共用站上,其位置比较接近城镇时,也可设置小型货场。

②在枢纽内引入线路的中间站上一般可设置货场,但货场线路必须接近所服务的地区,同时货运量不宜过大,以免干扰正常的列车接发作业。

③对大、中城市的枢纽,如条件合适,可结合枢纽图型,从编组站、中间站上引出线路,伸向服务地区,在尽端设置货运站或货场,有条件时也可以在环线或迂回线上设置货运站或货场。

④在港湾枢纽内,当水、陆联运货物较多时,铁路货运站也可设置在便于水、陆换装的地区。

(2)在城市中的位置选择

①新建的综合性货运站和货场宜设在市区边缘或市郊,以减轻对城市的干扰。

②以办理到发零散货物为主的货运站或货场,其服务对象为商贸公司、中小型工厂企业、城市居民,到发货物批量多、重量轻,货源与到站分散,其设置位置以选择在市区范围内交通方便的适当地点为宜。

③以办理大宗货物为主的专业性货运站或货场,包括办理煤炭、砂石、矿石、木材、粮食及笨重货物的专业性货运站或货场,由于其占地面积较大,对城市环境有污染,对城市交通有干扰,同时,这些货主一般都分布在市郊或市区边缘,故以选择在城市郊区或市区边缘附近为宜。

④专门办理危险品货物的专业性货运站或货场,包括办理易燃、易爆、有毒货物的货运站或货场,由于货物会危及居民人身安全,污染城市环境,故以设在市郊远离居民区和风景点,并以选择在下风方向或河流下游地区为宜。

⑤凡新建铁路或旧线改造,应安排集装箱货场,以充分发挥集装箱运输组织的优越性。

随着城市的发展,往往原有货运站不再能适应城市发展的要求,需要迁出城市中心地带,此时应结合城市规划,考虑货运集中化的要求,发展铁路货运中心。货运中心应集成运输、仓储、配送、信息化服务等多项功能,为实现铁路货运集中化、基地直达化运输提供保障。

一线微观

"5G+北斗"打造智慧编组站

京广铁路江村站是华南地区最大的编组站,是粤港澳大湾区铁路网的重要枢纽。江村编组站综合自动化系统(CIPS)于2019年开始建设,历时2年,完成了11个站场的设备改造及20套车站信号安全控制系统软件升级改造。

2021年,江村站创新性应用"5G+北斗"技术构建了全路首个铁路车站可视化管控平台(图8-2-6),使得江村站的生产组织流程、安全卡控环节优化均取得了较大突破。

图8-2-6 江村站可视化管控平台工作室

"5G+北斗"系统充分发挥了5G技术低延时、高速率的特点,北斗卫星技术的加持使系统实现了车、地、人等作业信息实时传送。同时,可视化车载和手持移动终端为调机联控、作业人员安全互控提供技术支持,为标准化作业提供管控平台,实现了作业过程的立体化、可视化管控。

随着站场表示信息、行车指令和调车作业计划自动传递给调机车载设备,调车长人工取送调车作业计划单的环节被取消,每趟车节约作业时间5~6分钟,有效提升了调车作业效率。同时,专调机车可根据开放的信号状态和给定的推峰速度自动计算目标距离,实现了推峰自动控制、停车等功能。与以往司机手动控车相比,大幅降低了劳动强度,减少了人工操纵的安全风险。

科技创新已成为引领铁路发展的"新引擎",作为新一代铁路人,我们应以科技创新为动力,切实关注人民需求,奋力书写科技创新新篇章,跑出中国创新的"加速度",为实现中华民族伟大复兴的中国梦注入强劲动能,提供坚实支撑。

二、枢纽内主要线路配置

(一)枢纽引入线

铁路枢纽一般都有几条衔接线路引入,而且在多数情况下都是由两条衔接线路先引入后,随着新线的引入逐步发展形成的。将新线引入枢纽,首先应考虑线路建成后车流形成的特点,尽可能使中转车流顺直地以最短路径通过枢纽,使地方车流顺利地送达枢纽内各装卸点,使折角车流无多余走行距离,不改变运行方向通过枢纽。

1. 枢纽线路的引入方式

(1)直接引入

即线路直接引入枢纽内的客、货共用站或编组站,如一站铁路枢纽。

(2)分歧引入

当枢纽内编组站与客运站并列布置时,枢纽进、出站线路采取在枢纽前方适当地点按客、货列车种类分歧引入方式,分别引入客运站和编组站,如并列式铁路枢纽。

(3)会合引入

当枢纽内客运站与编组站顺列布置,且运量不大时,为了简化枢纽结构,将两条线路在枢纽前方站、线路所或其他车站合并后引入编组站,如顺列式铁路枢纽。

(4)分散引入

在设有环线或半环线的枢纽内,引入线的方向较多且分散,故一般都根据现有枢纽的条件,分散引入至环线上的各专业站,如环形铁路枢纽。

2. 高速铁路引入既有枢纽的方式

高速铁路的起讫点和经由点都位于既有大城市的铁路枢纽,引入既有枢纽的方式将对城市规划和枢纽布局产生重大影响。

(1)高速铁路引入既有枢纽应满足的要求

①高速线的走向要与城市规划密切配合。

高速线的走向应尽量顺直地通过枢纽,其技术条件应尽量保证高速列车"高进高出",即不降低速度通过枢纽,缩短市内走行时间;但当条件困难时,为减少城市拆迁工程量,也可以适当降低技术标准,高速列车"低进低出"通过枢纽。高速线要尽量与枢纽内既有线并行,以免造成对城市的重新分割;要尽量避免与城市干道交叉;要绕避城市居民密集区,不影响城市景观,避免噪声干扰。

②枢纽内客运系统要与货运系统密切配合。

高速线的引入应尽量不影响货运系统(包括编组站、货运站、工业站等)的总体布局,避免货运系统设备的改移。客运系统的进路与货运系统的进路应采用立交疏解布置,避免相互间的交叉干扰。客运系统的布局应不影响货运系统未来的发展。

③枢纽内高速站要与既有客运站密切配合。

当枢纽内设有两个及以上的客运站时,首先,高速线应尽量引入枢纽内的既有主要客运站,以便吸引更多的旅客乘坐高速列车;其次,要保证充分利用既有客运站的设施,减少改扩建工程,充分发挥既有客运设备的能力;第三,重新调整枢纽内各客运站的分工,制定各客运站接发高、中、普速三种列车的合理方案。

④高速线要与近远期新线引入枢纽密切配合。

引入枢纽的新线包括普速线和高速线。首先,要保证引入的新线与高速站有方便的通路,高速线与引入新线在枢纽内的进站线路疏解要统一规划;其次,近期高速线与远期高速线在枢纽内客运站的作业分工应先明确;第三,近远期客运机务段、动车段及综合维修基地应统筹安排。

(2)高速铁路引入既有枢纽的方式

高速铁路引入既有枢纽的方式,按其引入线的平、纵断面不同,有平面引入、高架引入、地下引入三种方式;按其引入客运站类别不同,有引入既有站(合设方案)和引入新建站(分设方案)两种方式。按其引入枢纽内的走向与既有线的关系不同分为以下三种方式。

①并行引入方式。

高速线在枢纽内的走向基本上与枢纽内干线走向并行,靠近既有干线引入枢纽内的既有主要客运站或辅助客运站。图8-2-7为高速线引入枢纽内的主要客运站,高速线 A′B′ 与既有线 AB 在枢纽内高架(或同一平面)并行,在主客运站旁设高架(或地面)高速车场,与既有客运车场横向并列。

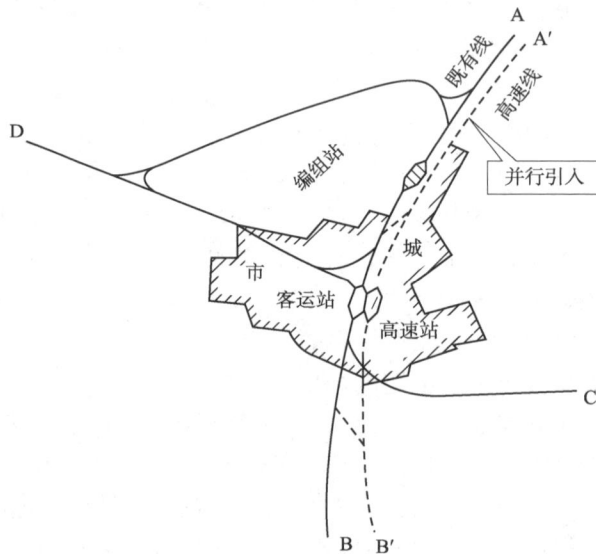

图8-2-7 高速线与既有线并行引入枢纽示意图

这种引入方式的主要优点是:高速线与既有线在枢纽内并行引入,对城市不产生重新分割,对既有铁路枢纽的总体布局影响不大;高速线引入既有客运站,由于既有客运站大都在市区中心附近,便于旅客就近乘降,节省旅客出行时间;由于高、中速旅客列车在同一站到发,便于高、中速旅客换乘和行包中转,有利于吸引客流;可充分利用既有客运站站房和城市市政交通设施和服务设施,减轻城市负担;中速车可充分利用既有站的机务、车辆设备。

主要缺点是:高速线穿越市区,平面引入时与城市既有干道交叉严重,拆迁工作量大,若高架引入,工程投资更多;受城市建筑物、既有线位的影响,高速引入线的技术条件有时要降低标准,从而影响高速列车进出枢纽的速度;高速线路穿越城市市区,高速列车运行对城市产生噪声、振动和电磁干扰,需设置防护措施;既有客运整备设施不能满足高速列车的要求,需新建高速动车段和综合维修基地,新址往往离既有客运站较远,造成动车组出入段走行距离较长;因高速线经由市区中心地带,征地费用昂贵、拆迁难度大。

②并线引入方式。

高速线在枢纽客运站的前方适当地点与既有线会合引入既有客运站,在会合点至既有客运站间,高速列车按既有线允许速度运行。图 8-2-8 为高速线在枢纽前方站(中间站或辅助客运站)与既有线合并后,再利用既有正线引入枢纽内主要客运站。

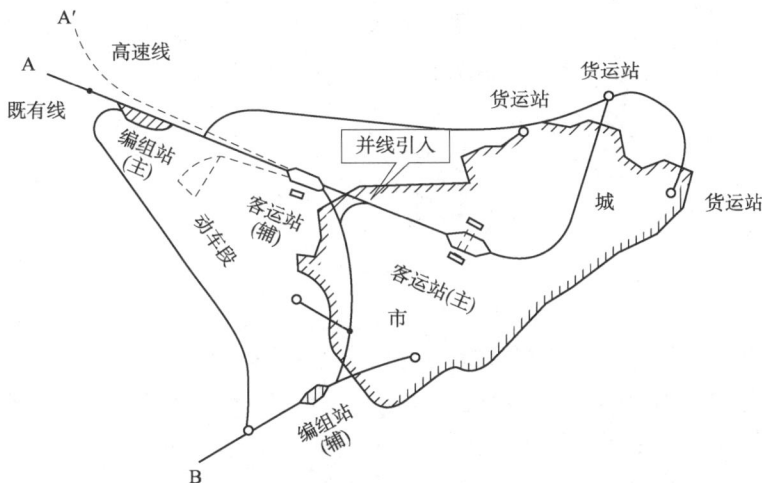

图 8-2-8 高速线与既有线并线引入枢纽示意图

这种引入方式的主要优点是:高速引入线工程最小,节省城市用地,拆迁工程量小,修建费用省;由于高速线引入既有客运站,同样具有上述并行引入上述并行引入方式的绝大部分优点。

主要缺点是:高速列车在枢纽前方会合点至既有客运站间,高速列车需降速运行,延长了旅客的旅行时间;由于合并区段有各种客货列车混合运行,加重了该段线路的运行负荷,有可能要修建多线以提高其通过能力;合并区段各种客货列车混合运行,行车组织具有一定的难度。

③分线引入方式。

高速线在枢纽内的走向远离既有线,引入枢纽适当地点新建客运站。图 8-2-9 为高速线在枢纽内的走行离开既有线,引入枢纽内适当地点新建的高速站,图中高速线 A′B′进出枢纽都与既有线 AB 分开。高速线 A′B′在大江上游新桥过江后,引入城市南侧边缘新建高速站,在枢纽内编组站附近再与既有线并行,在枢纽进出口处用 a、b 联络线与既有线相连。

这种引入方式的主要优点是:由于高速站和高速线线位选择机动灵活性强,高速线可不穿越市区,高速线技术标准在枢纽内不需降低;高速线沿城市外围或边缘通过,对城市环境影响小,可以减少拆迁工程量;高速站的新建可以带动城市新区的发展;由于高速站

位于城市外围或边缘,有利于就近修建高速动车段和综合维修基地,动车组出入段走行距离较短;由于枢纽内新建另一高速站,可以显著增加枢纽的客运能力,提高枢纽客运组织的机动性和灵活性;新建高速线和客运站的施工不影响既有铁路枢纽的正常运营,施工与运营干扰少。

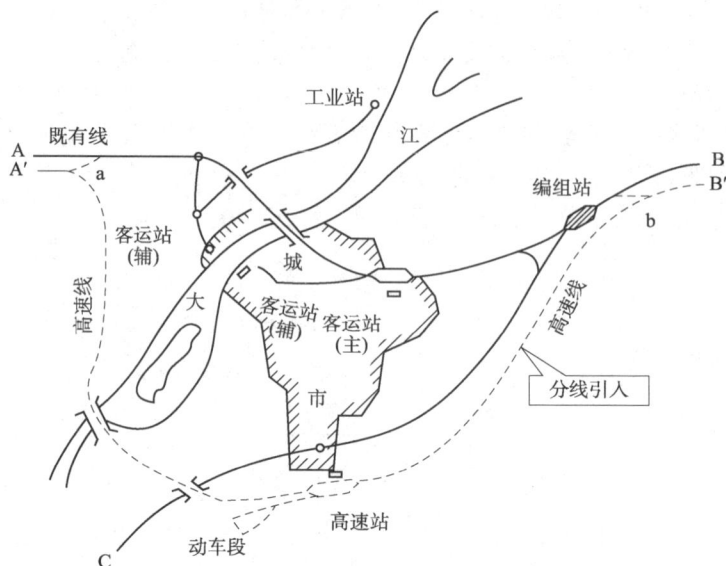

图 8-2-9 高速线与既有线分线引入枢纽示意图

主要缺点是:高速站离市中心较远,旅客出行时间长,不利于吸引客流;高速站与既有站分开设置,不利于高、中速列车间旅客的换乘;由于高速站新建,需修建城市交通、旅客服务和城市基础等配套工程设施,增加了市政建设投资;由于高速站与既有站分开设置,两站间的行包中转不便,不便利用既有站区客运设施,除需新建高速站外,其他设施也需全套修建,增加大量投资;可能造成高速线迂回绕行城市,致使投资加大,旅行时间延长。

选择何种引入方式,应根据以上所述的一些原则和要求并根据城市规划和现有枢纽的总布置图等条件,进行多方案比选后予以确定。

(二)枢纽联络线

联络线是指把枢纽内的车站与车站、车站与线路以及线路与线路连接起来的线路。其主要作用是分散枢纽内主要干线及专业车站的列车流,以增加枢纽的通过能力;缩短列车运行距离,使列车以最短路径通过枢纽;消除折角列车运行,尽可能地不变更列车运行方向;减轻车站的作业负荷和交叉干扰,增强枢纽运营作业的灵活性和机动性等。

根据联络线与干线的相对位置及其在枢纽中的作用,联络线可分为以下三种:

1.消除折角运行的联络线

当枢纽内相邻干线间有一定数量的折角直通列车时,为保证列车不变更运行方向并以最短路径通过枢纽,可修建消除折角运行的联络线。如图 8-2-10 所示,A、C 间的联络线供折角直通列车运行。这样,折角列车可不进入枢纽内编组站 1,不仅可消除折角运行,还可减轻编组站的负荷,增加枢纽运营作业的灵活性。折角联络线有设在干、支线间的联络线

(图8-2-10 中的 a),车站间的联络线(图8-2-10 中的 b)以及车站与线路所间的联络线(图8-2-10 中的 c)等多种。

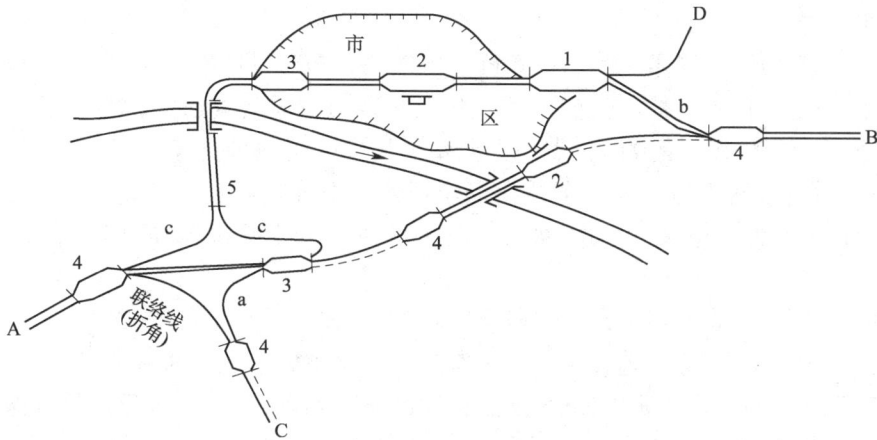

图 8-2-10 枢纽联络线示意图
1-编组站;2-客运站;3-货运站;4-中间站;5-线路所

2. 增强枢纽能力的联络线

当枢纽内某一线路区间或某些车站通过能力紧张时,为了减轻其负荷,可修建绕过这些线路区间或车站的联络线(或称迂回线),使中转车流由此通过,以增强枢纽的通过能力。图8-2-11 中的 E 为在枢纽市区外修建的联络线,自编组站1 编组往 B 去的列车,不经由枢纽市区内的繁忙区段而经由该联络线 E 运行,从而减轻对城市的干扰,加强繁忙区段的通过能力。

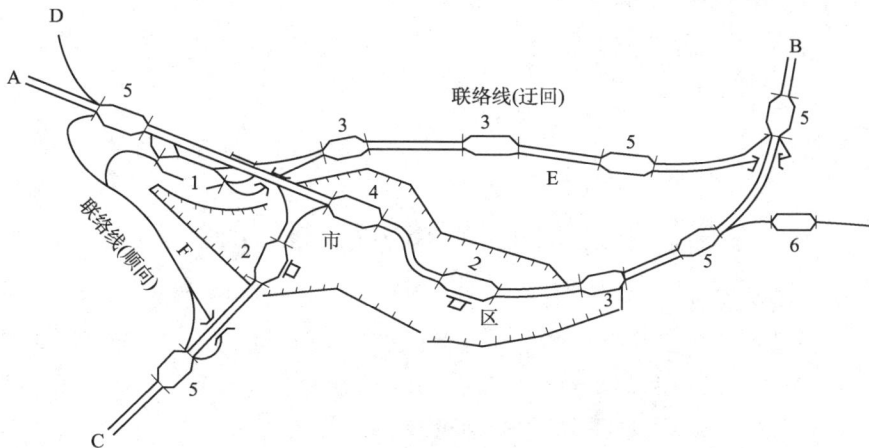

图 8-2-11 枢纽联络线示意图
1-编组站;2-客运站;3-货运站;4-客、货运站;5-中间站;6-港湾站

3. 便于列车顺接的联络线

当枢纽内某干线的列车需从编组站接入,以利驼峰的改编作业时,需修建便于列车顺向接入枢纽的联络线。图8-2-11 中,为了由 C 方向进入枢纽内编组站1(该编组站驼峰朝向市区),修建了联络线 F,以便 C 方向的中转车流自 A 端进入编组站的到达场,顺驼峰方向进行

改编作业。

(三)枢纽环线和直径线

1.枢纽环线

在大型或特大型铁路枢纽上,当枢纽的引入线路较多时,可修建环线或半环线。

修建环线或半环线的主要优点是:便于各衔接线路方向间直通客、货列车运行;避免了各衔接线路引入线集中于少数汇合点而引起枢纽内线路通过能力紧张的状况,使枢纽能力具有一定的弹性;有利于各种专业车站在枢纽内合理分布以及相互间的联系,通路机动灵活;客、货运设备易伸入市区,可为枢纽内各地区客、货运作业提供较好的服务条件。

2.枢纽直径线

在大城市或特大城市的环形或半环形铁路枢纽内,为方便客运作业,适应旅客列车高速通过铁路枢纽的需要,可修建连接两个以上客运站并穿越城市中心的枢纽直径线。

修建直径线的主要优点是:可缩短通过枢纽的旅客列车的行程,为开行通过枢纽的旅客列车创造方便条件;便于城市旅客就近乘车,中转旅客原站换乘;可利用直径线将尽头式客运站改建成通过式或半通过式,从而有利于提高车站的通过能力;可增加枢纽内通道,有利于提高枢纽的通过能力和作业的机动灵活性;可减少旅客乘坐市内交通工具换乘,有利于减轻城市交通的负荷;可为发展市郊铁路运输创造有利条件。

技能训练

【训练任务】分析确定枢纽内编组站分散设置时的作业分工。完成训练任务8-2。
【操作步骤】
第一步:明确编组站作业分工的原则。
第二步:编组站作业分工方案比较。
第三步:确定作业分工。

拓展知识

铁路枢纽内机务和车辆设备配置

1.机务设备的配置

枢纽内机务设备的配置应根据机务工作量(包括机车运用、整备和检修工作量)、机车交路、专业车站的配置以及与相邻枢纽机务设备的分工等因素来确定,力求枢纽内列车的停站时间和机车的走行距离最小,取得投资少、运营效益高的效果。

对于中、小型枢纽,其客、货运机车的检修设备应设于一处。如大型枢纽内机车检修任务繁重,可分别设置客、货运机车的检修设备。编组站和办理旅客列车对数较多的客运站均应设置机务整备设备。如客车对数不多且条件适合,可在编组站与客运站之间设置客、货共用的机务整备设备,并设置专用的机车走行线。

当枢纽内有两个或两个以上编组站时,机务段应设在主要编组站上,在辅助编组站上只设折返段或整备所。若两个编组站相距较近,也可共用一个机务段。

2.车辆设备的配置

枢纽内一般都应设车辆段。

货车车辆段宜设在产生大量空车且便于扣修车辆的编组站、工业站和港湾站上。

客车车辆段应与客车整备所设在一起。配属客车数量较少时,客车可在本枢纽内的货车车辆段进行修理,也可送往邻近客车车辆段检修。

复习思考

一、填空题

1.枢纽内专业车站主要有_____、_____和_____。

2.枢纽线路引入方式有_____、_____、_____和_____。

3.编组站在枢纽中的布置有_____和_____两种方式。

4.高速铁路引入既有枢纽的方式有_____、_____和_____三种。

5.把枢纽内的车站与车站、车站与线路以及线路与线路连接起来的线路称为_____。

二、判断题

1.中间站是枢纽内应设置的专业车站之一。　　　　　　　　　　　（　　）

2.按改编车流的性质,枢纽内的多个编组站可分为主要编组站和辅助编组站。（　　）

3.枢纽内以解编中转车流为主的编组站,其设置位置应使主要车流的路径顺直。

　　　　　　　　　　　　　　　　　　　　　　　　　　　　　（　　）

4.枢纽内的客运站应尽量按快、慢车进行分工。　　　　　　　　　（　　）

三、简答题

1.枢纽内有哪些专业车站?

2.枢纽线路引入方式有哪几种?

3.高速铁路引入枢纽方式有哪几种?说明其优缺点。

4.说明枢纽内联络线的种类及其作用。

技能训练任务单

训练任务 1-1　画出铁路线路横断面示意图

一、训练目标

1. 专业能力目标：

(1) 能说出路基横断面基本形式；

(2) 能说出路基横断面组成；

(3) 能解释路基的排水要求和方法；

(4) 能分析路基的防护加固原因及方法；

(5) 画出铁路线路横断面示意图。

2. 方法能力目标：

(1) 能综合运用铁路线路及站场专业知识，通过利用铁路线路及站场专业书籍、课件和图片资料获得帮助信息；

(2) 能根据实训项目学习任务确定实训方案，从中学会表达及展示活动过程和成果。

3. 社会能力目标：

(1) 在实习训练中保持积极向上的学习态度；

(2) 能与小组成员和教师就学习中的问题进行交流和沟通；

(3) 能与他人共享学习资源，具有较好合作能力和团队协作精神。

二、知识总结

1. 简要说出路基横断面的基本形式。

2. 简要说出路基横断面的组成。

3. 简要说出路基的防护加固措施。

三、操作步骤及绘图

步骤：

第一步：_____。

第二步：_____。

第三步：_____。

第四步：_____。

绘图：

四、训练小结

_____
_____
_____
_____
_____
_____

五、成绩评定

职业素养(包括表达能力、沟通能力、团队合作能力、实际操作能力、知识掌握能力)：

评价等级	表达能力	沟通能力	团队合作能力	实际操作能力	知识掌握能力
评价结果					

指导教师评语：

学习者签字：　　　　　　　　　　　　　　　　日期：　　年　　月　　日
指导教师签字：　　　　　　　　　　　　　　　日期：　　年　　月　　日

一、训练目标

1. 专业能力目标：

(1) 能说出道岔的构造及类型；

(2) 能掌握道岔的辙叉号数的计算方法；

(3) 能解释道岔中心线表示法的思路；

(4) 用线路中心线表示法画出 9 号普通左开道岔示意图。

2. 方法能力目标：

(1) 能综合运用铁路线路及站场专业知识，通过利用铁路线路及站场专业书籍、课件和图片资料获得帮助信息；

(2) 能根据实训项目学习任务确定实训方案，从中学会表达及展示活动过程和成果。

3. 社会能力目标：

(1) 在实习训练中保持积极向上的学习态度；

(2) 能与小组成员和教师就学习中的问题进行交流和沟通；

(3) 能与他人共享学习资源，具有较好合作能力和团队协作精神。

二、知识总结

1. 道岔的结构及类型。

2. 道岔辙叉号数的计算。

3. 道岔中心线表示法。

三、操作步骤及结果

步骤：

第一步：_____。

第二步：_____。

第三步：_____。

第四步：_____。

第五步：_____。

绘图：

四、训练小结

_____

_____

_____

_____

_____

_____

五、成绩评定

职业素养(包括表达能力、沟通能力、团队合作能力、实际操作能力、知识掌握能力):

评价等级	表达能力	沟通能力	团队合作能力	实际操作能力	知识掌握能力
评价结果					

指导教师评语:

学习者签字: 日期: 年   月   日
指导教师签字: 日期: 年   月   日

一、训练目标

1. 专业能力目标：

(1) 能说出无缝线路的基本原理；

(2) 能说出无缝线路的锁定轨温的确定方法；

(3) 能解释无缝线路温度力的分布及无缝线路的组成；

(4) 画出无缝线路组成示意图。

2. 方法能力目标：

(1) 能综合运用铁路线路及站场专业知识，通过利用铁路线路及站场专业书籍、课件和图片资料获得帮助信息；

(2) 能根据实训项目学习任务确定实训方案，从中学会表达及展示活动过程和成果。

3. 社会能力目标：

(1) 在实习训练中保持积极向上的学习态度；

(2) 能与小组成员和教师就学习中的问题进行交流和沟通；

(3) 能与他人共享学习资源，具有较好合作能力和团队协作精神。

二、知识总结

1. 无缝线路的基本原理。

2. 无缝线路的锁定轨温。

3. 无缝线路温度力的分布及无缝线路的组成。

三、操作步骤及结果

步骤：

第一步：＿＿＿＿＿＿＿＿＿＿＿＿＿＿＿＿＿＿＿＿＿＿＿＿＿＿＿＿。

第二步：＿＿＿＿＿＿＿＿＿＿＿＿＿＿＿＿＿＿＿＿＿＿＿＿＿＿＿＿。

第三步：＿＿＿＿＿＿＿＿＿＿＿＿＿＿＿＿＿＿＿＿＿＿＿＿＿＿＿＿。

绘图：

四、训练小结

_____

_____

_____

_____

_____

五、成绩评定

职业素养(包括表达能力、沟通能力、团队合作能力、实际操作能力、知识掌握能力):

评价等级	表达能力	沟通能力	团队合作能力	实际操作能力	知识掌握能力
评价结果					

指导教师评语:

学习者签字:　　　　　　　　　　　　　　　　日期:　　年　　月　　日

指导教师签字:　　　　　　　　　　　　　　　日期:　　年　　月　　日

一、训练目标

1. 专业能力目标：

(1) 能说出线路平面的组成；

(2) 能说出缓和曲线的概念及作用；

(3) 能识别线路平面图。

2. 方法能力目标：

(1) 能综合运用线路平面基础知识，通过利用铁道交通运营管理专业书籍、课件和图片资料获得帮助信息；

(2) 能根据技能训练学习任务确定训练方案，从中学会表达及展示活动过程和成果。

3. 社会能力目标：

(1) 在实习训练中保持积极向上的学习态度；

(2) 能与小组成员和教师就学习中的问题进行交流和沟通；

(3) 能与他人共享学习资源，具有较好合作能力和团队协作精神。

二、知识总结

1. 线路平面的组成。

2. 线路平面图的组成要素。

三、操作步骤及结果

第一步：指出线路中心线，说明该段线路的直线、曲线状况。

_____

_____

_____

第二步：写出曲线的起终点里程和曲线要素。

_____

_____

_____

第三步：说明线路范围内的主要建筑物名称、类型及其中心里程。

_____

_____

_____

_____

四、训练小结

_____

_____

_____

_____

_____

_____

五、成绩评定

职业素养(包括表达能力、沟通能力、团队合作能力、实际操作能力、知识掌握能力)：

评价等级	表达能力	沟通能力	团队合作能力	实际操作能力	知识掌握能力
评价结果					

指导教师评语：

学习者签字：   日期：   年   月   日

指导教师签字：   日期：   年   月   日

一、训练目标

1.专业能力目标：

(1)能说出线路纵断面的组成；

(2)能识别线路纵断面图；

(3)能在教师的指导下掌握换算坡度的计算、坡道附加阻力的计算过程。

2.方法能力目标：

(1)能综合运用线路纵断面基础知识,通过利用铁道交通运营管理专业书籍、课件和图片资料获得帮助信息；

(2)能根据技能训练学习任务确定训练方案,从中学会表达及展示活动过程和成果。

3.社会能力目标：

(1)在实习训练中保持积极向上的学习态度；

(2)能与小组成员和教师就学习中的问题进行交流和沟通；

(3)能与他人共享学习资源,具有较好合作能力和团队协作精神。

二、知识总结

1.线路纵断面的组成。

2.线路纵断面图的组成要素。

3.计算区段内各坡段的换算坡度。

三、操作步骤及结果

1.识别线路纵断面图。

第一步:说明该段线路的直线、曲线状况。

第二步:写出该段线路各坡段的设计坡度。

第三步:说明线路范围内的主要建筑物名称、类型及其中心里程。

2. 换算坡度计算。

第一步:考虑列车长度及曲线长度,根据公式计算曲线附加阻力。

_____

_____

第二步:确定计算坡段,计算 $\omega_i = i(\text{N/kN})$。

_____

_____

第三步:确定列车运行方向,按进站方向计算换算坡度,$i_{换} = i + \omega_r$。

_____

_____

第四步:判断是否满足条件。

_____

_____

四、训练小结

_____

_____

_____

_____

_____

五、成绩评定

职业素养(包括表达能力、沟通能力、团队合作能力、实际操作能力、知识掌握能力):

评价等级	表达能力	沟通能力	团队合作能力	实际操作能力	知识掌握能力
评价结果					

指导教师评语:

学习者签字:　　　　　　　　　　　　　　　　　　日期:　　年　　月　　日
指导教师签字:　　　　　　　　　　　　　　　　　日期:　　年　　月　　日

一、训练目标

1.专业能力目标：

(1)能说出铁路线路种类及每种类型线路的作用；

(2)能在教师的指导下完成对车站线路及道岔的编号；

(3)能说出铁路限界的种类；

(4)能分析曲线地段内、外侧建筑限界加宽的原因,掌握曲线地段建筑限界的计算方法；

(5)能说出影响线路间距的决定因素并掌握线路间距的计算方法。

2.方法能力目标：

(1)能综合运用铁路站场基础知识,通过利用铁道交通运营管理专业书籍、课件和图片资料获得帮助信息；

(2)能根据技能训练学习任务确定训练方案,从中学会表达及展示活动过程和成果。

3.社会能力目标：

(1)在实习训练中保持积极向上的学习态度；

(2)能与小组成员和教师就学习中的问题进行交流和沟通；

(3)能与他人共享学习资源,具有较好合作能力和团队协作精神。

二、知识总结

1.铁路线路种类及每种类型线路的作用。

2.铁路限界的种类。

3.对车站线路及道岔进行编号。

4.计算曲线地段建筑物距离线路中心线的最小距离。

5.计算相邻线路中心线间的最小距离。

三、操作步骤及结果

1.给下列车站线路和道岔进行编号。

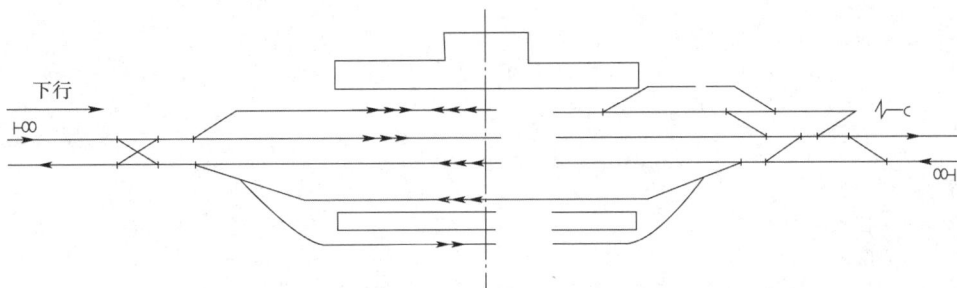

2.计算确定设备及建筑物距线路中心线的最小距离。

(1)确定Ⅱ道上行方向的出站信号机边缘至Ⅱ道线路中心线的最小距离。

_____

_____

(2)确定Ⅱ道下行方向的出站信号机边缘至Ⅱ道线路中心线的最小距离。

_____

_____

(3)确定中间站台边缘至Ⅱ道线路中心线的最小距离。

_____

_____

四、训练小结

_____

_____

_____

_____

_____

五、成绩评定

职业素养(包括表达能力、沟通能力、团队合作能力、实际操作能力、知识掌握能力):

评价等级	表达能力	沟通能力	团队合作能力	实际操作能力	知识掌握能力
评价结果					

指导教师评语:

学习者签字:　　　　　　　　　　　　　　　　日期:　　年　　　月　　　日
指导教师签字:　　　　　　　　　　　　　　　日期:　　年　　　月　　　日

一、训练目标

1. 专业能力目标：

(1) 能说出铁路道岔辙叉号数的选用依据；

(2) 能说出两相邻道岔常见的配列形式；

(3) 能在教师的指导下确定相邻两道岔中心间的距离；

(4) 能说出线路连接形式的种类及各自的优缺点；

(5) 能说出确定线路有效长起止范围的因素；

(6) 能推算出车站线路长度。

2. 方法能力目标：

(1) 能综合运用铁路站场基础知识，通过利用铁道交通运营管理专业书籍、课件和图片资料获得帮助信息；

(2) 能根据技能训练学习任务确定训练方案，从中学会表达及展示活动过程和成果。

3. 社会能力目标：

(1) 在实习训练中保持积极向上的学习态度；

(2) 能与小组成员和教师就学习中的问题进行交流和沟通；

(3) 能与他人共享学习资源，具有较好合作能力和团队协作精神。

二、知识总结

1. 两相邻道岔常见的配列形式。

2. 线路连接形式的种类。

3. 相邻两道岔中心间的距离。

4. 计算车站线路长度。

三、操作步骤及结果

第一步：确定车站各线路间距。

第二步：确定各道岔的辙叉号及相邻两道岔中心间的距离。

第三步:确定各连接曲线半径。

_____

_____

_____

_____

第四步:计算各控制点坐标。

_____

_____

_____

_____

第五步:推算各条线路实际有效长。

_____

_____

_____

_____

四、训练小结

_____

_____

_____

_____

_____

_____

五、成绩评定

职业素养(包括表达能力、沟通能力、团队合作能力、实际操作能力、知识掌握能力):

评价等级	表达能力	沟通能力	团队合作能力	实际操作能力	知识掌握能力
评价结果					

指导教师评语:

学习者签字: 日期: 年   月   日

指导教师签字: 日期: 年   月   日

一、训练目标

1.专业能力目标：

(1)能说出不同划分依据下车站的分类；

(2)能描述清楚会让站、越行站的作业和设备；

(3)能说出会让站的不同布置形式以及各自的优缺点；

(4)能说出越行站的不同布置形式以及各自的优缺点。

2.方法能力目标：

(1)能综合运用车站基础知识，通过利用铁道交通运营管理专业书籍、课件和图片资料获得帮助信息；

(2)能根据技能训练学习任务确定训练方案，从中学会表达及展示活动过程和成果。

3.社会能力目标：

(1)在实习训练中保持积极向上的学习态度；

(2)能与小组成员和教师就学习中的问题进行交流和沟通；

(3)能与他人共享学习资源,具有较好合作能力和团队协作精神。

二、知识总结

1.车站的分类。

2.会让站、越行站的作业和设备类型。

3.绘制不同形式的会让站、越行站布置图型。

三、操作步骤及结果

画出双线横列式越行站布置图(设两条到发线)。

第一步:按一定的比例尺画出车站站房。

第二步:以站房中心线为对称轴,画出下行正线Ⅰ道,在Ⅰ道与站房之间布置到发线3道。

第三步:在Ⅰ道外侧画出上行正线Ⅱ道,Ⅱ道外侧画出中间站台(注意与站房位置相对一致)。

第四步:中间站台外侧布置到发线4道,最后布置渡线,标记道岔。

绘图:

四、训练小结

五、成绩评定

职业素养(包括表达能力、沟通能力、团队合作能力、实际操作能力、知识掌握能力)：

评价等级	表达能力	沟通能力	团队合作能力	实际操作能力	知识掌握能力
评价结果					

指导教师评语：

学习者签字：   日期：   年   月   日

指导教师签字：   日期：   年   月   日

一、训练目标

1. 专业能力目标:

(1)能说出中间站的主要作业;

(2)能描述清楚中间站设备配置;

(3)能描述单线横列式中间站布置图的优缺点;

(4)能描述双线横列式中间站布置图的优缺点;

(5)能对中间站货场的布置位置进行分析。

2. 方法能力目标:

(1)能综合运用车站基础知识,通过利用铁道交通运营管理专业书籍、课件和图片资料获得帮助信息;

(2)能根据技能训练学习任务确定训练方案,从中学会表达及展示活动过程和成果。

3. 社会能力目标:

(1)在实习训练中保持积极向上的学习态度;

(2)能与小组成员和教师就学习中的问题进行交流和沟通;

(3)能与他人共享学习资源,具有较好合作能力和团队协作精神。

二、知识总结

1. 中间站的主要作业。

2. 中间站设备配置。

3. 绘制不同形式的中间站布置图型。

三、操作步骤及结果

步骤:

第一步:按一定的比例尺画出车站站房;以站房中心线为对称轴,画出下行正线Ⅰ道,在Ⅰ道与站房之间布置到发线 3 道。

第二步:在Ⅰ道外侧画出上行正线Ⅱ道,Ⅱ道外侧画出中间站台(注意与站房对齐)。

第三步:中间站台外侧布置到发线 4 道,4 道外侧布置 6 道。

第四步:在 3 道站同左一侧布置 5 道货物线,延长 3 道布置 7 道牵出线。

第五步:最后布置渡线,标记道岔、进路。

绘图:

四、训练小结

_____

_____

_____

_____

_____

_____

五、成绩评定

职业素养(包括表达能力、沟通能力、团队合作能力、实际操作能力、知识掌握能力):

评价等级	表达能力	沟通能力	团队合作能力	实际操作能力	知识掌握能力
评价结果					

指导教师评语:

学习者签字: 日期: 年   月   日

指导教师签字: 日期: 年   月   日

一、训练目标

1. 专业能力目标:

(1)能说出区段站的分类;

(2)能说出区段站的作业及设备;

(3)能解释区段站主要设备的相互位置及设置原因;

(4)画出双线横列式区段站机务段(站对右)配置示意图。

2. 方法能力目标:

(1)能综合运用铁路线路及站场专业知识,通过利用铁路线路及站场专业书籍、课件和图片资料获得帮助信息;

(2)能根据实训项目学习任务确定实训方案,从中学会表达及展示活动过程和成果。

3. 社会能力目标:

(1)在实习训练中保持积极向上的学习态度;

(2)能与小组成员和教师就学习中的问题进行交流和沟通;

(3)能与他人共享学习资源,具有较好合作能力和团队协作精神。

二、知识总结

1. 区段站的分类。

2. 区段站的作业及设备。

3. 区段站主要设备的相互位置及设置原因。

三、操作步骤及结果

步骤:

第一步:_____。

第二步:_____。

第三步:_____。

第四步:_____。

绘图:

四、训练小结

_____

_____

_____

_____

_____

_____

五、成绩评定

职业素养(包括表达能力、沟通能力、团队合作能力、实际操作能力、知识掌握能力):

评价等级	表达能力	沟通能力	团队合作能力	实际操作能力	知识掌握能力
评价结果					

指导教师评语:

学习者签字: 日期: 年   月   日
指导教师签字: 日期: 年   月   日

一、训练目标

1. 专业能力目标：

(1) 能说出区段站布置图类型；

(2) 能说出不同区段站布置图的特点；

(3) 能分析不同布置图的平行及交叉径路；

(4) 能分析不同布置图的优缺点及适用范围；

(5) 画出双线横列式区段站作业进路交叉干扰示意图。

2. 方法能力目标：

(1) 能综合运用铁路线路及站场专业知识，通过利用铁路线路及站场专业书籍、课件和图片资料获得帮助信息；

(2) 能根据实训项目学习任务确定实训方案，从中学会表达及展示活动过程和成果。

3. 社会能力目标：

(1) 在实习训练中保持积极向上的学习态度；

(2) 能与小组成员和教师就学习中的问题进行交流和沟通；

(3) 能与他人共享学习资源，具有较好合作能力和团队协作精神。

二、知识总结

1. 区段站布置图类型。

2. 区段站布置图的特点。

3. 不同区段站布置图的优缺点及适用范围。

三、操作步骤及结果

步骤：

第一步：_____。

第二步：_____。

第三步：_____。

第四步：_____。

绘图：

四、训练小结

_____

_____

_____

_____

_____

五、成绩评定

职业素养(包括表达能力、沟通能力、团队合作能力、实际操作能力、知识掌握能力):

评价等级	表达能力	沟通能力	团队合作能力	实际操作能力	知识掌握能力
评价结果					

指导教师评语:

学习者签字:　　　　　　　　　　　　　　　　日期:　　年　　　月　　　日
指导教师签字:　　　　　　　　　　　　　　　日期:　　年　　　月　　　日

一、训练目标

1.专业能力目标：

(1)能说出机车走行线的设置条件；

(2)能说出机车走行线的设置位置；

(3)能分析机务段设置不同位置的优缺点及适用范围；

(4)画出双线横列式区段站(机务段设于站对右)机车走行线布置位置示意图。

2.方法能力目标：

(1)能综合运用铁路线路及站场专业知识,通过利用铁路线路及站场专业书籍、课件和图片资料获得帮助信息；

(2)能根据实训项目学习任务确定实训方案,从中学会表达及展示活动过程和成果。

3.社会能力目标：

(1)在实习训练中保持积极向上的学习态度；

(2)能与小组成员和教师就学习中的问题进行交流和沟通；

(3)能与他人共享学习资源,具有较好合作能力和团队协作精神。

二、知识总结

1.机车走行线的设置条件。

2.机车走行线的设置位置。

3.机务段设置不同位置的优缺点及适用范围。

三、操作步骤及结果

步骤：

第一步：＿＿＿＿＿＿＿＿＿＿＿＿＿＿＿＿＿＿＿＿＿＿＿＿＿＿＿＿＿＿＿＿＿。

第二步：＿＿＿＿＿＿＿＿＿＿＿＿＿＿＿＿＿＿＿＿＿＿＿＿＿＿＿＿＿＿＿＿＿。

第三步：＿＿＿＿＿＿＿＿＿＿＿＿＿＿＿＿＿＿＿＿＿＿＿＿＿＿＿＿＿＿＿＿＿。

第四步：＿＿＿＿＿＿＿＿＿＿＿＿＿＿＿＿＿＿＿＿＿＿＿＿＿＿＿＿＿＿＿＿＿。

第五步：＿＿＿＿＿＿＿＿＿＿＿＿＿＿＿＿＿＿＿＿＿＿＿＿＿＿＿＿＿＿＿＿＿。

绘图：

四、训练小结

_____

_____

_____

_____

_____

_____

五、成绩评定

职业素养(包括表达能力、沟通能力、团队合作能力、实际操作能力、知识掌握能力):

评价等级	表达能力	沟通能力	团队合作能力	实际操作能力	知识掌握能力
评价结果					

指导教师评语:

学习者签字: 日期: 年   月   日
指导教师签字: 日期: 年   月   日

一、训练目标

掌握调车驼峰的类型及组成。

二、知识总结

1. 简述驼峰的分类。

2. 简述驼峰的组成。

三、操作步骤及结果

步骤：

第一步：_____○

第二步：_____○

第三步：_____○

绘图：

四、实训小结

_____

_____

_____

_____

_____

_____

五、成绩评定

职业素养(包括表达能力、沟通能力、团队合作能力、实际操作能力、知识掌握能力):

评价等级	表达能力	沟通能力	团队合作能力	实际操作能力	知识掌握能力
评价结果					

指导教师评语:

学习者签字:　　　　　　　　　　　　　　　　　　日　期:　　年　　月　　日

指导教师签字:　　　　　　　　　　　　　　　　　日　期:　　年　　月　　日

一、训练目标

掌握编组站单向混合式编组站布置图的特点和使用条件。

二、知识总结

1. 单向二级四场混合式编组站布置图的特点。

2. 单向二级四场混合式编组站布置图的适用条件。

三、操作步骤及结果

步骤：

第一步：_____。

第二步：_____。

第三步：_____。

第四步：_____。

第五步：_____。

绘图：

四、实训小结

_____

_____

_____

_____

_____

_____

五、成绩评定

职业素养(包括表达能力、沟通能力、团队合作能力、实际操作能力、知识掌握能力):

评价等级	表达能力	沟通能力	团队合作能力	实际操作能力	知识掌握能力
评价结果					

指导教师评语:

学习者签字:　　　　　　　　　　　　　　　　　　日期:　　年　　　月　　　日
指导教师签字:　　　　　　　　　　　　　　　　　日期:　　年　　　月　　　日

训练任务 7-1　画出两线两台对应式高速铁路车站平面布置示意图

一、训练目标

掌握高速铁路客运站布置。

二、知识总结

1. 客运站主要作业和设备。

2. 客运站布置图。

三、操作步骤及结果

步骤：

第一步：_____。

第二步：_____。

第三步：_____。

第四步：_____。

第五步：_____。

绘图：

四、实训小结

_____

_____

_____

_____

_____

_____

五、成绩评定

职业素养(包括表达能力、沟通能力、团队合作能力、实际操作能力、知识掌握能力):

评价等级	表达能力	沟通能力	团队合作能力	实际操作能力	知识掌握能力
评价结果					

指导教师评语:

学习者签字: 日期: 年   月   日

指导教师签字: 日期: 年   月   日

一、训练目标

掌握货运站布置图。

二、知识总结

1. 货运站作业及设备。

2. 货运站布置图。

3. 尽端式货运站的特点。

三、操作步骤及结果

步骤：

第一步：_____。

第二步：_____。

第三步：_____。

第四步：_____。

第五步：_____。

绘图：

四、实训小结

_____

_____

_____

_____

_____

_____

五、成绩评定

职业素养(包括表达能力、沟通能力、团队合作能力、实际操作能力、知识掌握能力):

评价等级	表达能力	沟通能力	团队合作能力	实际操作能力	知识掌握能力
评价结果					

指导教师评语:

学习者签字: 日期: 年   月   日
指导教师签字: 日期: 年   月   日

一、训练目标

掌握铁路枢纽布置图的特点。

二、知识总结

1. 铁路枢纽的定义、设备及种类。

2. 铁路枢纽的布置图类型及特点。

三、操作步骤及结果

第一步:指出布置图的类型。

_____

_____

第二步:分析枢纽布置的特点。

_____

_____

_____

第三步:说明布置图的使用条件。

_____

_____

_____

四、实训小结

_____

_____

五、成绩评定

职业素养(包括表达能力、沟通能力、团队合作能力、实际操作能力、知识掌握能力):

评价等级	表达能力	沟通能力	团队合作能力	实际操作能力	知识掌握能力
评价结果					

指导教师评语:

学习者签字:　　　　　　　　　　　　　　　　　　日期:　　年　　月　　日

指导教师签字:　　　　　　　　　　　　　　　　　日期:　　年　　月　　日

训练任务 8-2　分析确定枢纽内编组站分散设置时的作业分工

一、训练目标

掌握枢纽内编组站分散设置时的作业分工。

二、知识总结

1. 枢纽内专业车站的设置。

2. 枢纽线路的引入方式及枢纽联络路线的种类。

三、操作步骤及结果

第一步：明确编组站作业分工的原则。

_____

_____

_____

第二步：编组站作业分工方案比较。

_____

_____

_____

第三步：确定作业分工。

_____

_____

_____

四、实训小结

_____

_____

五、成绩评定

职业素养(包括表达能力、沟通能力、团队合作能力、实际操作能力、知识掌握能力)：

评价等级	表达能力	沟通能力	团队合作能力	实际操作能力	知识掌握能力
评价结果					

指导教师评语：

学习者签字：　　　　　　　　　　　　　　　　日期：　　年　　月　　日

指导教师签字：　　　　　　　　　　　　　　　日期：　　年　　月　　日

附 录

（一）单开道岔主要尺寸表（单位：mm）

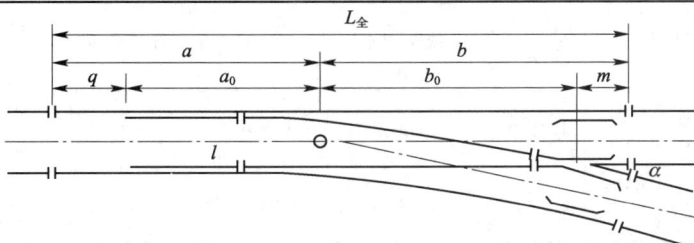

道岔号数	钢轨类型（kg/m）	图号	辙叉角度 α	导曲线半径（线路中心）R	道岔全长 L全	道岔前部实际长度 a	道岔后部实际长度 b	尖轨前基本轨长度 q	辙叉趾长 n	辙叉跟长 m	尖轨长度 l	附注
18	50	TB 399-75	3°10′12.5″	800000	54000	22667	31333	3866	2836	5400	12500	
12	50		4°45′49″	330000	36815	16853	19962	2650	1849	2708	7700	
12	43											
9	50		6°20′25″	180000	28848	13839	15009	2650	1538	2050	6250	
9	43											

（二）双开道岔主要尺寸表（单位：mm）

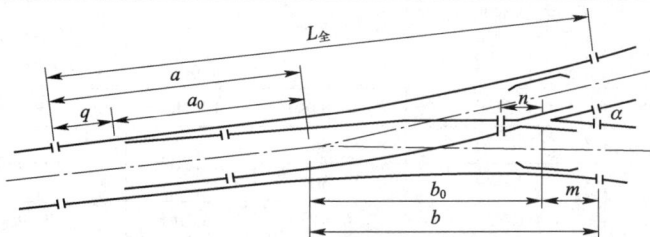

道岔号数	钢轨类型（kg/m）	图号	辙叉角度 α	导曲线半径（线路中心）R	道岔全长 L全	道岔前部实际长度 a	道岔后部实际长度 b	尖轨前基本轨长度 q	辙叉趾长 n	辙叉跟长 m	尖轨长度 l	附注
1. 标准设计												
6	43	叁标线 5806	9°27′44″	180000	17457	7437	9994	1300	1220	1321	4500	
2. 旧型道岔												
6½	43	岔 1102	8°44′46.18″	179282.5	20008	8717	11268	1014	1119	1882	4207	
6	43	专线 5800	9°27′44″	180000	17457	7437	9994	1373	1220	1321	6250	
9	43	线 4082-57	6°20′25″	300000	25354	10329	15008	1280	1538	2050	5500	

（三）复式交分道岔主要尺寸表（单位:mm）　　　　　　　附录表3

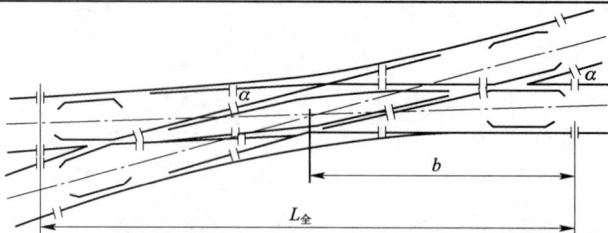

道岔号数	钢轨类型（kg/m）	图号	辙叉角度 α	导曲线半径（线路中心）R	道岔全长 $L_全$	道岔中心至辙叉跟端距离 b	尖轨长度 l	活动心轨长度	附注
12	50	叁标线6019	4°45'49″	380000	39950	19962	7400	4200	
	43	叁标线6025					7405		
9	50	叁标线6016	6°20'25″	220000	30050	15009	5250	3700	
	43	叁标线6022					5265		

（四）两相邻单开道岔岔心间最小长度表（单位:mm）　　　　　　　附录表4

名　称	两顺向单开道岔			两对向单开道岔		
道岔配列						

道岔号数		l 值					
N_1	N_2	正线在正常情况下	正线在困难情况下、到发线	其他站线	有列车从一侧线进入另一侧线时		
					正线在正常情况下	正线在困难情况下、到发线	其他站线
9	9	35.106	33.356	28.848	40.186	33.936	27.678
9	12	38.120	36.370	31.862	43.200	36.950	30.692
12	9	40.059	38.309	33.801			
12	12	43.073	41.323	36.815	46.214	39.964	33.706
9	18	43.934	42.184	37.676	49.014	42.764	36.506
18	9	51.430	49.680	45.172			
19	18	48.887	47.137	42.629	52.028	45.778	39.520
18	12	54.444	52.694	48.186			
18	18	60.258	58.508	54.000	57.842	51.592	45.334
插入短轨长度(f)		6.25	4.50	0	12.50	6.25	0

注:①表内 l 值已包括钢轨接缝在内,每个钢轨接缝按8mm计。

②上述标准适用于两相邻道岔的轨型相同者。

③铺设不同类型钢轨的两相邻道岔间,应各铺一节与道岔同类型的钢轨。

④在其他站线上,当三组单开道岔顺向毗连布置时,其中两组道岔间应根据道岔结构考虑插入短轨。

（五）辙叉倍角圆曲线表(单位:m)　　　　　附录表5

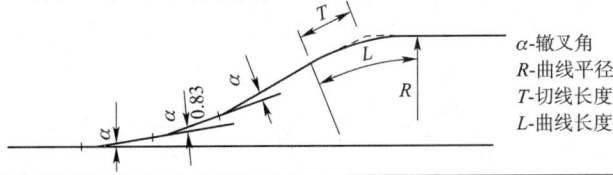

α-辙叉角
R-曲线平径
T-切线长度
L-曲线长度

辙叉号	辙叉角倍数	辙叉倍角角度	T	L	2T−L	T	L	2T−L	T	L	2T−L
			R = 180			R = 200			R = 250		
	1	6°20′25″	9.969	19.918	0.020	11.077	22.131	0.023	13.846	27.664	0.028
	2	12°40′50″	20.000	39.837	0.163	22.222	44.263	0.181	27.778	55.329	0.227
	3	19°01′15″	30.155	59.755	0.555	33.505	66.395	0.615	41.882	82.994	0.770
	4	25°21′40″	40.500	79.674	1.326	45.000	88.526	1.474	56.250	110.658	1.842
	5	31°42′05″	51.106	99.592	2.620	56.785	110.658	2.912	70.981	138.328	3.639
	6	38°02′30″	62.052	119.511	4.593	68.946	132.790	5.102	86.183	165.998	6.378
	0.5	3°10′12.5″	4.980	9.959	0.001	5.534	11.065	0.003	6.917	13.832	0.002
	1.5	9°30′37.5″	14.973	29.877	0.069	16.637	33.197	0.077	20.796	41.497	0.095
	2.5	15°51′02.5″	25.058	49.796	0.320	27.842	55.329	0.355	34.803	69.161	0.445
	3.5	22°11′27.5″	35.299	69.714	0.884	39.222	77.461	0.983	49.027	96.826	1.228
	4.5	28°31′52.5″	45.766	89.633	1.889	50.851	99.592	2.110	63.564	124.491	2.637
9			R = 300			R = 500			R = 400		
	1	6°20′25″	16.615	33.197	0.033	19.385	38.730	0.040	22.154	44.263	0.045
	2	12°40′50″	33.333	66.395	0.271	38.889	77.461	0.317	44.445	88.526	0.364
	3	19°10′15″	50.258	99.592	0.924	58.635	116.191	1.079	67.011	132.790	1.232
	4	25°21′40″	67.500	132.790	2.210	78.751	154.922	2.580	90.001	177.053	2.949
	5	31°42′05″	85.178	165.988	4.368	99.374	193.652	5.096	113.570	221.317	5.823
	6	38°02′30″	103.420	199.180	7.655	120.657	232.383	8.931	137.893	265.580	10.206
	0.5	3°10′12.5″	8.301	16.598	0.004	9.685	19.365	0.005	11.068	22.131	0.005
	1.5	9°30′37.5″	24.995	49.796	0.114	29.114	58.095	0.133	33.274	66.395	0.153
	2.5	15°51′02.5″	41.763	82.994	0.532	48.724	96.826	0.622	55.684	110.658	0.710
	3.5	22°11′27.5″	58.833	116.191	1.475	68.638	135.556	1.720	78.444	154.922	1.996
	4.5	28°31′52.5″	76.277	149.389	3.165	88.990	174.287	3.693	101.703	199.185	4.221
			R = 350			R = 400			R = 450		
	1	4°45′49″	14.558	29.099	0.017	16.637	33.256	0.018	18.717	37.413	0.021
12	2	9°31′38″	29.166	58.198	0.134	33.333	66.512	0.154	37.499	74.826	0.172
	3	14°17′27″	43.876	87.297	0.455	50.144	99.768	0.520	56.412	112.239	0.585
	0.5	2°22′54.5″	7.275	14.549	0.001	8.315	16.628	0.002	9.354	18.706	0.002
	1.5	7°08′43.5″	21.852	43.648	0.056	24.974	49.884	0.064	28.096	59.119	0.073

续上表

辙叉号	辙叉角倍数	辙叉倍角角度	T	L	$2T-L$	T	L	$2T-L$	T	L	$2T-L$
				$R=800$			$R=700$			$R=600$	
18	1	3°10′12.5″	22.137	44.263	0.011	19.370	38.730	0.010	16.603	33.197	0.009
	2	6°20′25″	44.308	88.526	0.090	38.770	77.461	0.079	33.231	66.395	0.067
	0.5	1°35′06.25″	11.066	22.131	0.001	9.683	19.365	0.001	8.299	16.598	0.000
	1.5	4°45′18.75″	33.216	66.395	0.037	29.064	58.095	0.033	24.912	49.796	0.028

(六)不同线间距离斜边直边长度表(单位:m)　　　　附录表6

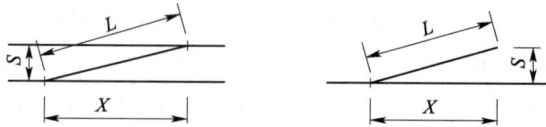

辙叉号数		9		12		18	
辙叉角 α		6°20′25″		4°45′49″		3°10′12.5″	
直边、斜边长		X	L	X	L	X	L
线间距离 S	1	9.000	9.055	12.000	12.042	18.055	18.083
	2	18.000	18.111	24.000	24.083	36.110	36.166
	3	27.000	27.166	36.000	36.125	54.165	54.248
	4	36.000	36.221	48.000	48.167	72.221	72.331
	5	44.999	45.276	60.000	60.208	90.276	90.414
	6	53.999	54.332	72.000	72.250	108.331	108.497
	7	62.999	63.387	84.001	84.292	126.386	126.580
	8	71.999	72.442	96.001	96.333	144.441	144.662
	9	80.999	81.497	108.001	108.375	162.493	162.745

计算公式: $X=\dfrac{S}{\tan\alpha}$　　　用法举例:

$L=\dfrac{S}{\sin\alpha}$　　　设 $S=7.50\text{m}, \alpha=6°20′25″$

则 $L=63.387+4.527=67.914(\text{m})$

$X=62.999+4.4999=67.499(\text{m})$

（七）警冲标至道岔中心距离表（单位:m）　附录表7

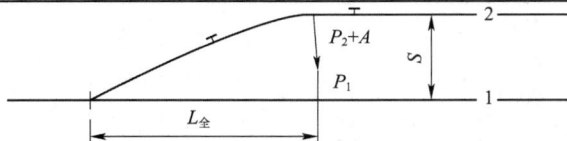

道岔号	9					12				18	
辙叉角	6°20′25″					4°45′49″				3°10′47″	
连接曲线半径	200	250	300	350	400	350	400	500	600	800	1000
警冲标位置	$L_全$										
线间距 5.0	38.051	38.437	38.931	39.596	40.425	49.574	49.857	50.560	51.576	73.230	74.007
5.2	37.485	37.825	38.230	38.739	39.404	49.053	49.280	49.825	50.573	72.711	73.254
5.3	37.259	37.575	37.951	38.404	38.991	48.854	49.055	49.544	50.185	72.528	72.983
5.5	36.897	37.166	37.486	37.862	38.320	48.550	48.704	49.090	49.588	72.277	72.581
6.0	36.366	36.522	36.721	36.964	37.254	48.170	48.232	48.415	48.686	72.064	72.126
6.5	36.159	36.227	36.330	36.469	36.648	48.085	48.095	48.148	28.263	72.058	72.058
7.5	36.110	36.110	36.113	36.129	36.166	48.084	48.084	48.084	48.084	72.058	72.058
8.5	36.110	36.110	36.110	36.110	36.110	48.084	48.084	48.084	48.084	72.058	72.058
9.5	36.110	36.110	36.110	36.110	36.110	48.084	48.084	48.084	48.084	72.058	72.058
10.5	36.110	36.110	36.110	36.110	36.110	48.084	48.084	48.084	48.084	72.058	72.058
11.5	36.110	36.110	36.110	36.110	36.110	48.084	48.084	48.084	48.084	72.058	72.058
12.5	36.110	36.110	36.110	36.110	36.110	48.084	48.084	48.084	48.084	72.058	72.058

注:图中 P_1 及 P_2 为警冲标至两侧线中心的垂直距离均为2m。

（八）高柱色灯信号机至道岔中心距离表（单位:m）　附录表8

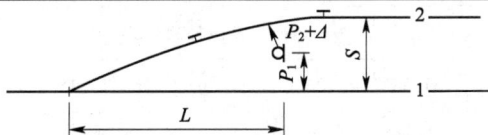

道岔号数	辙叉角度	连接曲线半径	信号机至岔心距离	线路使用情况	线间距离 S									
					5.0	5.2	5.3	5.5	6.0	6.5	7.5	8.5	9.5	10.5
9	6°20′25″	200	L	———	49.116	46.683	45.902	44.864	43.352	42.645	42.256	42.249	42.249	42.249
				—○—	62.737	53.517	51.558	49.209	46.697	45.598	44.901	44.859	44.589	44.859
				—○— / —○—	—	—	64.296	55.898	50.464	48.756	47.611	47.485	47.485	47.485
		300		———	51.125	48.284	47.334	45.937	44.033	43.078	42.341	42.249	42.249	42.249
				—○—	66.635	55.820	53.545	50.789	47.555	46.170	45.062	44.861	44.859	44.859
				—○— / —○—	—	—	68.029	58.155	51.660	49.478	47.869	47.502	47.485	47.485

251

续上表

道岔号数	辙叉角度	连接曲线半径	信号机至岔心距离	线路使用情况	线间距离 S									
					5.0	5.2	5.3	5.5	6.0	6.5	7.5	8.5	9.5	10.5
9	6°20′25″	350	L	──	52.470	49.426	48.369	46.770	44.477	43.365	42.428	42.251	42.249	42.249
				─○─	68.720	57.240	54.882	51.920	48.192	46.536	45.196	44.875	44.589	44.859
				─○─ ─○─	—	—	70.045	59.594	52.571	49.964	48.058	47.539	47.485	47.485
		400		──	53.967	50.711	49.551	47.759	45.084	43.703	42.550	42.264	42.249	42.249
				─○─	70.867	58.837	56.369	53.195	48.995	46.979	45.369	44.909	44.859	44.859
				─○─ ─○─	—	—	72.129	61.155	53.635	50.596	48.291	47.602	47.485	47.485
12	4°45′49″	350	L	──	62.644	60.200	59.443	58.396	56.990	56.432	56.258	56.258	56.258	56.258
				─○─	78.894	68.014	65.956	63.594	61.135	60.166	59.739	59.738	59.738	59.738
				─○─ ─○─	—	—	81.119	71.269	65.725	64.111	63.253	63.230	63.230	63.230
		400		──	63.452	60.796	59.935	58.743	57.186	56.523	56.258	56.258	56.258	56.258
				─○─	80.352	68.921	66.754	64.179	61.408	60.314	59.746	59.738	59.738	59.738
				─○─ ─○─	—	—	82.514	72.139	66.119	64.327	63.284	63.230	63.230	63.230
		500		──	65.377	62.301	61.244	59.689	57.663	56.770	56.268	56.258	56.258	56.258
				─○─	83.408	71.022	68.658	65.664	62.081	60.685	59.794	59.738	59.738	59.738
				─○─ ─○─	—	—	85.459	74.223	67.205	64.848	63.396	63.230	63.230	63.230
		600		──	67.587	64.106	62.866	60.977	58.287	57.113	56.317	56.258	56.258	56.258
				─○─	86.603	73.422	70.846	67.450	63.054	61.166	59.901	59.738	59.738	59.738
				─○─ ─○─	—	—	88.557	76.603	68.621	65.550	63.583	63.234	63.230	63.230
18	3°10′47″	800	L	──	91.480	88.448	87.475	86.183	84.746	84.345	84.308	84.308	84.308	84.308
				─○─	112.207	98.893	96.499	93.559	90.605	89.720	89.528	89.528	89.528	89.528
				─○─ ─○─	—	—	115.796	103.831	97.059	95.329	94.756	94.756	94.756	94.756
		1000		──	94.145	90.432	86.160	87.329	85.183	84.472	84.308	84.308	84.308	84.308
				─○─	116.369	101.915	99.127	95.511	91.337	90.004	89.528	89.528	89.528	89.528
				─○─ ─○─	—	—	119.817	106.812	98.412	95.835	94.754	94.754	94.754	94.754

注:P_1 及 P_2 在通过超限货物列车的线路为 2.440 + 0.190 = 2.630(m),在不通过超限货物列车的线路为 2.150 + 0.190 = 2.340(m),Δ 为曲线加宽值。

（九）矮柱色灯信号机二、三显示并列至道岔中心距离表（单位:m）　　附录表9

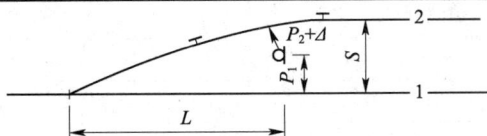

道岔号数	辙叉角度	连接曲线半径	信号机至岔心距离	线　间　距　离　S											
				5.0	5.2	5.3	5.5	6.0	6.5	7.5	8.5	9.5	10.5	11.5	12.5
9	6°20′25″	200	L	43.518	42.402	41.987	41.331	40.343	39.896	39.703	39.703	39.703	39.703	39.703	39.703
		250		44.090	42.853	42.395	41.694	40.587	40.032	39.710	39.703	39.703	39.703	39.703	39.703
		300		44.948	43.499	42.960	42.128	40.880	40.208	39.736	39.703	39.703	39.703	39.703	39.703
		350		46.002	44.350	43.715	42.715	41.225	40.428	39.788	39.703	39.703	39.703	39.703	39.703
		400		47.203	45.355	44.629	43.458	41.636	40.693	39.869	39.706	39.703	39.703	39.703	39.703
12	4°45′49″	350	L	56.176	55.085	54.686	54.069	53.218	52.921	52.868	52.868	52.868	52.868	52.868	52.868
		400		56.687	55.440	54.997	54.322	53.351	52.969	52.868	52.868	52.868	52.868	52.868	52.868
		500		58.030	56.417	55.822	54.934	53.689	53.120	52.868	52.868	52.868	52.868	52.868	52.868
		600		59.685	57.734	56.983	55.805	54.133	53.352	52.882	52.868	52.868	52.868	52.868	52.868
18	3°10′47″	800	L	90.948	88.043	87.107	85.862	84.473	84.089	84.056	84.056	84.056	84.056	84.056	84.056
		1000		93.516	89.983	88.752	86.977	84.899	84.211	84.056	84.056	84.056	84.056	84.056	84.056

注:Δ为曲线加宽值,当信号机设在弯股曲线部分时,信号机中心至弯股线路中心的距离为 $P_2+\Delta$,按 $P_1=P_2=$ 2199mm 进行计算。

（十）电气集中高柱色灯信号机(基本宽380mm)、警冲标、绝缘缝至岔心距离表(单位:m)

附录表10

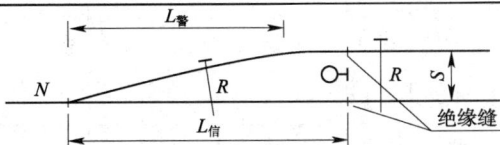

S	股道使用	N=9(6°20′25″)						N=12(4°45′49″)						N=18(8°10′12.5″)		
		R=300			R=400			R=350			R=400			R=800		
		信	警	绝	信	警	绝	信	警	绝	信	警	绝	信	警	绝
5.0	───	51.2	44.0	48.0	54.0	48.5	52.5	—	—	—	—	—	—	—	—	—
	─○─	66.7	61.0	65.0	71.3	67.3	71.3	78.9	72.3	76.3	82.5	78.5	82.5	112.2	102.4	106.4
5.2	─○─	55.7	48.5	52.5	60.5	56.5	60.5	70.0	66.0	70.0	70.0	66.0	70.0	99.2	89.9	93.9
5.3	─○─ ─	68.0	61.0	65.0	73.0	69.0	73.0	82.5	78.5	82.5	82.5	78.5	82.5	114.8	108.6	112.6
5.5	─○─ ─○─	58.8	54.8	58.8	61.2	54.8	58.8	71.3	61.5	65.5	72.2	66.0	70.0	104.1	97.9	101.9
6.5	─○─ ─○─	46.3	42.8	46.3	48.0	44.5	48.0	60.2	54.0	57.5	60.3	54.0	57.5	90.0	85.9	89.4
	─○─ ─○─	49.4	42.8	46.3	52.5	48.5	52.5	65.5	61.5	65.5	62.0	65.5		95.6	90.4	93.9

续上表

S	股道使用	N=9(6°20'25")						N=12(4°45'49")						N=18(8°10'12.5")		
		R=300			R=400			R=350			R=400			R=800		
		信	警	绝	信	警	绝	信	警	绝	信	警	绝	信	警	绝
7.5	—○—	46.3	42.8	46.3	46.3	42.8	46.3	59.8	54.0	57.5	59.8	54.0	57.5	89.8	85.9	89.4
	—○— / —○—	48.0	44.5	48.0	48.2	44.5	48.0	63.7	60.2	63.7	63.7	60.2	63.7	95.1	90.4	93.9
8.0	—○—	46.3	42.8	46.3	46.3	42.8	46.3	59.8	54.0	57.5	59.8	54.0	57.5	89.8	85.9	89.4
	—○— / —○—	48.0	44.5	48.0	48.0	44.5	48.0	63.7	60.2	63.7	63.7	60.2	63.7	95.1	90.4	93.9

注:①本表信号机、警冲标、绝缘缝安设位置系按相关规定设置。

②绝缘缝至岔心距离系用拼凑一节短轨办法计算,其短轨长度有8m、6.25m、4.5m 三种。

(十一)电气集中矮柱色灯信号机、警冲标、绝缘缝至岔心距离表(单位:m) 附录表11

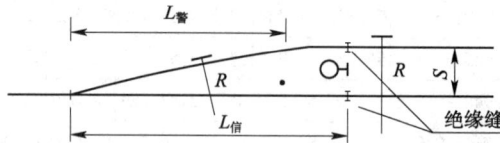

机构	S	N=9(6°20'25")									N=12(4°45'49")					
		R=300			R=350			R=400			R=350			R=400		
		信	警	绝	信	警	绝	信	警	绝	信	警	绝	信	警	绝
一机构	5.0	44.5	41.0	44.5	44.5	41.0	44.5	44.5	41.0	44.5	53.0	49.5	53.0	57.5	54.0	57.5
	5.2	44.5	41.0	44.5	44.5	41.0	44.5	44.5	41.0	44.5	53.0	49.5	53.0	53.0	49.5	53.0
	5.5	44.5	41.0	44.5	44.5	41.0	44.5	44.5	41.0	44.5	53.0	49.5	53.0	53.0	49.5	53.0
	6.5	40.0	36.5	40.0	40.0	36.5	40.0	44.5	41.0	44.5	53.0	49.5	53.0	53.0	49.5	53.0
	7.5	40.0	36.5	40.0	40.0	36.5	40.0	40.0	36.5	40.0	53.0	49.5	53.0	53.0	49.5	53.0
	12.5	40.0	36.5	40.0	40.0	36.5	40.0	40.0	36.5	40.0	53.0	49.5	53.0	53.0	49.5	53.0
二、三显示并列	5.0	44.8	41.0	44.5	45.8	41.0	44.5	47.0	42.8	46.3	56.0	49.5	53.0	57.5	54.0	57.5
	5.2	44.5	41.0	44.5	44.5	41.0	44.5	45.2	41.0	44.5	54.7	49.5	53.0	53.1	49.5	53.0
	5.6	44.5	41.0	44.5	44.5	41.0	44.5	44.5	41.0	44.5	53.7	49.5	53.0	54.0	49.5	53.0
	6.5	40.1	36.5	40.0	40.2	36.5	40.0	44.5	41.0	44.5	53.0	49.5	53.0	53.0	49.5	53.0
	7.5	40.0	36.5	40.0	40.0	36.5	40.0	40.0	36.5	40.0	53.0	49.5	53.0	53.0	49.5	53.0
	12.5	40.0	36.5	40.0	40.0	36.5	40.0	40.0	36.5	40.0	53.0	49.5	53.0	53.0	49.5	53.0

注:①本表信号机、警冲标、绝缘缝安设位置系按相关规定设置。

②绝缘缝至岔心距离系用拼凑一节短轨办法计算,其短轨长度有8m、6.25m、4.5m 三种。

(十二)电气集中倍角信号机、警冲标、绝缘缝至岔心距离表(单位:m)　附录表12

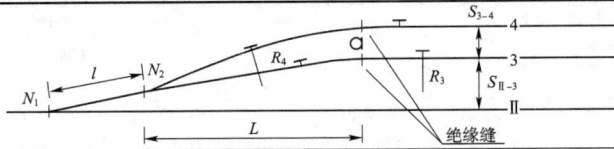

$$N_1 = 12(4°45'49''), N_2 = 9(6°20'25''), l = 38.309$$

S_{II-3}	S_{3-4}	R_3	R_4	矮柱一机构色灯信号机			矮柱二、三显示并列色灯信号机		
				信号机	警冲标	绝缘缝	信号机	警冲标	绝缘缝
7.50	5.00	400	200	46.0	42.5	46.0	52.3	48.3	52.3
			250	51.8	47.8	51.8	56.8	52.8	56.8
		500	200	46.0	42.5	46.0	47.8	44.3	47.8
			250	47.8	44.2	47.8	52.2	48.3	52.3
		600	200	44.3	40.8	44.3	46.0	42.5	46.0
			250	46.0	42.5	46.0	52.3	48.3	52.3
	5.20	400	200	46.0	42.5	46.0	47.8	44.3	47.8
			250	47.8	44.3	47.8	52.3	48.3	52.3
		500	200	44.3	40.8	44.3	46.0	42.5	46.0
			250	46.0	42.5	46.0	52.3	48.3	52.3
		600	200	44.3	40.8	44.3	46.0	42.5	46.0
			250	46.0	42.5	46.0	57.8	44.3	47.8
8.50	5.00	400	200	42.2	40.7	44.2	44.2	40.7	44.2
			250	44.2	40.7	44.2	47.7	44.2	47.7
			300	46.0	42.5	46.0	56.7	52.7	56.7
		500	200	44.2	40.7	44.2	44.2	40.7	44.2
			250	44.2	40.7	44.2	47.7	44.2	47.7
			300	47.7	44.2	47.7	52.8	44.2	47.7
		600	200	44.2	40.7	44.2	44.2	40.7	44.2
			250	44.2	40.7	44.2	47.7	44.2	47.7
			300	46.0	42.5	46.0	52.2	48.2	52.2
	5.20	400	200	44.2	40.7	44.2	44.2	40.7	44.2
			250	44.2	40.7	44.2	45.9	44.2	45.9
			300	46.0	42.5	46.0	52.2	48.7	52.2
		500	200	44.2	40.7	44.2	44.2	40.7	44.2
			250	44.2	40.7	44.2	45.9	42.4	45.9
			300	46.0	42.5	46.0	52.2	48.7	52.2
		600	200	44.2	40.7	44.2	44.2	40.7	44.2
			250	44.2	40.7	44.2	46.0	42.5	46.0
			300	46.0	42.5	46.0	48.9	42.5	46.0

(十三)线路平行错移表(反向曲线表)(单位:m)　　　　附录表13

曲线半径 R = 250				
直线段 d = 10				
u	φ	T	L	x
0.50	1°39′40″	3.624	7.248	24.489
1.00	2°39′18″	5.793	11.585	33.151
1.50	3°26′19″	7.504	15.003	39.971
2.00	4°06′24″	8.963	17.919	45.782
2.50	4°41′57″	10.257	20.504	50.928
3.00	5°14′13″	11.433	22.851	55.596
3.50	5°43′59″	12.518	25.015	59.897
4.00	6°11′45″	13.530	27.034	63.906

直线段 d = 15				
0.50	1°22′00″	2.981	5.963	26.921
1.00	2°17′32″	5.001	10.001	34.985
1.50	3°02′28″	6.636	13.269	41.506
2.00	3°41′16″	8.047	16.090	47.127
2.50	4°15′53″	9.308	18.608	52.141
3.00	4°47′28″	10.458	20.905	56.709
3.50	5°16′42″	11.523	23.030	60.932
4.00	5°44′01″	12.519	25.017	64.876

直线段 d = 20				
0.50	±°08′46″	2.500	5.000	29.995
1.00	1°59′46″	4.355	8.709	37.403
1.50	2°42′13″	5.899	11.797	43.563
2.00	3°19′23″	7.251	14.499	48.948
2.50	3°52′50″	8.469	16.932	53.793
3.00	4°23′32″	9.586	19.164	58.232
3.50	4°52′02″	10.625	21.237	62.351
4.00	5°18′47″	11.599	23.182	66.211

曲线半径 R = 600				
直线段 d = 15				
0.50	1°05′10″	5.687	11.374	37.745
1.00	1°43′49″	9.060	18.118	51.224
1.50	2°14′13″	11.714	23.425	61.828
2.00	2°40′08″	13.976	27.947	70.859
2.50	3°03′05″	15.981	31.955	78.859
3.00	3°23′56″	17.801	35.592	86.116
3.50	3°43′09″	19.479	38.945	92.804
4.00	4°01′04″	21.045	42.073	99.040

直线段 d = 20				
0.50	0°57′18″	5.000	10.000	39.996
1.00	1°34′18″	8.229	16.458	52.905
1.50	2°03′54″	10.813	21.625	63.227
2.00	2°29′19″	13.031	26.059	72.083
2.50	2°51′55″	15.005	30.005	79.960
3.00	3°12′30″	16.802	33.596	87.126
3.50	3°31′30″	18.462	36.913	93.742
4.00	3°49′15″	20.013	40.011	99.919

曲线半径 R = 3000				
直线段 d = 30				
u	φ	T	L	x
0.50	0°30′24″	13.266	26.533	83.064
1.00	0°47′53″	20.895	41.789	113.573
1.50	1°01′35″	26.870	53.739	137.469
2.00	1°13′13″	31.951	63.900	157.784
2.50	1°23′32″	36.449	72.894	175.766
3.00	1°32′53″	40.527	81.050	192.070
3.50	1°41′29″	44.286	88.566	207.093
4.00	1°49′31″	47.790	95.572	221.097

直线段 d = 40				
0.50	0°27′02″	11.795	23.591	87.176
1.00	0°43′54″	19.155	38.309	116.614
1.50	0°57′18″	25.002	50.003	139.991
2.00	1°08′45″	29.998	59.995	159.987
2.50	1°18′56″	34.442	68.882	177.746
3.00	1°28′11″	38.479	76.954	193.883
3.50	1°36′43″	42.203	84.401	208.776
4.00	1°44′42″	45.687	91.367	222.674

曲线半径 R = 4000				
直线段 d = 50				
0.50	0°22′33″	±3.119	26.238	102.468
1.00	0°36′58″	21.506	43.012	136.011
1.50	0°48′28″	28.197	56.393	162.781
2.00	0°58′20″	33.937	67.873	185.730
2.50	1°07′06″	39.038	78.074	206.140
3.00	1°15′05″	43.683	87.363	224.702
3.50	1°22′27″	47.969	95.934	241.842
4.00	1°29′20″	51.974	103.944	257.844

直线段 d = 60				
0.50	0°20′30″	11.926	23.853	107.702
1.00	0°34′23″	20.003	40.006	139.996
1.50	0°45′36″	26.529	53.057	166.125
2.00	0°55′18″	32.172	64.344	188.669
2.50	1°03′57″	37.205	74.409	208.791
3.00	1°11′50″	41.792	83.581	227.136
3.50	1°19′08″	46.039	92.075	244.106
4.00	1°25′57″	50.006	100.007	259.969

直线段 d = 80				
0.50	0°17′11″	9.996	19.993	119.998
1.00	0°29′56″	17.414	34.828	149.662
1.50	1°40′33″	23.591	47.182	174.349
2.00	0°49′50″	28.992	57.983	195.948
2.50	0°58′11″	33.850	67.699	215.392
3.00	1°05′51″	38.311	76.619	233.218
3.50	1°12′58″	42.451	84.900	249.775
4.00	1°19′39″	46.340	92.676	265.299

(十四) 辙叉倍角组合的三角函数表

辙叉倍角的组合	辙叉倍角角度之和	sin	cos	tan	cot	sec	csc
12 × 1	4°45′49″	0.08300495	0.99654580	0.08333280	12.000077	1.0034662	12.041671
12 × 2	9°31′38″	0.16551619	0.98620707	0.16783107	5.9583723	1.0139858	6.0417050
12 × 3	14°17′27″	0.24684398	0.96905524	0.25472643	3.9257803	1.0319329	4.0511419
9 × 1	6°20′25″	0.11043302	0.99388357	0.11111263	8.9998769	1.0061541	9.0552626
9 × 2	12°40′50″	0.21951512	0.97560910	0.22500316	4.4443821	1.0250007	4.5554948
9 × 3	19°01′15″	0.32591193	0.94540013	0.34473438	2.9007840	1.0577532	3.0683136
12 + 9	11°06′14″	0.19258857	0.98127959	0.19626269	5.0952120	1.0190775	5.1924161
12 + 9 × 2	17°26′39″	0.29977628	0.95400953	0.31422777	3.1824050	1.0482076	3.3358210
12 + 9 × 3	23°47′04″	0.40329687	0.91506919	0.44072828	2.26897170	1.0928135	2.4795630
12 + 9 × 4	30°07′29″	0.50188399	0.86493495	0.58025634	1.72337625	1.1561563	1.9924923

(十五) 站场平面图图例 (摘自《铁路线路图例符号》)

顺序	名 称	图 例	附 注	顺序	名 称	图 例	附 注
1	既有线路		线条粗 0.2mm	14	单开道岔		
2	设计正线		线条粗 0.7mm	15	对称道岔		
3	设计站线		线条粗 0.5mm	16	三开道岔		
4	远期预留线路		线条粗 0.5mm	17	复式交分道岔		
5	近期拆除线路		线条粗 0.2mm	18	单式交分道岔		
6	远期拆除线路		线条粗 0.2mm	19	菱形交叉		
7	客货列车进路			20	交叉渡线		
8	旅客列车进路			21	铁鞋脱落器		表示方向为脱落方向
9	货物列车进路			22	脱轨器		表示方向为脱落方向
10	超限货物列车进路			23	驼峰		
11	机车入段线			24	减速器		n 为减速器节数
12	机车出段线			25	减速顶		
13	线群与线群分束			26	测速装置		

续上表

顺序	名称	图例	附注	顺序	名称	图例	附注
27	测重装置			45	油鹤		
28	停车器			46	水塔		
29	转盘		d 为直径	47	涵洞	(1)(2)	(1)既有;(2)设计
30	灰坑或检查坑	L	L 为长度	48	小桥	(1)(2)	(1)既有;(2)设计
31	雨棚	F	F 为面积	49	大中桥	(1)(2)	(1)既有;(2)设计
32	跨线雨棚	F	F 为面积	50	既有平交道口		注明道口中心里程
33	仓库			51	设计平交道口		注明道口中心里程
34	轨道衡	L	L 为长度	52	消火栓		
35	限界架			53	警冲标		
36	站房基坪及旅客基本站台	l×b×h	l、b、h 为长、宽、高	54	路基横向排水	0.01/0.01	
37	有雨棚的旅客或货物站台	l×b×h	l、b、h 为长、宽、高	55	出站臂板信号机		
38	旅客中间站台或货物站台	l×b×h	l、b、h 为长、宽、高	56	预告臂板信号机		
39	地道		加注中心里程	57	进站臂板信号机		
40	天桥		加注中心里程	58	高柱出站色灯信号机		
41	铁路与道路立体交叉	(1)(2)	(1)铁路在上;(2)铁路在下	59	高柱进站色灯信号机		
42	铁路与铁路立体交叉	(1)(2)	(1)设计线在上;(2)设计线在下	60	驼峰及复示信号机		
43	平过道			61	矮柱色灯信号机		
				62	悬壁式色灯信号机		
44	水鹤			63	桥式色灯信号机		

顺序	名　称	图　例	附　注	顺序	名　称	图　例	附　注
64	悬吊式色灯信号机			82	扇形车库		
65	照明灯			83	洗车机		
66	木榙灯			84	给沙塔		
67	钢筋混凝土塔灯			85	移动和拆除电杆		
68	铁搭灯			86	更换电杆		
69	设计车站	(1)　(2)	用于总图,(1)近期;(2)远期	87	发电厂		
70	既有车站		用于总图	88	变电站		
71	既有电气化铁路		线粗0.2mm	89	低压电力线	(1)　(2)	(1)木杆;(2)钢筋混凝土杆
72	窄轨铁路	GJ762	762轨距	90	高压电力线	(1)　(2)　(3)　(4)	(1)木架;(2)钢筋混凝土架;(3)木杆;(4)钢筋混凝土杆
73	煤台	$l \times b \times h$	l、b、h 为长、宽、高	91	通信线	(1)　(2)	(1)木杆;(2)钢筋混凝土杆
74	机械上煤台	$l \times b \times h$	l、b、h 为长、宽、高	92	围墙		
75	煤塔			93	铁丝网		
76	高架煤斗			94	栅栏		
77	竖墙高架卸煤线			95	铁路既有用地界		
78	边坡高架卸煤线			96	设计房屋		
79	栈桥			97	拆除房屋		
80	储煤厂			98	指北针		西方涂黑
81	矩形车库			99	坡度标	$\frac{38.15}{500}\ \frac{2}{6}\ 800$	
				100	车站中心	高程30.7 站房中心 20+0.0	
				101	基线或中轴线		

参 考 文 献

[1] 张唯.铁路运输设备[M].北京:中国铁道出版社,2005.

[2] 吴芳.铁路运输设备[M].北京:中国铁道出版社,2007.

[3] 常治平.铁路线路及站场[M].北京:中国铁道出版社,2006.

[4] 李海鹰,张超.铁路站场及枢纽[M].北京:中国铁道出版社,2011.

[5] 李海军.铁道概论[M].成都:西南交通大学出版社,2013.

[6] 孙桂岩,刘婉玲.铁路线路及站场[M].成都:西南交通大学出版社,2015.

[7] 张大勇,牛红霞.铁路线路与站场[M].北京:化学工业出版社,2017.

[8] 徐友良.高速铁路车站与线路[M].北京:中国铁道出版社,2012.

[9] 国家铁路局.铁路车站及枢纽设计规范:TB 10099—2017[S].北京:中国铁道出版社,2017.

[10] 国家铁路局.铁路线路设计规范:TB 10098—2017[S].北京:中国铁道出版社,2017.

[11] 中华人民共和国铁道部.中华人民共和国铁道部铁路线路修理规则[M].北京:中国铁道出版社,2006.

[12] 国家铁路局.铁路轨道设计规范:TB 10082—2017[S].北京:中国铁道出版社,2017.

[13] 中华人民共和国铁道部.铁路超限超重货物运输规则[M].北京:中国铁道出版社,2012.

[14] 国家铁路局.高速铁路设计规范:TB 10621—2014[S].北京:中国铁道出版社,2014.

[15] 国家铁路局.铁路路基设计规范:TB 10001—2016[S].北京:中国铁道出版社,2016.

[16] 中国铁路总公司.铁路技术管理规程(普速铁路部分)[M].北京:中国铁道出版社,2014.

[17] 中国铁路总公司.铁路技术管理规程(高速铁路部分)[M].北京:中国铁道出版社,2014.